制胜之道
换个视角看战争

大浪淘沙

传奇武器的消逝

宋涛 等著

江苏凤凰文艺出版社

图书在版编目（CIP）数据

大浪淘沙：传奇武器的消逝 / 宋涛等著 . -- 南京：江苏凤凰文艺出版社，2019.12（2023.3重印）
（制胜之道：换个视角看战争）
ISBN 978-7-5594-4290-1

Ⅰ . ①大… Ⅱ . ①宋… Ⅲ . ①武器 – 介绍 – 世界 Ⅳ . ① E92

中国版本图书馆 CIP 数据核字 (2019) 第 272358 号

大浪淘沙：传奇武器的消逝

宋涛等 著

出 版 人	张在健
责 任 编 辑	张恩东 汪 旭
装 帧 设 计	观止堂_未 氓
责 任 印 制	刘 巍
出版社地址	南京市中央路165号，邮编：210009
出版社网址	http://www.jswenyi.com
印 刷	江苏凤凰通达印刷有限公司
开 本	718×1000 毫米 1/16
印 张	19
字 数	301千字
版 次	2019年12月第1版 2023年3月第2次印刷
标 准 书 号	ISBN 978-7-5594-4290-1
定 价	498.00元（全七册）

（江苏凤凰文艺版图书凡印刷、装订错误可随时向承印厂调换）

《大浪淘沙》撰写组

主 笔：宋 涛

副主笔：杨宾元 孙冠楠 金 奕

撰写者：（以下按姓氏笔画排名）

王 晋 陈兆源 陈喜龙 徐砾翔

葛 玮 杨 茜

总 序
TOTAL PREFACE

让青年人爱军事

在新中国成立 70 周年来临之际，江苏凤凰文艺出版社送来了一群年轻人创作的军事丛书《制胜之道：换个视角看战争》，想约我为新书写篇序言。手抚其卷之余，我欣喜地看到，在市场经济与信息时代的浪潮中，共和国 80 后、90 后不仅没有成为"垮掉的一代"，反而更加关心国防、关注军事、关切战争，正在成为国防和军队现代化建设的主力军。

在这个年轻的创作团队中，既有机关参谋、军校教员、基层军官等现役军人，也有地方高校老师、军刊编辑等军事专家。尽管大家天各一方、职业不同，却出于对国防的共同热爱，从五湖四海走到一起来，一手拿笔、一手执枪，重返战场、追思战史、复盘战例、推敲战法，充分体现了当代中国青年一代直面现代战场、打赢未来战争的勇气和胆识。作为一个从军几十年的共和国老兵，特意为这套丛书写几句发自肺腑的推荐语。

军事本来就很精彩，值得悉心品味。自近现代以来，战争与工业文明紧密结合在一起，军事逐渐成为一门科学，战法逐渐成为一门艺术。这套丛书用讲故事的方式，从名将战法、空中作战、传奇海战、武器迭代、战场环境、军队服饰、装备命名等剖面入手，生动呈现了人与战的关系、铁与火的洗礼、生与死的考验、胜与负的转换、钢与硅的结合……绘就了一幅浓墨重彩的战争画卷，把军事斗争的矛盾性、对抗性、科学性、艺术性生动地呈现在读者面前。

军事本来就很传奇，时常引人入胜。《孙子兵法》开篇一句："兵者，国之大事，死生之地，存亡之道，不可不察也。"古往今来，为了打赢战争、消灭敌人，世界各国军人无不在战争中迸发出了最高智慧和最大力量。这套丛书纵横陆海空战场，精心遴选大众普遍关心而又了解不深的交叉选题，写活了出奇制胜的战法技术，解析了涤荡起伏的战局转折，再现了超越极限的战史传奇，还原了经典战例的神韵色彩，是不可多得的精品力作。

军事本来就很有趣，令人忍俊不止。《战争论》的作者克劳塞维茨指出："战争是不确定性的王国。"在与战争有关的军事领域，什么阴差阳错的事情也可能发生，时而充满苦涩，时而可笑无奈。这套丛书跳出了传统军事科普堆砌资料、数字的窠臼，在不失严肃准确的同时，大胆采用启发式行文结构、网络化叙事方式、趣味性语言风格，把幽默风趣的军事素材挖掘出来、让"正襟危坐"的军事叙事轻松活泼起来，努力成就大众喜闻乐见的轻松阅读体验，吸引读者想看、爱看、真正钻进去看。

梁启超先生昔日曾言："少年强则国强；少年雄于地球，则国雄于地球。"当今时代，天下虽安、忘战必危。中华民族要实现伟大复兴，中国军队要成为一流军队，离不开全民国防的支撑，离不开青年人对军事、对战争的关注和热爱。希望更多的青年人通过这套丛书，关心国家安全，支持国防和军队建设，以更多热情擎起父辈的旗帜，推动新时代强军之路，拥抱明天的星辰大海。这也正是这套丛书的创作初衷和价值所在。

是为序。

中国人民解放军国防大学教授　马骏

二〇一九年六月于京

开 篇 词
OPENING WORD

大浪淘沙：传奇武器的消逝

消逝的武器与真正的传奇

人类数千年的文明史上，武器与战争算得上是永恒的焦点话题。

而纵观科技史，战争与军事往往同样也是新科技诞生的摇篮和第一批使用者。于是，军事技术的进步往往领先于其他行业，甚至领导了技术革命的发生。

军事技术的变化，最直接的表现就是武器的更新与变化。所以，每一种新技术、新武器的诞生，都意味着战争方式会随之发生巨大的变化，而这些引领战争方式变化的新武器，则往往会在历史上留下浓墨重彩的一笔，甚至成为一个时代的传奇。比如冷兵器时代的弓弩，比如17到18世纪的风帆战列舰，再比如第一次世界大战中的无畏舰以及第二次世界大战中的俯冲轰炸机。

但也正因为军事技术发展的日新月异，武器装备的更新速度，也许是所有人类造物中最快的。注意一下身边，我们不难发现，生活中的很多用品可能还是几十年前，甚至上百年前发明的，但武器装备则很难有这么长的"保鲜期"。

尤其是在技术革命时代，某些武器装备还没服役就落后并不是什么不可思议的现象。19世纪末、20世纪初的那些年里，海军技术的更新速度让人眼花缭乱。英国人花上百年时间辛辛苦苦打造的风帆战列舰队，在蒸汽机船和铁甲舰面前一夜过时，他们不得不从头开始，再造自己的海军优势。然而，当英国人好不容易又花了几十年时间，重新建立起世界第一的战列舰队，面对无畏舰，再次一夜之间过时。这种一而再再而三的投资打水漂，让"日不落帝国"也难以承受，英国的衰落，很大程度上也与世界技术进步速度过快有关。

因此，正如歌曲中所唱，"没有什么会永垂不朽"。不管一种武器曾经有多么光芒四射、无人能挡，最终都将随着技术的发展慢慢落后于时代，甚至从

开篇词

历史的舞台上退场。这是武器的不幸，但却是技术发展的革新、社会进步的必然。

今天，我们回望这些消逝了的传奇武器，不是为了怀旧，而是为了了解：技术进步和战争需求是怎样牵引武器的发展，人类又是如何最终坚决抛弃那些无法适应时代变化的武器的。在这些曾经辉煌的一个个名字面前，我们会发现，指引和决定战争、几千年来一直没有变化的，最终还是拥有主观能动性的人。

以史为鉴，可以知兴替。了解了武器的"宿命"，也许能让我们更加理性地看待武器装备的新陈代谢，以及我们前进的方向。

其实，真正的传奇，最终不是那些武器，而是人类自己。

本书第1章~6章由宋涛撰写，第7、8章由杨宾元撰写，第15、16章由孙冠楠撰写，第12、13章由金奕撰写，第9章由葛玮撰写，第10章由王晋撰写，第11章由徐砾翔撰写，第14章由陈喜龙撰写，第17章由陈兆源撰写，第18章由杨茜撰写。

衷心希望我们的这本小书，能给各位读者带来愉悦和欢乐。唯愿岁月静好，我们伴您继续前行。

本书撰写组
二〇一九年六月

目 录
CONTENTS

冷兵器的荣耀

01 戈
——只能在文字中寻觅的上古主战兵器　　002

02 战车
——注定退场的战地"恐龙"（上）　　016

03 战车
——注定退场的战地"恐龙"（下）　　026

04 槊
——隋唐英雄的拿手武器　　036

05 陌刀
——中国古代史上的传说级"大杀器"　　050

06 长弓
——英格兰传奇　　064

近现代武器的演变

07 战列舰
——曾经灿烂的海洋主宰（上）　　082

08 战列舰
——曾经灿烂的海洋主宰（下）　　096

09 鱼雷艇
——"以小博大"的典范　　　　　　　　　　　　　114

10 撞击巡洋舰
——闪耀一时的"歧路"　　　　　　　　　　　　130

11 重巡洋舰
——伦敦海军条约下的"怪胎"　　　　　　　　　144

12 多炮塔坦克
——不实用的"陆地战舰"　　　　　　　　　　　162

13 超轻型坦克
——陆地战场上的"萌萌哒"　　　　　　　　　　184

14 装甲列车
——奔驰在俄罗斯大地上的"猛兽"　　　　　　　208

15 俯冲轰炸机
——二战初期的"空中噩梦"（上）　　　　　　　228

16 俯冲轰炸机
——二战初期的"空中噩梦"（下）　　　　　　　240

17 鱼雷轰炸机
——二战海空大战的主力　　　　　　　　　　　　254

18 无后坐力炮
——曾经的步兵随身"多面手"　　　　　　　　　274

冷兵器的荣耀

01 戈
只能在文字中寻觅的上古主战兵器

在中国的成语中,"戈"是一个经常出现的字,比如"大动干戈""同室操戈""金戈铁马""枕戈待旦""反戈一击"等等。但戈又是个绝大多数人都没见过实物的东西,原因很简单——这种上古的主战兵器早已经退出战场。

缘起

戈的历史可以上溯到石器时代,可谓是人类历史上最早出现的长兵器之一。

原始社会阶段,人们使用的兵器与工具,尤其与打猎工具其实很难区分。当时人们使用的工具中,主要以石刀、石斧等短工具和弓箭、标枪等投射工具为主,最开始用于打仗的兵器也主要是这些。

但人们很快就发现,由于弓箭的杀伤力太弱,标枪的准头又差,大部分情况下,战斗还是以肉搏的方式展开。而在肉搏中,如果兵器更长,显然能在更远的距离攻击对手,保存自己。后来流传的"一寸长、一寸强"这种说法,放在石器时代一样是有用的。于是,大家开始研究怎么加长自己手中的武器。

最简单的办法，当然就是把短兵器后面加个长杆，自然就变成了长兵器。但实际使用以后，人们发现，不是每一种武器加个长杆就好用的。要知道，石制武器或工具的问题就在不够锋利，并且容易损坏。在石刀、石斧后面加上杆，操作起来更复杂不说，杀伤力反而会受到影响。倒是矛这样靠刺击来攻击的武器，加长以后不但杀伤力加大，而且做起来也更简便——毕竟矛的攻击动作更加简单。

更加好用的就是戈了。早期的戈可以理解为在长柄前端绑一块尖石头，攻击时直接用石头的尖端砸向对手，操作简单，使用方便。到原始时代，人们很多时候制造工具都模仿动物，学习鸟类啄击的戈也很符合当时的惯例。河南省洛阳市偃师二里头遗址出土过石戈、玉戈和青铜戈，它们的特点都是尖端比较锋锐、两侧的刃不发达，主要靠啄击（也就是砸）来攻击敌人。而二里头文化已经是青铜时代早期，可见早期戈的用法一直延续了很长时间。

事实上，在二里头文化之前，在我国福建的福清，广东的梅县、高要等地发现的新石器时代遗址中，都曾出土过比较完整的石戈。这些石戈有戈头和长柄，外形类似农民收割麦、稻的镰刀。因此，也有兵器专家认为，戈很可能是在原始人类狩猎时使用的石镰基础上发展起来的。这也说明，戈这种兵器的诞生是不分南北的，各个不同地域的人们在当时的社会生产力水平和自然环境下，不约而同地发明了戈这种简单实用的兵器。

正因为使用方便，戈就和矛一起，成为原始社会的标准长兵器之一。甲骨文中就已有了戈字，在《尚书·牧誓》中，就记载有周武王伐纣前，带领将士在牧野发出的誓言："称尔戈，比尔干，立尔矛，予其誓。"由此可见，戈在商周之际已经是普遍装备的常用兵器。

结构

从最基本的结构来说，戈包括两大部分，也就是戈头和戈杆。

戈杆的正式名称叫"柲"，就是木柄的意思。这个比较好理解，就是一根长木棍，当然，也有用竹子做的。不过，为了便于握持和使用，这个木棍并不是圆柱形的，而是多用扁圆形的。

秘的长度不一，短的不到 1 米长，湖南省长沙市浏城桥就出土过长度约 90 厘米的戈柄，这种戈多半是用来自卫的。长的呢？能超过 3 米！同样在浏城桥，还出土过长度达到 3.14 米的秘。一般来说，常用的戈秘长度都在 2 米至 3 米之间，毕竟是长兵器，在可以控制的范围内当然越长越好。按照《周礼·考工记》里的记载："凡兵无过三其身，过三其身，弗能用也，而无已，又以害人。"也就是说，兵器的长度不要超过身体长度的三倍，不然不但没法用，反而会造成意外伤害。考虑到戈在使用时需要挥舞起来，长度更加要短于身体的三倍，所以一般来说不会超过 3 米长。

最开始的秘是用整根木头削制而成的，但这样的秘各种性能全看木质，质量标准难以统一。后来，人们又发明了积木秘和积竹秘，把秘变成了复合材料的装备。具体来说，积木秘和积竹秘都是用一根方形木料做中心，在外面包上竹篾片或者长木片，然后再用丝线、革带或藤皮捆扎，最后再涂上漆而成。其中包竹片的就叫积竹秘，包木片的就叫积木秘。这样制成的秘，兼具韧性和强度，不容易折断或被人砍断，还便于握持，逐渐成为包括戈在内各种长兵器的常用配置。

另一个部分戈头当然就是戈的核心部件了，输出伤害全靠它。最早的戈头只有两部分，一部分是用来攻击的，叫做"援"；另一部分是在援后面，用来固定在秘上的，叫做"内"，读音是"nà"。二里头文化遗址出土的戈头基本都是这样。

"内"上面一般会开有孔，正式名称叫"穿"，很好理解，就是用来穿绳子或者其他固定用的东西。安装戈头时，一般是在秘顶部开口，装入"内"以后，再用绳子之类的东西，穿过内上的孔进行捆扎固定。这种固定方式看起来很简陋，但这不是后人的推测，而是有出土文物做依据的。安徽含山有一个距今 5300 年的凌家滩遗址，其中出土的玉戈就只有援和内，而且内上面还有捆绑摩擦的痕迹，这充分证明了早期的戈就是这么组装的。

这种组装方式对于以啄击为主要攻击方式的早期戈来说没太大问题，为了加强固定，商朝还出现过銎内戈，就是把内干脆做成圆套，组装的时候把秘直接插入套内固定。这样一来，啄击的时候就不容易脱落。

但到了商、周时期，随着作战方式的改变，钩、割等攻击方式也开始更

> 战国错金银戈及镈

多地应用，传统的固定方式在钩击时更容易脱落，于是戈头上又出现了新的组成部分——"胡"。所谓"胡"，就是援的根部向下延伸的部分。胡上面也有开孔，组装的时候，内和胡都可以插入柲内，绳子也可以穿过内和胡上的开孔进行捆扎固定。由于固定点增多，柲和戈头缚绑得更牢固。胡越长穿孔越多，固定点也越多，捆扎得也就越牢固，所以胡后来就越来越长。春秋时期，胡的长度一般为戈刃的三倍，到了战国时期又有进一步增加。

这么长一段金属部件，人们自然要琢磨把它充分利用起来。于是，周朝的时候，工匠们又给胡开了刃，以加强戈的杀伤面积，同时进一步丰富了戈的攻击方式。到这个阶段，戈的形制基本上就确定了。

当然，除了戈头和柲以外，有的戈还有一个附件，叫做"镈"。这个东西就是装在柲尾部的圆锥形金属套，最初用来在不使用戈的时候插在地上，免得东倒西歪。后来，也有人在镈的尾部装上尖刺或者锋刃，作为一种辅助攻击手段。

> 春秋晚期的戈

发展

早期的戈以啄击（或者通俗的说砸人）为主要攻击方式，这种攻击方式也是和当时的作战方式是相关的。毕竟一直到夏、商时期，骑兵是没有的，战车之类的也很少见，大家打仗主要靠步兵，作战模式也都是大群步兵正面开打。可以想象一下，基本就是一大群人拿着戈互砸、拿着矛互捅的情况。这种情况下，你就算想把戈舞出花来也不可能——施展不开。

也许有人会疑惑，既然早期戈的使用方式类似于斧头或者锤子，为什么不干脆做长柄斧或者长柄锤呢？其实也有。商朝的时候，长柄斧/钺和长柄锤（叫殳）也是常见的兵器，但使用远不如戈广泛。究其原因，长柄斧由于头太重，使用起来比较笨重，难以掌握。再加上打造斧头需要消耗的材料远高于戈，也不便于大量装备。殳的问题则在于只有击打一种攻击方式，伤害太小且不致命，同样不利于战争中大量使用。所以，最终，戈和矛一起，成为当时军队装备最多的兵器。

但是随着战车的出现和推广，情况开始不同了。到了商朝末期和周朝，战车成为重要的主战装备。由于战车尺寸颇大，长宽都在 3 米以上，战车上的人之间距离也超过 2 米，这样一来，此前步兵所用的兵器中，刀、斧之类的短兵器显然是用不上了——压根就够不着对方。投射兵器如弓箭、标枪倒是可以用，但在快速行驶的战车上，想准确命中对方显然是个碰运气的事情。别说古代，即使到了近现代，这种在运动中对运动目标的"动对动"射击，也一直是个难事。所以，长兵器自然就成了车战的首选武器。这一点，同样可以从出土文物中得到证实。比如，山东胶县西庵乡出土的一辆西周战车上，就放有两组青铜兵器，靠右侧的一组是一柄戈；靠左侧的一组则包括戈、戟各一件和箭镞十枚。这充分表明，车战中，长兵器和投射兵器是主要作战方式。

那么，新问题就出现了。当时的长兵器主要是戈和矛。对于快速移动的战车来说，这两种都不算好用。用戈的话，要在快速运动的战车上准确砸中另外一辆战车上的目标，难度显然比步兵时代要高得多。用矛呢？扎中对手难度更大。再考虑到那个年代的战车是靠马来牵引的，作战时，很少会正面对冲，基本上以交错冲击为主。而且由于战车的机动能力有限，大部分情况下都是直线冲击。因此，车战时，车上的人实际上主要从侧面进行攻击，这必将进一步降低矛和传统戈的杀伤力。所以，必须为战车开发出新的攻击方式。

好在这个时候已经是青铜时代的兴盛时期，铜制兵器得到了广泛应用，和石器时代相比，各种兵器可以进一步加长、加重、开刃。于是，人们就把戈的援加长，并在两侧开刃。改造后戈除了用尖端啄击之外，新增了用援两侧的锋刃割、钩、推对手的攻击方式。这样改造以后，车战的时候，车上的战士就不用再费劲去想办法准确啄中对手，而只用把戈横过来，就能借助战车冲击的力量，钩、推或者割中对方，准确度大大提升的同时，威力也有了明显增加。再往后，加长的胡也具备了锋刃之后，进一步扩大了戈的杀伤面积，使之成为车战时最有威力的武器。

在加长成为车战主武器的同时，步兵手中的戈也并没有消失。不过，和车战用戈一样，步战戈的戈头也发生了类似的变化，包括援加长并开刃、增加了胡等等。因此，步战时戈的用法也和早期的简单啄击不同，增加了钩、割、推等攻击方式，具体运用起来的变化也随之增加。但这样一来，想熟练掌握和使用戈的难度也大大

> 先秦战车想象图

提升，戈的定位也悄然发生变化。早期的戈和矛一样，由于用法简单、训练容易，都是普通步兵使用的长兵器。戈的用法变化增加以后，训练难度也增加，就不再是普通步兵随便训练几天能够掌握的了，需要较长时间的练习才能熟练。因此，戈也逐渐变成精锐步兵或者军官才能掌握使用的武器。

由于作战要求不同，步兵用的戈没有车兵的戈那么长，一般长度不会超过2米。因为戈的用法和变化增加，太长的步兵戈不好挥舞使用，所以，大都是1.4米到1.8米长。此外，还有一些1米左右，甚至不到1米长度的戈，这样的戈一般是用于近距离格斗和自卫。长戈的使用好理解，为什么会有这么短的戈？

短戈的出现是和青铜时代的材料特性分不开的。青铜是一种铜锡合金，铜本身的质地较软，加入锡以后能增加硬度。但问题是两种金属的比例不好掌握：锡少了，做出的兵器太软；锡多了，兵器比较硬，但容易折断。所以，早期近战兵器青铜剑就面临这样的难题，无法做得太长。商周时代的青铜剑不过二三十厘米长，到了东周，冶炼技术进步，也不过加长到五六十厘米。而且由于青铜本身的材料特性，这些青铜剑主要是用来刺击，而非砍杀——以青铜的材质，砍杀的话，恐怕用不了两下就卷刃或者断掉了。

而戈就不一样了，毕竟它的长度取决于柲，而柲的长度又不会受材料的限制。同时，改进后的戈用法如此多样，是只能刺击的青铜剑无论如何也比不上的。想象一下，一个人拿着1米长的戈与拿着50厘米长青铜剑的人格斗，其优势是显而易见的。因此，在实战中，人们往往选择短戈作为近战的首选，而青铜剑则成了一种仪式性的武器。

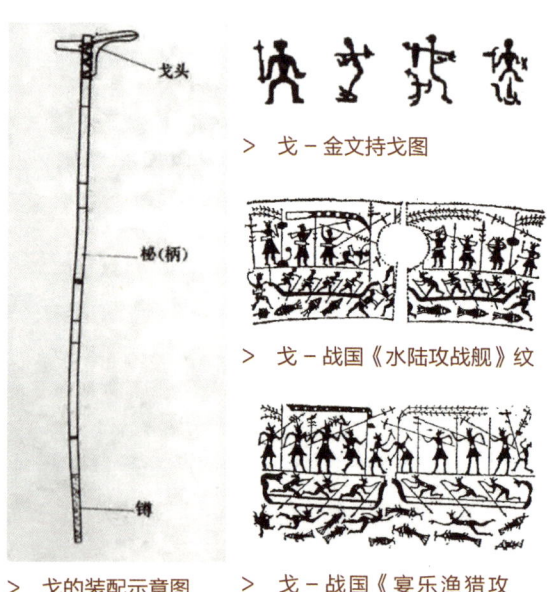

> 戈的装配示意图

> 戈－金文持戈图

> 戈－战国《水陆攻战舰》纹

> 戈－战国《宴乐渔猎攻战纹壶》纹

> 西周直内无胡戈

> 西周直内有胡戈

使用

正因为戈是周和周以前的主要武器，在历史上和这一时期出土文物中，有着大量戈的踪迹。比如前文所提到的《尚书·牧誓》中周武王的誓词，就充分证明，牧野之战中，戈是周军的主要装备。《尚书》另一篇《武成》中则提到："（纣王军）罔有敌于我师，前途倒戈，攻于后以北，血流漂杵。"这表明，戈同样也是商军的主要装备。因此，牧野之战可以说是有据可考的最早的双方都以戈作为主要武器的战役。

事实上，河南省安阳市殷墟妇好墓出土的文物也证明了商朝时戈的主战兵器地位。妇好墓共出土了134件青铜武器，其中戈有91件，占68%；而在出土的作为礼器的玉器中，有戈、矛、钺、戚、刀等五类玉兵器54件，其中玉戈39件，占72%。这些都证明，戈在商朝绝对是最主要的作战武器。有学者曾经研究过殷墟197座出土有武器并且未经盗掘和破坏的墓葬，其中出土戈的达169座，仅出土戈的达114座，可见戈的流行程度。

到了周朝，随着戈的功能的扩展，其使用更为广泛。《荀子·议兵》中就记载，魏国步兵的标准装备是戈和弩、剑、盾，戈作为唯一的长兵器，重要性可见一斑。在具体使用方式上，《左传》中有大量记载。例如，《左传·襄公十八年》记载："（晋厉）公以戈击之，首队于前。"《左传·襄公二十八年》则记载："王何以戈击之，解其左肩。"这些记载表现的都是用戈上的锋刃攻击敌人的场景。《左传·文公二年》记载："晋襄公缚秦囚，使莱驹以戈斩之。囚呼，莱驹失戈。狼瞫取戈以斩囚。"这里面，更是直接用戈来进行斩首这项刑罚，

> 滕侯昃戈春秋滕国产物，1973年滕县出土，国家博物馆收藏

> 春秋晚期蔡侯产之用戈

也是充分发挥了锋刃的威力。这些记载都表明，到了春秋时期，人们使用戈的时候，啄击已经不再是主要攻击方式，充分发挥锋刃威力的钩、割、斩才是正确的打开方式。

我们知道，冷兵器时代的军队作战注重阵型和配合，戈在军队中又是如何发挥作用呢？如前文所述，早期的戈就是给普通步兵用的，当时的戈并不算长，很多时候还是单手使用，配合另一只手上可能装备的盾牌，作为近战武器。由于还是以啄击为主，其实际使用效果类似于简化版的斧头。也有长戈，长度一般在1.5米到2米，一般在战阵中排在中后排，战时从前排的头顶把戈伸出去，向下啄击敌人。这种阵型并非杜撰，出土文物中战国时期的《水陆攻战舰》纹和《宴乐渔猎攻战纹壶》纹都表现了这样的作战样式。

改进后的戈用起来就比较复杂了。其中短戈很大程度上成为近战利器，很长时间里比剑好用和常见多了。还是《左传》里的记载，僖公二十三年，"姜与子犯谋，醉而遣之。醒，以戈逐子犯"。可见，戈基本上是随身携带的。具体作战使用中，短戈往往和盾同时使用，其效果类似于后来常见的刀盾兵。例如，《左传·昭公二十五年》记载："臧氏使五人以戈盾伏诸桐汝之间。"《左传·成公二年》记载："（齐侯）入于狄卒，狄卒皆抽戈楯冒之。"

长戈则往往和矛、殳等长兵器搭配使用，以发挥其不同攻击方式的各自优点。而且在先秦时期，军队防护能力普遍较低，大量使用的皮甲防护力较差，防护效果相对较好的步兵盾面积又比较小，因而肩部以上和膝盖以下部位易受攻击。对于这些部位，矛的刺杀容易躲避，戈的钩杀、啄杀、推杀由于杀

> 商代曲内戈

> 玉戈

伤范围大、杀伤方式多，显得更具优势。因此，改进后的戈在春秋战国时期仍然是重要的步兵武器。

至于车兵用的长戈，就更加简单了，车战中的主要装备，必不可少。顺便说一句，配合战车作战的步兵中，装备短戈和盾的也占了相当大的数量。

正因为一直到春秋战国时期，戈都是最常见的兵器，所以，其用途被逐步拓展，包括仪仗、礼仪、陪葬等诸多场合中，需要用到兵器的地方，往往都会以戈作为必备之一。

消亡

不过，正所谓"其兴也勃勃，其亡也乎乎"。虽然先秦时代，戈还是军队最主要的武器装备，但到了汉朝，戈就迅速退出了主战武器的行列。比如，汉墓出土的木牍《武库永始四年兵车器集簿》中记载，西汉成帝永始四年（公元前 13 年）武库藏武器装备中，铜戈仅有 632 件，还主要是仪仗用；而矛则有 52555 件，与矛近似的铍更是多达 451222 件，即使与戈有亲戚关系的戟也有 6634 件。这个时候距离秦朝灭亡不到 200 年，戈已经从主战武器沦为纯粹仪仗装备，衰落的迅速程度可见一斑。与之类似的佐证还有，汉墓陪葬品中，戈也大大减少。目前出土的汉墓中，只有汉初一些贵族墓中还有少量戈陪葬，如大云山汉墓中就有两件铜戈和两件玉戈，但绝大多数汉墓中已经难觅戈的踪迹，这也证明戈已经从人们生活中逐渐消失。

为什么会有这么大的变化？主要还是和战争形态的变化有关。

首先是战车的式微。春秋战国时期是战车的黄金年代，适于车战的长戈自然大行其道。但从战国后期开始，人们逐渐感受到战车的局限性。由于中国古代战车的形制所限，其灵活性很差，又对使用环境有很大限制，还对战车兵要求很高。因此，当战争规模逐渐扩大化、战争形式逐渐复杂化以后，能用上并用好战车的机会越来越少。加上赵武灵王"胡服骑射"引领了骑兵发展的大潮，战车的机动性优势也不再是唯一。综合因素影响之下，战国末年到秦朝，战车逐渐退出了战场的中心位置。（详见第二章）

战车式微之后，长戈也就陷入了困境。由于长度达到3米左右，主要攻击方式又是钩、割、推，需要挥舞起来，在没有了战车的速度和承载能力加成以后，步兵几乎不可能用好长戈。虽然同时代中外的长矛或者长铍的长度可能还要更长，但这些兵器的攻击方式是刺击，不需要做太多复杂动作即可完成攻击，而且还能通过密集队列，形成长枪阵抵御攻击，所以长一点不影响使用。因此，长戈几乎是随着战车的式微，同步退出了主战兵器的队列。

那么步兵用的中、短长度的戈为什么也消失了呢？

先说短戈。前面说到，短戈由于兼具钩、割、推、斩等功能，成为春秋战国时期主要的近战兵器。但这一定位是有先决条件的，因为当时主要的兵器材料还是青铜，铜制兵器无法做得太长，而且要么太软，要么太脆，所以可以更长，又能多用的戈就占据了优势。但到了战国时期，铁制兵器逐渐发展起来。铁兵器就没有青铜兵器这些问题，既可以做的比较长，又能兼具硬度、韧度和锋利程度，在与仍然以青铜为材料的戈正面对抗时，基本上全面占优。

同时，战国末期，青铜本身的冶炼技术和武器制造技术也得到了大幅度提升，出现了复合青铜剑。这种剑的剑脊和剑刃部分采用不同铜锡比例的青铜来铸造。其中剑脊部含锡量低，质柔而韧；剑刃部分则含锡量高，质硬而坚。这样一来，就能把剑做得更长，秦国在战国末期生产的青铜剑长度能达到90厘米。虽然复合青铜剑的质量仍然不能和铁剑相比，但也足以胜过戈了。

尤其是因为戈的柲仍然是木制，无论面对铁剑还是复合青铜剑，都很难扛住多次对抗。此外，冶铁技术的发展，也让刀成为主战兵器之一。在此之前，由于青铜本身材料特性所限，无法制造出能用于砍杀的军刀，各种青铜刀基

> 西汉三熊鋬铜戈云南博物馆藏

本都是小刀，用于切割食物之类。但兼具韧性与强度的铁就能造出实用的军刀。

正因为如此，短戈的近战兵器地位迅速被取代。先是秦青铜剑，后来是汉朝的环首刀，成为步兵最主要的近战兵器。《武库永始四年兵车器集簿》中记载的武库藏兵中，剑有 99905 件，刀有 156135 件，短戈已经不见踪影。

至于步兵用的中等长度的戈呢？这就和战争形态的变化有关了。前文提到，改进以后的戈使用难度和复杂程度比起早期的戈有了大幅提升，已经不再是临时征召的士兵随便训练两天能掌握的了。而从战国时期开始，战争规模逐渐扩大：春秋时期著名的大战城濮之战，双方动用的总兵力加在一起还不到 8 万人；但到了战国时期，长平之战中，双方动用总兵力据记载超过 100 万。即使这个数字有所夸大，但比之春秋时期肯定是扩大了若干倍。其中秦国就在战时多次从国内征调青壮年从军，参与大战。因此，需要长期训练才能掌握的戈无疑不再是首选的步兵长兵器。

此外，战国中后期开始，战争形态进一步发展，军阵的要求进一步提高，阵型也更加紧密。戈独有的钩的攻击方式面对密集的阵型，已经很难发挥作用。同时，阵型变化以后，对于同一阵型内兵器的统一化要求更高，而难掌握、

> 商青铜连柄戈，1986年辽宁锦县水手营子村出土

难推广的戈显然不是制式长兵器的首选。要知道，这一时期已经出现了许多兼具刺、斩、割等多种功能的长兵器，比如结合矛与戈的戟，再比如兼有刺杀和斩击功能的铍。这些兵器都能够部分取代戈的攻击效果，而且更容易掌握。所以，矛和铍逐渐成为步兵的主要长兵器，而戈只能黯然退场。

正因为这样一系列的变化，从秦朝开始，戈逐渐退出了战场。汉以后各种文献中，常见的兵器中已经没有了戈。

值得一提的是，戈虽然消失了，但戈的血脉却并没有断绝，最直接的承继者就是戟。最简单的戟是戈和矛的结合，既能刺，又能钩、割，用途更加广泛。但相应的，使用起来也更加复杂。所以，后来的戟基本都是军官或者精锐士兵才能用的。比如大名鼎鼎的吕布，传说中用的就是方天画戟。

余音

虽然戈这种武器形态在汉以后就基本消失了，但在文化层面，戈却保持了持久的生命力，本章开头提到的一系列包含"戈"字的成语就是明证。事实上，在文化层面，戈已经成为了武器、武力的通称。例如，《左氏春秋·宣公十二年》记载："楚庄王曰：夫文止戈为武。"以戈代指武力；明代名将戚继光诗作《马上作》云："一年三百六十日，多是横戈马上行。"以戈代指兵器；1955年授衔上将的杨得志将军回忆录也命名为《横戈马上》，同样用戈代指武器和军事生涯。

那么，为什么大家都热衷于用一种已经消失了的武器来代指各种兵器乃至战争、武力呢？首先大概是因为中华文化成型和大发展的时期适逢春秋战国，各种早期经典典籍中历历在目的兵器都是戈，春秋时期的各种兵书中也都把戈作为主要兵器，自然会形成一个"最初印象"。比如前文中多次提到的《左传》中就大量提到戈；

《诗经·秦风·无衣》中说："岂曰无衣？与子同袍。王于兴师，修我戈矛。与子同仇！"是戈；

《论语·季氏》中说："今由与求也；相夫子……而谋动干戈于邦内。"又是戈；

《尚书·武成》中说："前徒倒戈；攻于后以北。"还是戈；

《礼记·乐记》中说："倒载干戈，包之以虎皮……然后天下知武王之不得用兵也。"依然是戈；

《孟子·万章》中说："牛羊父母，仓廪父母，干戈朕，琴朕。"同样是戈；

……

看看，四书五经里面，都用戈来代指兵器，够权威吧？正因为如此，注重传承的中华文化，就在后来的发展中，一代又一代地把"戈"传承了下来。

另一方面，戈消失于战场，也让这种兵器本身成了一种虚化的兵器符号，而不再是具体的某一种兵器。用来指代兵器全体，或者武力、战争的时候，也就不用担心跟实际兵器名称发生冲突或者混淆，简直是方便极了。

最后一个并非不重要的细节：戈的笔划少，好写好记，对于传播是极为有利的。

02 战车
注定退场的战地"恐龙"(上)

今天,当我们提到"战车"这个词时,第一时间想到的,往往是坦克这种现代化的主战兵器。然而,这却是个跨越两千多年的概念借用。事实上,两千多年前的春秋战国时代,四匹马拉的战车才是那个时代战场上的主宰。从主宰战场这个意义来看,跨越两千年的两种"战车"倒是颇有相通之处,这大概也是当年日本在翻译"Tank"这个词的时候,选了一个既不是音译,又不是意译,纯粹开脑洞的"战车"这个词的原因吧。

不过,在日本人复活"战车"这个概念之前,历史上的战车已经在秦汉之交彻底消失。那么,一代战场主宰为什么会迅速消失呢?

缘起

人类文明的早期就开始有意识地驯养动物,并利用动物的力量,马这种力量大、跑得快的动物自然是重要的目标。但是,由于原始社会早期还没有马具,想骑马就只能坐在马背上紧紧抱住马脖子,根本无法控制马的前进方向和速度,马跑起来也很难受。所以,在一开始,圈养的马还是作为一种肉畜。4000多年前的龙山文化时

> 东汉铜车马

期,中国就已经开始有意识地圈养和驯化野马,当然,这个时期还主要是作为食物。

不能直接骑乘,那就想点别的办法来利用吧,于是人们想到了车。

最早的车其实是人力的,有点类似于现在的手推车。美索不达米亚地区距今5000年左右的文物中,就出现过描绘在彩陶钵上的双轮车图形及粘土制车模型。中国也是世界上最早发明和使用车的国家之一,传说黄帝就曾发明过指引方向用的指南车。

有了车,又驯化了马,人们自然就把这两样东西联系到了一起。马车在中国具体什么时候诞生,目前还没有准确的结论,但诸多文献中却出现了很多关于车的记载。比如,《史记》中就记载,大禹治水时,"陆行乘车"。夏代还设有"车正"之职,专司车旅交通、车辆制造。当时有一个叫奚仲的人,就曾担任过夏朝的车正,在其封地薛(今山东滕县)为夏王制造车辆,并"建其斿旐(音'由照'),尊卑上下,各有等级"(《续汉书·舆服志》)。《古史考》中称:"黄帝作车,至少昊始驾牛。"可以推测,车子在夏代已相当普遍。

> 赫梯车战的场景

虽然由于目前人们还没有发现夏代车的实物，无从判断这些文献里提到的车究竟是马车还是人力车，但从安阳殷墟出土的马车形制已经相当完备来看，夏朝应该已经出现了早期的马车。

不过，早期的车，无论人力车还是马车、牛车，主要用途都还只是运货。商朝曾经多次迁都，这种大规模的迁徙，如果没有车辆的协助是很难完成的，也不可能如此频繁地进行。但人类历史发展的经验告诉我们，任何一种新技术的产生，如果有可能的话，一定会首先应用于军事领域，车也不例外。

有了车之后，人们就开始琢磨怎么用于战争。传说中黄帝发明的指南车就是应用的一种，传说中黄帝与蚩尤大战时遇到大雾，黄帝就发明了指南车来指示方向，避免迷路，也算是有记载最早的车用于实战的事例。但这毕竟只是传说，而且指南车这种用法，本身也没有充分发挥车的优点。不过，由于早期的车实在太简陋，像现代车上的悬挂系统、减震系统什么的自然都不存在，连轮子也都是木制车轮，颠簸程度可想而知，载重能力、速度也都不算理想，所以，最开始的战车其实主要是个运输车，用来运载少量人员，真正到交战的时候，还得下车去步战。也有一些战车被用作指挥车，让指挥者站得高一点，便于指挥和观察敌情。

但很快，人们就找到了战车的正确"打开方式"：公元前 3000 年左右，美索不达米亚地区出现了实用的战车，车上载有两个人，其中一人负责驾车，另一人负责使用投掷武器（如标枪、弓箭等）攻击敌人。这种战车相对步兵而言有更好的机动性和冲击力，在面对远古时代的那些轻步兵时，有着巨大的优势。公元前 1700 年，古代埃及面对拥有战车的希克索斯人入侵时，几乎无力对抗，就是最典型的例子。

中国的战车发展路线也与之类似，商朝的时候，也出现了双马牵引、双人驾乘的战车，并用于实战。战国末年的《吕氏春秋》记载：商汤灭夏，战于鸣条时，军中有 70 辆战车。这大概是有记载的最早的中国使用战车的事例，标志着战车正式登上历史舞台。

发展

西方古代战车基本上自始至终以投掷兵器为主要作战方式，最多在轮轴两端加上刀具，进行近距离攻击，最典型的就是波斯人发明的刀轮战车，好莱坞经典电影《宾虚》中对此有过描述。但中国古代战车则不同，很快就产生了新的变化——近战能力大幅加强。

由于中国古代有着独有的兵器戈，青铜武器也有了较丰富的攻击方式和较强的杀伤力，而且商朝末年到西周初年改进以后的戈更加适用于战车（详见第一章）。因此，中国的战车从商朝末年开始，就具备了近战能力。河南安阳殷墟先后出土的多辆商朝战车都同时配备了近战用的戈和远战用的弓，就是最好的证明。

但是问题来了：早期战车上只能搭载两个人，其中一个人要驾车，无法

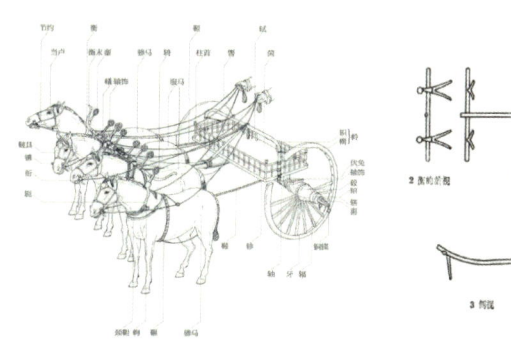

> 古代战车结构图 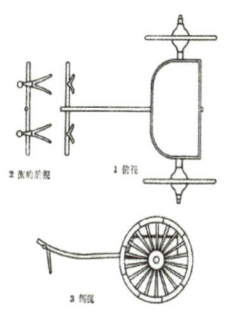　　　　> 西周战车复原图 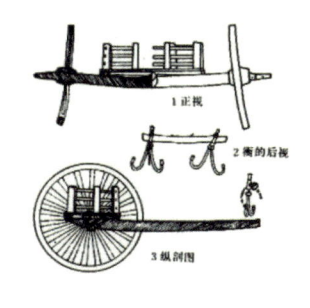　　　　> 商代战车结构图

作战，另外一个人则很难同时使用弓箭和长戈。怎么办呢？解决办法很简单：加一个人。殷墟出土的战车遗迹表明，这一时期的战车成员组已经开始增加到三人，除了驭手以外，一人以弓箭为主要武器，另一人则主要使用戈、戟、矛等长兵器进行近战。

到了周朝，这种配置成为了战车的标准成员组。为了容纳增加的成员，战车的车厢也随之增大。但带来的新问题是：动力不足。周以前的战车基本以两匹马拉为主，虽然也有少量4匹马拉的车，但主要是仪仗，显示乘车者的地位尊贵而已。可是战车成员增加、车厢加大，意味着车的重量也增加，还靠两匹马拉的话，动力显然严重不足。因此，西周开始，战车的标准牵引动力增加为4匹马。两匹马拉的车也有，但大部分都不是用于作战，而是成为日常使用的交通工具。

马增加了，动力自然强劲，带来的另外一个好处是，战车上可以携带的武器也增加了。殷墟出土的战车中，乘员使用的武器数量比较少。比如，弓手配备的武器就只有一张弓和一些箭，近战者装备的武器也只有两件戈和一支短剑。但西周时期的战车装载的武器就大大增加。北京昌平附近出土的西周战车中，近战武器包括一件戟、9件戈、两件矛和一件钺，数量大大增加。湖南长沙浏城桥出土的春秋时期战车配备的武器更多，包括了3件弓、7件戈、4件矛、一件戟和4柄短剑。考虑到战争中武器的损耗，能携带这么多武器，也就意味着战车的持续作战能力大幅度增强。

此外，从商朝到周朝，几百年的实践中，人们也不断改进马车的其他部位。比如，车辕逐渐缩短，以增强车辆驾驶的灵活性；随着生产工艺的提高，直辕也改成了曲辕。为了增强近战时的作战能力，还和西方战车的发展路径类似，在车轴两端加上了金属末端。至于伞改、车铃等各种配件也在几百年中逐渐完善。同时，为了使战车更加牢固、更耐冲撞，战车上的一些关键部位也逐渐使用青铜饰件进行加固。例如，到了周朝，大多数战车都会用铜辖把车舌固定在车毂外侧轴上，内侧则以铜轴饰物保护车毂，以减少车辆前进时的左右摆动。此外，为提高战车的机动性能，后来战车的轨宽逐渐减小，而车轮上的辐条则逐渐增多。

当然，正如现代的坦克不能单打独斗，需要和其他兵种协同作战一样，古代战车也从来不是单独作战的。尤其是考虑到那个年代的战车速度基本上不会超过每小时20千米，更加没有装甲之类的防护，再加上目标巨大，因此，战车其实是投掷类武器（包括弓箭、标枪等）绝好的目标。再加上那个年代战车的机动能力很差，难以规避障碍物或者靠近的步兵，因此，一般都会有步兵配合战车作战。如果套用现代更准确的描述，实际上每一辆古代战车都是一个"战车战斗群"，战车在其中起到作战中坚、突击箭头和指挥枢纽的作用，伴随的步兵则作为协同作战力量使用。

至于每辆战车搭配的步兵数量，在不同的时代有不同的标准。西周初期，每辆战车大约搭配10名步兵，《史记》记载：周武王讨伐商纣王的时候，"率戎车300乘、虎贲3000人、甲士4.5万人，以东伐纣"。后来，伴随步兵逐渐增加。据《司马法》记载，春秋以前，每乘战车的伴随步兵为22人编制，其中包括7名车下甲士和15名轻甲或不着甲的步卒。连同3名车上甲士，整个"战斗群"共计25人。

到了春秋时期，随着战争规模的进一步扩大，每辆战车的伴随步兵进一步扩大到 72 人，还有文献称，另外还有 25 名主要负责后勤工作的士卒配合作战。也就是说，一个"战车战斗群"的规模高达百人之多。到这个阶段，战车仍然是战场上的核心，甚至于各国统计作战能力都是以战车为单位。比如当时对大国的描述就是"千乘之国"，也就是拥有千辆战车的国家；中小国家则被称为"百乘之国"，只有一百辆战车。

但到了战国时期，随着装备技术的发展和作战理念的变化，独立于战车之外的单独步兵编制开始大量出现，单独的骑兵也开始出现在战场上。为了更灵活地作战，战车配属的步兵开始减少。秦始皇陵出土的兵马俑表明，秦朝的战车有时会独立编组，与步兵配合作战时，每辆战车只配备 8 名伴随步兵。得益于各兵种之间的配合与协调，这样的"战斗群"组合虽然单独作战能力略差，但整体使用起来更加灵活，更加能发挥每一个士卒的战斗力，也更容易和其他兵种配合作战。

结构

虽然战车从夏到周经过了数百年的发展，但值得注意的是，从商朝开始，战车的基本结构就没有发生过太大的变化。从基本组成部分来说，战车包括了衡、轭、辕、舆、轴、轮这几个大件。

看起来很深奥吗？其实，这些东西都是现在的各种车辆上也很常见的部件。只不过，古代战车上的这些部件形式有所区别、材质完全不同而已，但基本功能都还是差不多的。咱们不妨一一看来：

轮最简单，从古到今，只要是车就一定会有，区别无非是材质、形状而已。古代没有橡胶，自然也不会有充气轮胎，所以，战车的轮子都是木质的，而且一般都得用坚硬耐磨的木头制成。轮子的直径大小不等，大体在 1.2 米到 1.4 米之间，比现在家用汽车的轮子要大不少。具体来说，这个年代的轮子一般都包括毂、辐和辋三个基本部分。

毂就是轮子中间用来穿轴的部分，一般是一块硬木中间挖一个洞。由于这一部分要承重，又要防止撞击损坏，所以往往做得比较大和长。出土文物表明，当时的轮毂长度可以达到40厘米；辐则是连接毂与辋的木条，用途是固定整个轮子的结构和形状，具体样式可以参考现代自行车中间的那些钢丝条；辋就是轮子最外面那个圆框，这一部分在现代就是轮胎里面的金属轮圈，但古代没有橡胶，也没有轮胎，就直接拿这个轮圈在路上行驶。辋加工起来最麻烦，一般都是用整根木头慢慢弯制而成。到了战国时期，为了加强结构，轮辋改进为双层结构，每一层都是由两个半圆形木圈拼成。

整个中国古代，战车的轮子一直都是两个，而不像西方后来发展出了四轮马车。究其原因，大概是因为四轮马车虽然行驶更平稳、载重能力更强、转向也更灵活，但对道路的要求更高，长距离行驶时的维护也更麻烦。作为经常需要在野外奔驰的战车，自然要优先考虑通过能力，两轮才是最好的选择。

轴也好理解，就是连接两个轮子中间的那根横杆，现代车上一样有。轴的两头分别穿过两个轮子的毂，然后在两端用东西挡住，避免轮子脱落，用来固定轮子的这个东西叫做"軎"（音"wèi"）。车轴除了连接两个轮子以外，更重要的用途是承载车厢以及车厢内的载重，所以必须特别结实，一般用最硬的木头来制作。同时，为了减少摩擦、增加寿命，到春秋战国时期，人们开始在轴与毂之间加装金属制的缓冲装置，叫做"锏"。河南洛阳战国车马

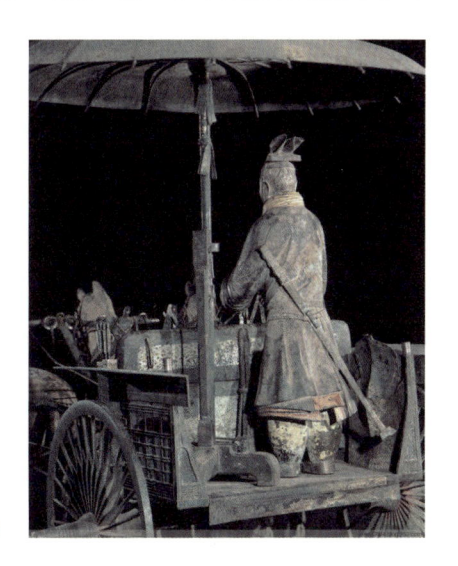

> 秦始皇陵铜车马

> 战国战车图

> 战车各部分名称

坑出土的实物表明，軎是半筒形瓦状，固定在轴上。顺便说一下，春秋战国时期的軎往往也是用青铜做成，而且很多时候做成矛状，除了固定轮子以外，还能当成武器。战车飞奔起来，这些軎就是一个个旋转的大杀器，其效果大约类似于两河流域的刀轮战车。而民用的马车则一般把軎做成笼状，起到保护车轴的作用就好。

舆就是车厢，载人装货全靠它。最早的舆很小，还没有轴宽，就是一个小小的木盒子。后来，随着车本身承载能力的增强，以及牵引力的加大，舆也越做越大。按照《考工记》的记载，舆一般是长方形，横宽竖短，长度是宽度的三分之二。到了周朝，战车车舆的宽度已达到1.3米至1.6米，长度0.8米至1米。三名战车乘员及其携带的武器都装载于舆内。由于轮子的尺寸很大，比舆还高，因此，这些车厢不可能在侧面开门，都是从后面上下车。另外，到了战国末期，为了加强战车的防御能力，有时还会在车厢上钉上金属片，淮阳楚顷襄王墓葬中出土的战车车厢外就钉有80块厚约2毫米的青铜护甲。这大概是人类历史上最早的"装甲战车"吧。

车厢内乘载的三个人中，中间的那个是驾驶员，负责赶马、操纵战车，叫做"御者"；左边那个是车长，主要负责拿弓箭进行远程攻击，叫做"车左"，如果是指挥官或者国君乘坐的话，他们也坐在这个位置；右边那个叫"车右"或者"参乘"，执长兵器，负责近战，一般都是孔武有力之人。

辕是古代马车最重要的一个部件,如果和现代车辆类比的话,辕就相当于现代的传动轴,其作用是把马拉车的力量传导到后面的车轮,带动车辆前进。辕的前端连接衡,后端连接轴,正可谓战车的"脊梁骨"。早期的辕就是一根直木,加工起来方便,但由于受力方向不顺,这种辕无论对拉车的马还是车上的人都很不友好。到了商末周初,人们把辕改进为曲线形状,其外形大体类似于一个拉长的"S"形。这种外形的辕便于马发力,力量传递也更顺畅,迅速成为此后车辕的主流。《考工记》中就有专门的文字描述直辕的种种缺陷,并专门指出,辕的曲度必须合适,太弯太直都不好。

中国古代战车的辕都只有一根,位置在车的正中间。这种设计的坏处是必须用双数的马来牵引,但好处也很明显:由于车辕两侧都是开放空间,很便于增加牵引的马的数量,而且结构也更简单。古代战车从最早的双马增加到四马,基本上没费什么功夫,就是明显的证据。

辕的前端固定有一根横木,叫做"衡",这个部件的用途是固定和连接马匹。早期的衡就是根直木头,但到了周朝,衡也变成了曲衡。不过,到了后来,人们发现还是直衡更实用,于是又变成了直的。衡上有一些环,用于穿缰绳。此外,衡上还固定有轭(音"è")。轭就是用来固定马匹的人字形叉木,轭的上端固定在衡上,下端则架在马的脖子上。一根皮带套过马的脖子,两头分别固定在轭的下部两端,就可以让马的力量拖动车子前进了。

除了这几个大部件之外,战车还有很多零零碎碎的小部件,比如车上的扶手,横向的叫"轼"、纵向的叫"輢";再比如,有的战车还有伞盖,等等。所以,在古代,战车绝对算得上是一个复杂的大家伙,制造起来需要很多人分工协作。据《考工记》的记载,造车至少需要五个工种:造轮子和车盖的轮人、造车厢的舆人、造辕和衡的辀人、制作各种皮革制品的鲍人以及铸造各式铜制品的攻金之工,算得上是当年的"高技术产品"了。

车上的部件基本都以木制为主,但为了加强结构,后来在一些关键部位采用了铜构件,比如变木辕为铜辕,轭上包铜饰等。值得注意的是,这些部件之间的连接,除了毂牙和辐、辀和轴等部件的组合是采用榫卯结构以外,大多数零部件的组合还是利用兽皮革带缚扎。缚扎之后,其上涂胶,胶干后再髹以黑漆,可使各零部件之间的结合更加坚固牢靠。

03 战车
注定退场的战地"恐龙"（下）

使用

前面提到，夏朝末年和商朝都有使用战车的记载，但战车真正大规模使用，甚至成为战场的主宰还是要到周朝。周武王伐纣时，军队主力是"戎车三百乘，虎贲三千人，甲士四万五千人"。而各路诸侯的军队在牧野会合后，战车总数达到四千乘之多，战场主力的地位初步显现。此后，在整个周代，马车不仅是王公显贵出行游猎时代步和炫耀身份的工具，还是战争中主要的"攻守之具"（《六韬·虎韬·军用第三十一》）。

西周的时候，由于没有什么大规模的战争，战车的作用还没有充分发挥，但到了东周，也就是春秋战国时代，随着各诸侯国之间展开大规模的互相攻伐，战车也开始逐步散发出熠熠光彩。孔子所著《春秋》开篇第一大事件就是"郑伯克段与鄢"，据《左传》的记载，郑庄公讨伐自己的弟弟共叔段的时候，就是"命子封帅车二百乘以伐京"。这表明，战车从春秋的一开始就堂皇地登上舞台。

此后的历次重要战役中，战车的地位也从未动摇。公元前 632 年的晋楚城濮之战中，晋国出动倾国之兵，

> 战车及其配属步兵

战车数量已达 700 乘。而且此战中，晋国还开动脑筋，在拉战车的马身上蒙上虎皮，恐吓楚国战车的马，结果冲阵一举成功，创造了一场以少胜多的经典战例。5 年后的秦晋殽之战时，秦军的主力同样是战车，《左传》记载，秦军在经过周王室的都城时，"左右免胄而下。超乘者三百乘"。可见秦军的战车数量在 300 乘以上。而晋军呢？"子（晋襄公）墨衰绖，梁弘御戎，莱驹为右"。连国君都亲自乘战车上阵了。

殽之战也表现出春秋初期，乃至上溯到西周和商朝时的一个特点，即国君打仗的时候一般都会亲自乘坐战车上阵，而且往往就在战阵的中央。这一方面算是沿袭了原始社会部落首领身先士卒的传统，另一方面也是为了便于指挥作战，毕竟那个年代没有什么快速便捷的观察和通讯手段。但这样一来，国君在打仗的时候就经常会面临被人攻击的危险，有时还会非常狼狈。比如，晋国和齐国的鞌之战中，齐国战败，齐顷公在逃跑时，战车因为绊到路边的草木前进不得，而被晋国的韩厥抓获；晋国的赵家与郑国的铁之战中，赵家家主赵简子乘坐战车冲锋在前，结果被郑军一箭射中肩头，倒在车中。但他却没有撤退，仍然坚持在战场上。据赵简子自己后来的夸耀："吾伏弢呕血，鼓音不衰，今日我上也。"打到吐血还坚持击鼓指挥战斗，也是够拼的，难怪他认为自己在此战中功劳最大（"我上也"）。

所以，军事家孙武在总结春秋时期的战争时说："凡用兵之法，驰车千驷，革车千乘，带甲十万。"他把各种兵车放到军队兵种的首要位置。同时，值得注意的是，春秋战国时期的战车已经分成了不同的种类，主要包括了国君

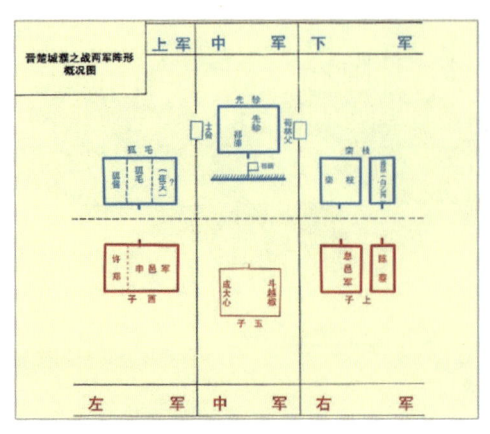

> 城濮之战晋楚两军阵形概况图

> 城濮之战经过图

> 城濮之战示意图

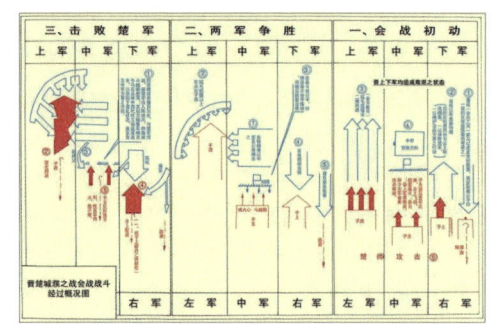

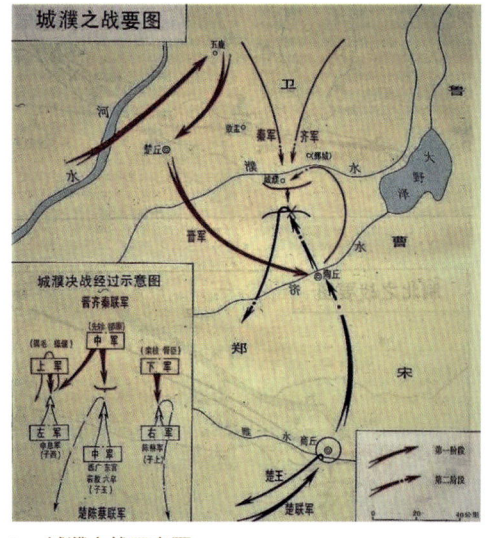

或者主将乘坐，用于指挥的"戎路"（又称"戎车"）；用于运输后勤物资、搭建军营的"广车"；厢围有苇草皮革为屏蔽，作战时可以避飞矢流石的"苹车"；用来冲锋陷阵的"轻车"；以及体积小、速度快，在战场上快速机动弥补缺口和警戒的"阙车"。这五种车合称"五戎"，是当时最主要的战车种类。孙武所说的"驰车""革车"，指的就是这几种战车。

这几种车中，戎车最少，也最有特点。一般装饰最华丽、防护最强的就是它，而且车上还装有鼓、锣和旗帜，主将或者国君一般在这种车上指挥军队的行动，很多时候还会装有伞盖来遮阳；轻车则是作战的主力，没有什么装饰，东汉经学家郑玄说："轻车，所用驰敌致师之车也。"战场上列阵冲锋的主要就是它；阙车则是用来弥补战车阵型中的缺口和疏漏的，近代经学大师孙诒让说："战时列车为陈（阵），或有疏阙，以此车补其数。"至于苹车和广车，则主要是辅助性车辆，承担后勤角色，不是战场的主角。

前面提到，古代战车作战时其实并不是只有战车自己，还会跟着一队步兵。打仗的时候，战车要以一定的方式排列成阵。《六韬·犬韬·均兵第五十五》记载："五车为列，相去四十步，左右十步，队间六十步"，使各车之间保持适当的间隔距离，既防敌车冲阵，也使各车互不妨碍。西周及以前，是步兵在战车前面排成连绵的横队，战车在后面跟进。但这种密集的队列很难保持，尤其是在战时需要各种机动的情况下。同时，密集的步兵排在战车前面，也影响战车的冲锋前进。因此，春秋时代开始，战车和配属的72名步兵更加紧密配合，由步兵把战车围绕在中间，形成一个个小的"战斗群"，行动起来也就更灵活。

车战的基本战术原则是"舆（车厢）侧接敌，左右旋转"。战车在一开始的接敌过程中，主要是车左以弓矢在车厢（舆）侧边射击杀伤敌人，与敌人靠近以后就必须与敌车展开接舆近战。为保护舆侧不使敌车接近，战车轮毂都设计得很长，故又称"长毂"。所以要想与敌车接舆，就必须先行错毂，也就是避免直接相撞，而让自己车上的乘员能更方便地攻击敌人。两车错毂是

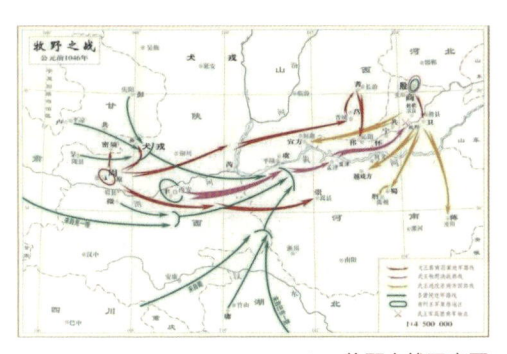

> 牧野之战示意图

> 描绘牧野之战的绘画

> 战国的骑兵还是以弓弩为主要装备

大浪淘沙：传奇武器的消逝

> 崤之战的主要人物

一个互相闪避、寻找战机的复杂的运动过程，需要不间断地进行旋转。因此，车战时，战车的前进后退都要保持一定的规律和空间，也就是《吕氏春秋》所载的"进退中绳，左右旋中规"。

春秋及以前打仗时，作战前要首先出车布阵。其程序是先派出游动战车（阙车）在两翼警戒，防止敌军袭扰；然后再派出马拉的重车（广车）在阵前横列，以为屏障；最后以轻车为主的战车部队从军营鱼贯而出，按一定方式排列成阵。开始攻击前一般还要进行挑战，称为"致师"。致师多以一乘车的兵力赴敌，带有考验对方决心和观察对方军力的威力侦察性质，同时也为己方的队形调整争取时间，致师时还会伴有一定的礼仪性言辞。后世各种演义、小说里提到的武将阵前单挑，多半就是从这种习俗沿袭下来的。

正式攻击开始后，进攻军队以正面宽大的严整队形缓慢前进，各级军官和士卒以不同发令工具随时协调部属的动作，以保持队形。接敌过程中，双方首先以弓矢对射，接敌后以长兵器击刺、战车冲击。首先打乱敌方阵形，然后聚歼散兵。

一般说来，车战中如有一方阵形动摇，胜败即大致定局，所以战斗持续时间较短，最长不过一日。追击的实施一般并不猛烈，《司马法》说"古者逐奔不远""逐奔不逾列，是以不乱"，大概为了保持队形，也因为战车本身不适于长途冲击，一般不提倡长距离追击。

正因为车战的讲究如此之多，所以当时军队作战受地形地貌等条件制约很大，两国作战时，一般都将战场选择在便于大量战车集结展开的开阔暴露的平原地区。《六韬》说："步贵知变动，车贵知地形，骑贵知径奇道。""贵知地形"是对车战特点的最好概括。屈原在《楚辞·国殇》中生动地描写了当时车战的激烈和悲壮情景:"操吴戈兮被犀甲,车错毂兮短兵接。旌蔽日兮敌若云,矢交坠兮士争先。凌余阵兮躐余行,左骖殪兮右刃伤。霾两轮兮絷四马,援玉枹兮击鸣鼓。"

春秋时期,各国都大力发展战车,晋国由城濮之战时的七百乘增加至春秋后期的五六千乘,楚军在全盛时期发展到近万乘,齐国也由桓公时的千乘增加到春秋末的两三千乘。公元前505年的柏举之战,各国参战的战车均在千乘以上;到了春秋晚期,吴国与楚国在郢都外围交锋时,双方动用的战车数量,竟然高达2000多辆。以至于当两国之间出现军事对抗时,战车数量少的一方总是畏惧战车数量多的对手。如平丘之战,晋车四千乘,就使齐人大惧,终于听命于晋国。

但到了战国,各国战车数量以及地位迅速下降。如《史记·张仪列传》记载,当时秦军的组成是"带甲百余万,车千乘,骑万匹"。战车的比例大幅下降。公元前405年韩赵魏联合攻齐一战,更是给了所有迷信战车的人以教训。韩赵魏三国的军队,是最早开始"毁车"的部队,当时,这三家诸侯的作战方式,已经转向了步兵、骑兵、战车协同作战。而齐国却依然采取步兵护卫战车的作战手段,战斗的结果就是齐国3万人阵亡,2000辆战车覆没。这也标志着,

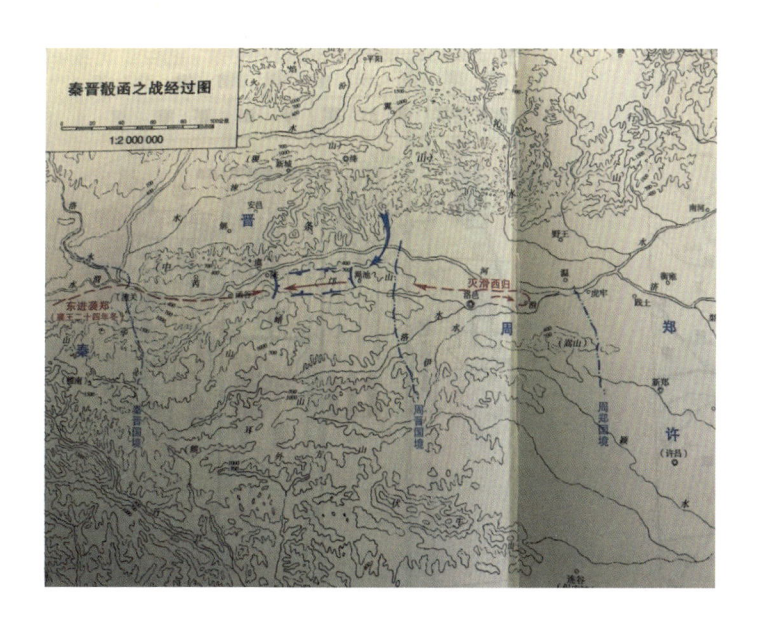

> 崤之战经过图

战车的"战场主宰"地位彻底不复存在。

那么,为什么战车会如此迅速地衰落甚至消逝呢?

消逝

战车的"退场"有其自身的原因,也有外界的原因。

先看内因。前面提到,战车本身对战场环境的要求很高,远程、持续作战能力又不强。对于西周乃至春秋时期的主要战争样式来说,这倒不是大问题。毕竟当时战争规模都比较小,春秋五霸中最早称霸的齐桓公,其国内总兵力不到6万人。城濮之战这种决定性会战,晋楚双方参战兵力加起来也不到8万人。规模不大,持续时间也短,基本都是一天之内搞定,战车也就是开打的时候冲那几下子,既不需要长途奔袭,也不需要反复冲击,不耐久战算不上什么问题。

再加上这个时候的战争也好,军队也好,都还有西周时期"贵族战争"的痕迹,能参军打仗的都不是一般人,必须是居住在城市里、有一定经济基础的所谓"国人"。这些人打仗,往往不是为了你死我活,而只是为了争一个面子或者地位,分出输赢即可。所以,直到春秋初期和中期,大家打仗很多时候还是遵守《周礼》的,必须按照一定的规则和流程来进行。选择战场也是其中的一项,一般双方会选择一个空间够大、够平坦,能让双方的军队都摆开的地方作为战场。然后还要约定好时间开打。这么一来,战车笨重也不是什么问题,可以慢慢就位。

但到了春秋末期,各国之间战争的规模逐渐扩大,战争也不再只是为了争一些虚名,而是为了实实在在的土地、人口和财富而战。这样一来,像以前那种规规矩矩、"点到为止"的战争自然也没了市场,人们不但开始为了战争的胜利而各出奇招,战争本身也越来越残酷,持续的时间也越来越长。就像秦赵之间的长平之战,持续时间达半年以上,双方参战者近百万,最后秦军更是残酷地坑杀了被俘的40万赵军。

战争既然不再是仪式性的东西,自然也不可能和以前那样大家都按照规矩和流程来,更不可能约一个适合摆开战车的空地来打仗。战争的地域逐渐

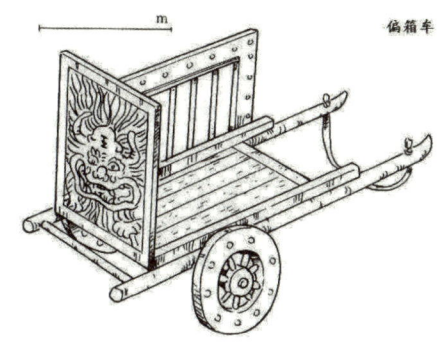

> 明代战车　　　　　　　　　　　　　> 明代偏厢车

扩展到山地、丛林、水域……任何可能的地方，而发生战斗的时间也从大家商量决定变成了任何时间都可能突然爆发。这种情况下，限制重重的战车自然不适合再充当战争的主角，不然，泥古不化的宋襄公就是前车之鉴。

另外，由于当年的战车没有减震装置，也没有稳定装置，自然谈不上平稳。因此，无论在战车上拉弓射箭，还是挥舞戈矛攻击敌人，都不是件容易的事，需要长时间的训练。再加上一辆战车只能乘载3个人，而且这3个人还都要装备铠甲，于是，战车乘员就成为当年实打实的高等级技术兵种，训练不易、数量有限。但由于战争规模扩大、残酷程度加剧，战车乘员的损失也越来越大。由于训练不易，想补充合格的战车成员也越来越难，自然导致可用的战车越来越少。

同时，建造和配置一辆战车也不是容易的事，要足够的战马，要花大量的材料制造战车及其配件，还要给每一辆战车配上十几种武器。战车的成本远远超过其他兵种。更麻烦的是，造一辆战车还很花时间，就算材料都准备好，也可能几个月才能造好一辆，根本无法满足大规模战争的需要。

在外因方面，新的战争形态催生了更加适应战场需求的新兵种、新装备，铁器的广泛使用和改进更让很多装备威力大大提升。首先值得一提的变化是弩的出现，弩最早投入实战是在春秋末期的楚国，和传统的弓箭相比，弩的威力、射程和使用的方便程度都有了很大提升，使用者学习起来也更加方便。由于持续不断战争的需求，弩的发展也一日千里，到后来还出现了各种大型弩。战国初期韩国人制造的大型弩，射程更是达到800步。这种弩已经对战车构成了巨大的实质性威胁，也让步兵在面对战车时有了更有效的对抗手段。

另一个值得一提的是骑兵的发展。春秋战国时代，还没有马镫，也没有高桥马鞍。所以，人们骑在马上其实没有什么固定自己的办法，自然更不可能用近战兵器和步兵或者战车发生正面碰撞——一撞基本上就得摔下马来，这也是为什么那个年代马匹更多地被用于战车的原因。但赵武灵王胡服骑射的改革之后，中原文明的人们开始向游牧民族学习，在马上使用弓箭，甚至直接征召游牧民族的战士加入军队。

虽然在马上射箭想射准也不容易，难度甚至还高于在战车上射箭，但弩的推广迅速改变了这一切。由于弩的射击更加简单，也更容易瞄准，训练起来没有那么麻烦，装备弩的骑兵也就成为了真正具备实战意义和可复制的战斗兵种。秦赵长平之战中，秦军派出"又一军5000骑绝赵壁间，赵军分而为二"，用5000骑兵把赵军截成两段。这支骑兵的主要装备就是弩。

此外，战国时代的战争规模越来越大，完全指望常备军去打仗已经不现实。每一次大战，各国都必须大量征召普通平民从军作战。而这些征召来的军队，自然不可能拥有良好的训练水平，也没有时间在战前对他们进行充分的训练。因此，容易掌握也容易生产的戈、矛、戟、剑、刀等兵器就成为这些"新兵"的首选武器。这样一来，步兵日益成为军队的中坚力量，再加上步兵装备弩之后，已经足以对抗战车，也进一步压缩了战车的生存空间。

于是，到了战国末年，战车就像当年的恐龙一样，虽然看起来很大，但却已经不适应新形势下战场的环境，逐步退出历史舞台。

余音

当然，作为曾经的战场主宰，无论是出于人们的习惯，还是从实用性考虑，战车的退场都不是一夜之间完成的。比如，战国末年，李牧重整赵国军队时，仍然以1300乘战车为核心。

事实上，甚至到了楚汉争霸的年代，战车仍然会时常出现在战场上，毕竟在各种条件合适的情况下，战车的正面冲击能力还是这个年代的骑兵所不能比的。楚汉战争中，汉将樊哙曾以轻车和骑兵攻破雍南；汝阴侯夏侯婴善用战车，"以兵车趣攻战疾"闻名，曾4次以战车突击立功；车骑将军灌婴曾以车骑追击项羽至东城。甚至到了汉朝，汉武帝还曾专门设置了虎贲校尉这个官职，用来管理轻车部队，后来更是设置了轻车将军这么一个官职，可见战车到这个时候仍然有一定地位。

但随着汉朝与匈奴展开了长时间、大规模的战争，完全无法适应北方草原大范围机动作战的战车无可奈何地退出了战场。

不过，我们前面不是提到过战车包括"五戎"吗？虽然包括轻车、阙车在内，直接用于作战的战车被历史所淘汰，但包括苹车、广车在内的辅助性车辆却并没有消失，反而使用得越来越广泛。毕竟古代没有汽车火车，要想大规模运输物资，还是得依靠马车。而一些大型作战装备，也只有装在马车上才能够机动和进入战场。

尤其是在城池攻防作战中，我们经常能看到各种以车为载具的装备，比如装有可以升降的车厢，用来观察敌人城内动静的巢车；装有长梯、抓钩等设备，用来爬上城墙的云梯车；装有屋顶，可以掩护攻城者挖掘城墙的洞屋车；专门用来堵在城门背后，万一城门被攻破也能用来抵挡的塞门车；装上巨型盾牌，用来抵挡对方射来的弓箭的盾车……可谓五花八门，不一而足。

而到了明朝，名将戚继光更是结合当时明军的装备情况，创造性地推出了偏厢车。这种车一侧有高高的厚木板作为屏障，遇敌时，多辆偏厢车首尾相连，瞬间就能形成一个小型城堡，既能阻挡住游牧民族骑兵的冲击，又能防御游牧民族射来的弓箭，还能为明军大量装备的火枪、火炮提供射击阵地，简直是对抗游牧民族骑兵的利器，也可以算是战车在一千多年后的另一种延续。

在秦汉以后的文学作品中，战车的露面机会不多，一般只有在一些诗作中代指军队。比如岳飞《满江红》中所说的："驾长车，踏破贺兰山缺。"再比如杜甫《兵车行》中的："车辚辚，马萧萧，行人弓箭各在腰。"至于实战，倒是《说岳全传》中出现了一种"铁滑车"，这种战车重量奇大，可能还装有铁刺或者矛尖，从高处施放，借助重力冲下山坡，攻击敌人。这种设想看起来很牛，但其实完全没有操作性，只能说是评书艺人天马行空的想象吧。

04

槊
隋唐英雄的拿手武器

看古代传奇故事或者评书，尤其是涉及到战争的时候，我们往往会眩目于那些武将们五花八门的武器。比如《说唐全传》里面，每一个英雄都有专属的武器，像秦琼的金装锏、尉迟恭的竹节鞭、程咬金的大斧等等。但在历史上，这些人物的武器可就没那么丰富多彩了，事实上，这些人擅长使用的武器一样，都是槊。

如果较真一下，上溯到《三国演义》的时代，历史上的关二爷用的并不是青龙偃月刀，张三爷用的也不是丈八蛇矛。最大的可能是，他们俩用的，还是槊。那么问题就来了，当年这么流行的"猛将标配"，到底是怎么来的，后来又怎么就不见了呢？

缘起

前面介绍戈的时候提到，早在石器时代，由于材质的限制，长兵器一般只有戈、矛等区区几种。到了青铜时代，虽然金属武器在各方面都要强于石器，但由于青铜本身的材料特性，劈砍类的长兵器仍然只能做得比较笨重，比如斧、钺，适于大量装备的仍然是矛、戈之类的武器。当然，在这个阶段，新出现了戟这种结合了矛和戈特点的新型长兵器。

随着时代的变化，军队的组织结构、作战思想也都不断发生变化，比如，战车就在秦朝以后消失在战场上，连带着让长戈退出历史舞台。而冶金技术的发展，也让更多武器的变化成为可能。比如，铁兵器的成熟带来了环首刀这种实用的近战武器，并取代了短戈的地位。相应的，人们对长兵器的杀伤力和作用也有了更多的考虑，尤其是战场定位发生了重大变化的骑兵。

早期由于没有马镫，也没有高桥马鞍，绝大部分骑兵必须保持一只手牵住缰绳来控制马。同时，人骑在马背上也并不稳当，很容易滑动，甚至摔下马来。因此，很长时间里，骑兵的主要装备都是弓箭或者单手使用的刀、剑等，基本没有长兵器的容身之地。毕竟一来没办法双手握持，二来又没办法在马背上固定自己，长兵器实在太难用了。

所以，在汉朝以前，基本没什么骑着马挥舞长兵器的武将。大名鼎鼎的西楚霸王项羽骑马的时候也只能用剑，单手的那种。要用长兵器？那只能在战车上用。即使到了汉朝，骑马用长兵器也是罕见的事，好在这个阶段有了铁器、环首刀，骑兵用环首刀的战斗力比用剑强了不少。当然，汉朝骑兵的主要兵器还是弓弩，另一位名人——"飞将军"李广最有名的也是箭术，而不是马上格斗。

到了三国两晋的时候，北方游牧民族有了两个重大的发明：马镫和高桥马鞍。马镫好理解，现代马上都有。高桥马鞍是啥呢？如果我们注意现代的骑乘用马，会发现，马鞍是一个中间平整、两头上翘的形状。但最早的马鞍不是这样的，其实就是一块绑在马背上的垫子而已。这种马鞍两头没有东西挡，骑马的人坐着虽然舒服，但却很容易滑动。到了东汉末年和三国时代，游牧民族在马鞍的两头加上了能挡住骑手的东西，这个东西就叫做鞍桥。鞍桥是用来固定骑手在马背上的位置的，当然高一点效果会比较好。于是，高桥马鞍就此诞生，并很快传入中原地区。

有了马镫，骑手就可以用腿和脚来固定自己，并简单操控马匹，甚至还能在马背上站起身来；而有了高桥马鞍，骑手在马背上做动作的时候，就不用担心自己滑下马来，遇到冲击也没那么容易摔下来。这样一来，骑兵使用长兵器的基本条件终于成熟了。

大浪淘沙：传奇武器的消逝

> 演义里尉迟恭用钢鞭，其实历史上他的主要武器是槊

> 演义里秦琼用一对锏，其实人家的武器还是槊

> 曹操横槊赋诗，可惜只是后人的想象

但具体用什么长兵器也是个问题。众所周知，骑兵的优势一个是机动速度，另一个就是冲击力。传统的长兵器中，戈的主要攻击方式是啄和钩，殳的主要攻击方式是砸，都不适合发挥骑兵的冲击力，只有矛的刺击最适合把冲击力最大化，当然，戟由于兼具刺、钩、啄等多种功能，骑兵也能用。所以，骑兵最先用上的就是矛和戟。

不过，骑兵用的长兵器和步兵用的还不一样，毕竟骑兵有马作为载具，加上冲击速度更快，所以骑兵的兵器更长一些。据古籍记载，当时步兵用的长矛长度不过九尺，而骑兵用的矛长度可以达到一丈八尺。《三国演义》中描述张飞所用的"丈八蛇矛"，大概就是这一类的骑兵用矛。

汉朝儒学兴盛以后，大概是因为孔子说过"必也正乎名"，所以人们对于任何事物的分类和命名特别看重，在兵器方面也不例外。于是，人们对兵器做了详细的分类，东汉末年刘熙所著的《释名》一书中，专门有一章叫《释兵》，对不同的兵器做出了定义，光矛就有仇矛、夷矛等好几种。其中，专门有一条定义是"矛长丈八尺曰矟。马上所持"。矟，读音"朔"，这大概是槊这种兵器最早的源头。

> 使用马槊的骑兵

> 南北朝时代的重骑兵形象

从形制上说，矛头是一个尖头扁叶的金属制品。矛身中部为"脊"，脊左右两边展开成带刃的矛叶，并向前聚集成锐利的尖锋。到了汉朝，矛头两侧的带刃矛叶进一步加长，以增强杀伤力。甚至还新出现了一种兵器，其头部外形跟剑差不多，两侧开刃、尖端锋利，和剑最大的区别无非就是后面装的不是剑柄，而是长杆（叫"柲"）。

这种长兵器的正式名称叫"铍"（音"Pí"），事实上，很多时候铍头取下来装上剑柄，确实就是一把剑，也算是"一物两用"。在汉朝的时候，铍是一种步兵武器，而且人们发现，这种武器能刺能砍，实在是一件很好用的长兵器，因此广为装备。据江苏连云港市尹湾汉墓出土的简牍《武库永始四年兵车器集簿》记载，这个武库储存的长兵器中，铍就有超过45万件，占所有长兵器数量的四分之三上，超过矛成为绝对主力。

铍既然这么好用，自然也引起了骑兵的注意。不过，步兵用的铍直接给骑兵用也有个问题，那就是安装方式导致的稳固性不足。标准的铍头安装方式是梃装，简单地说，就是铍头后部是一根细一点的金属杆，安装的时候插入铍杆上部，然后再捆扎固定。这种安装方式步兵用起来问题不算太大，毕竟步兵冲击力有限，铍头不容易脱落。但骑兵用起来，那个冲击力和铍头在冲撞时的受力可比步兵大得多，很容易导致铍头歪斜甚至脱落。

正是由于这个缺陷，加上汉朝时候，骑兵面临的主要对手是北方游牧民族。这些对手一般防护能力薄弱，但机动能力较强。与刺杀能力较强的铍相比，功能更丰富的戟更适于应对这样的对手，因此，虽然发现了铍的好处，但汉朝骑兵还是用戟更多。

不过，到了南北朝时代，北方游牧民族也逐渐文明化，拥有较强防护的具装甲骑（也就是重骑兵）开始出现。面对这样的对手，戟的作用迅速下降，矛以及铍再次回到人们的视线中。当然，对于铍固定不结实的问题，人们也给出解决的办法，那就是把梃装改成銎装。具体来说，就是铍头的尾部不再是一根细金属杆，而是金属套筒。安装的时候，把杆头部插入套筒，然后再捆扎固定，与矛的安装方式类似。

这种外形类似铍、安装方式类似矛的新武器被命名为"槊"，也算是某种程度上继承了汉朝骑兵用矛——矟的渊源。对于槊的来历，南朝的梁简文帝在其所作的《马槊谱序》中这样描述："马槊为用，虽非古法，近代相传，矟以成艺。"足以说明，真正的槊正是从魏晋南北朝时代才开始使用的。

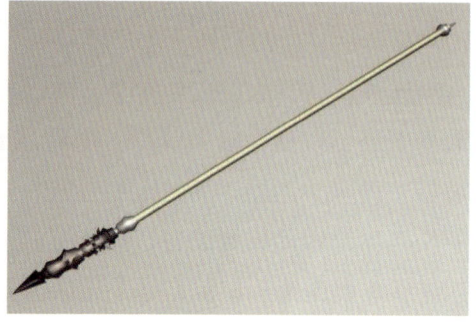

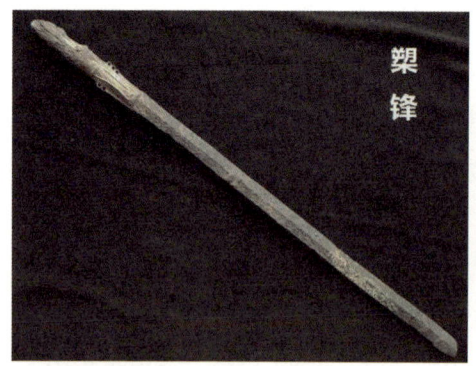

> 保存比较完好的槊的复原图

> 另一种槊的想象图

> 马槊的槊锋

> 古代绘画作品上重骑兵使用长兵器突刺，很可能就是槊

> 传说中的禹王槊，其实应该是殳的一种

> 现代人复原的马槊

发展

和戟相比，槊从一问世就表现出更强的作战能力和对骑兵更好的适应性。由于没有戟上的小枝带来的阻挡，槊的穿刺力要强上不少；而更简单的锋刃，让槊的劈砍性能也比戟更优越。同时，取消了戟的小枝，虽然让槊失去了钩、啄的攻击方式，但这两种方式本身杀伤力有限，也不适应骑兵的大规模使用，早就变成了很鸡肋的功能，基本用不上。倒是没有了小枝以后，槊的整体外形更光顺、重量分布更合理，反倒便于骑兵的使用。

攻击方式简化为刺和砍两种方式之后，槊在使用时反而功能更明确：对于没有甲胄或者只有轻甲的目标，骑兵可以使用槊的劈砍功能，增大杀伤范围、提升命中率和杀伤力；而对于有重装甲的目标，则使用突刺功能，有效实现对盔甲的穿透。事实上，槊可以说兼具了矛和刀的优势，也难怪受到骑兵的喜爱。

不过，经过一段时间的实际使用，槊也暴露出一些问题，甚至影响到后续的发展路线。前面提到，槊的"战斗部"（正式名称叫槊锋）与铍类似，而铍首则与剑颇有相似之处。早期的剑大都不长，大约也就是50厘米左右，短的甚至只有20厘米~30厘米，早期的铍也大概沿袭了这一尺寸，铍首一般不会超过50厘米。

采用这个长度，一方面是为了便于必要时把铍转换成剑以后，让步兵拿上就能用，不需要重新适应；另一方面则是出于挥舞铍的实际效果考虑，毕

041

大浪淘沙：传奇武器的消逝

> 以使槊闻名的李存孝，演义里把他的武器换成了挝

> 隋唐南北朝的重骑兵

竟铍首如果加长必然也会加重，造成头重脚轻，不便于实战使用。此外，还要考虑到，铍首是要消耗金属来制作的，铍首做得长，消耗的金属也多，对于装备量动辄以十万计的主战装备来说，就意味着天量的材料消耗，自然得考虑清楚。

早期槊锋的长度和形制都与铍首差不多，但在实战中，人们发现，对于骑兵来说，槊锋如果做得更长一点，实战效果就会更好。这一方面是因为，槊锋越长、强度越大，破甲能力也就越强；另一方面，槊锋加长后，槊杆也会随之加长，让槊的整体长度增长，在实战中更具优势。同时，加长的槊锋在攻击低防护力目标时，攻击范围更大，杀伤力也更强。

但问题就来了，槊锋加长后，由于要消耗更多的材料和工时，槊的产量和生产速度必然会降低。再加上更长的槊锋已经不适合用普通的槊杆，而必须用更有强度和韧性的复合槊杆，这就进一步降低了生产速度。考虑到槊广泛应用的南北朝时代，由于游牧民族入主中原，骑兵成为战场的主角和北朝军队的主力，槊的产量和生产速度太低的话，必然无法满足大量骑兵的需求。

此外，槊锋加长后，重量也随之增加，对于使用者的要求也更高。能挥舞起来就不容易，要想用得熟练、用得出神入化就更难。

于是，从南北朝后期开始，槊逐步出现了分化。一方面，为了简化生产、提高产量，普通骑兵用的槊保持了原来的槊锋长度，甚至更短；另一方面，那些精锐骑兵和将领使用的槊则采用了更长的槊锋和槊杆。这些人毕竟在整个军队中的数量较少，又具备较高的地位，无论在财力物力上，还是实用价值上，都值得用更强大的武器。

等到了隋唐年间，随着游牧民族被赶回北方草原，中原王朝的军队主力重新回到步兵，骑兵的数量大幅下降，对普通槊的需求也大幅降低。这种情况下，更长、更重、更具杀伤力的槊反而作为将领的精锐武器得到了更多的保留。正因为如此，到了这个年代，槊成了将领和贵族们的专属武器，甚至成为贵族文化的一部分。

正因为槊制作越来越精良，逐渐成为少数勇将所用的武器，到了隋唐年间，马槊最长的甚至达到了 4 米，可以算是长兵器中最长的了。猛将们使用起来更是如虎添翼，增加了不少战斗力。

结构

槊的结构相对简单，主要由槊锋和槊杆组成。

槊锋就是槊的"战斗部"，提供最主要的战斗力。槊锋的锋刃部分与剑类似，均为两侧开刃、尖端锋利的扁平型刺击兵器。但与剑不同的是，为了强化破甲能力，槊锋的锋刃两侧锋脊处起棱，被称为破甲棱。这种结构能增强朔锋的强度，让槊锋的剖面呈锥形，增强破甲能力。而剑则往往在剑脊处开有血槽，这样的结构对于无防护目标的杀伤力更强，但破甲能力会受到影响。

由于要兼顾韧性、硬度和重量，槊锋一般通体由优质钢锻造而成，这也是槊造价高昂、难以普及的重要原因。

早期的槊锋全长不过 50 厘米左右，但隋唐时期将领所用的槊锋长度可达 80 厘米 ~ 100 厘米，其中仅锋刃部分的长度就超过 50 厘米。这么长的槊锋还带来另外一个效果：对手很难攻击到槊杆，更难砍断槊杆，从而以另一种方

> 另一种铍头

> 铍，可能与槊有联系

式提升了槊本身和使用者的生存力。

锋刃之后是同样钢制的套筒，上有开孔。槊杆就插在套筒内，然后通过开孔，以钉子、绳子等捆扎和固定。有的槊在锋刃与套筒之间设置了类似于剑上护手的部件，俗称"留情结"，正式名称叫"镡"。这一部件的用途是防止槊锋刺入目标过深而难以拔出。

槊杆的正式名称叫"柲"。事实上，古代把所有长杆兵器的杆都通称"柲"。和其他长杆兵器一样，槊杆的材质分为单体材料和复合材料两种。单体材料就是一整根木头削制而成，这种槊杆制作简单，但找到合适的材料很难。毕竟绝大多数树木都不可能长得完全均匀且直。复合材料就是所谓的"积木柲"或者"积竹柲"。

不管积木柲还是积竹柲，其原理和结构其实都是一样的，区别无非是具体的材料是竹子还是木头而已。其中最好的槊杆用柘木（桑树的一种）制成，因为柘木材质兼具韧性与硬度，而且两种性能都很出色，平衡得很好。柘木在古代还经常被用来制作弓身，汉朝应劭所著的《风俗通》中记载："柘材为弓，弹而放快。"宋朝洪迈所著《容斋随笔》卷十六《神臂弓》记载："神臂弓……其法以桑木为身……"这里的桑木指其实就是柘木。能用来做神臂弓，可以想见其材质的优越。

制作上等槊杆时，需要挑选材质均匀的柘木主干，剥成粗细均匀、长度相近的细木条，然后把这些细木条放入油中反复浸泡，直至不再变形和开裂。浸泡好后取出晾干，将若干根细木条用鱼鳔胶粘合成一握粗细的木杆，在木杆外用麻绳横向紧密缠绕，勒入槊杆，使横向受力。然后再用桐油浸泡麻绳和木杆，浸透后再晾干。待到干透之后，再在外面涂上一层生漆、缠上一层葛布，干透后再涂上一层生漆、缠上一层葛布，如此反复多层，直到干透后用刀砍上去，槊杆发出金属之声，却不断不裂，如此才算合格。

　　裹扎完成后的槊杆去其首尾，截短到丈六左右。前端装上槊锋，后端装上铜鐏，然后再不断调整重心的位置，合格的标准是用一根麻绳吊在槊尾二尺处，整个丈八马槊可以在半空中如秤杆般两端不落不坠，一柄上好的槊就制造完成了。如此制造出来的槊，轻、韧、结实。武将可直握借马力冲锋，也可挥舞起来近战格斗。不过，制作这么一把槊需要花费的时间往往在一年以上，其间得消耗钢、铜、柘木、桐油、生漆、葛布、麻绳、鱼鳔胶等多种材料，成功率还不到一半，自然不可能成为大量装备的制式武器，也因此成为武将和贵族们的专用武器。

> 积竹木柲示意图

使用

　　槊的产生与北方游牧民族骑兵，尤其是重装骑兵（具装甲骑）的发展息息相关，因此，槊在历史上一开始就是装备给精锐部队的。《南齐书·列传·卷五十七》记载："（拓跋）宏自率众至寿阳，军中有黑毡行殿，容二十人坐，辇边皆三郎曷刺真，槊多白真毦，铁骑为群，前后相接。"这一段描述的是北魏孝文帝拓跋宏（元宏）的行动，可见使用槊的是孝文帝身边的亲卫，绝对的精锐。

随着槊的发展以及南北朝时代的战乱，槊越发成为猛将、精锐的专用武器，众多武将都以使得一手好槊为荣，能不能用好槊也成为衡量武将战斗力的重要标准。比如，南朝世家贵族羊侃极为豪奢，却以制槊为荣耀，《梁书·羊侃传》记载："侃执稍（槊）上马，左右击刺，特尽其妙。"因为观看羊侃舞槊的人太多，以至于好多人爬到树上围观，甚至连树枝都折断了，所以，羊侃的马槊被戏称"折树槊"。

南北朝时期，北朝著名猛将高敖曹（高昂）也以善用槊闻名。高敖曹出身世家，其父高翼历任渤海太守、东冀州刺史、镇东将军，封乐城县侯。《北齐书·高敖曹传》记载："昂马槊绝世，左右无一当百，时人比之项籍。"高敖曹的战斗力有多强呢？史书上记载了他的一次大胜。当时北魏孝庄帝被权臣尔朱兆弑杀，高家因此在信都起兵造反，尔朱家的尔朱羽生率领5000军队前来进攻。高敖曹带领十几个人，也不披挂盔甲，骑马前去迎击，他的哥哥高乾听说了，生怕他吃亏，连忙派500人去增援。在龙尾坂这个地方，高敖曹领着这十几个人对尔朱军发起突袭，尔朱军猝不及防，高敖曹大发神威，结果5000人被十几个人打得大败而逃。等增援的500人赶到战场时，战斗已经结束，高敖曹的强悍可见一斑。

到了隋唐时期，槊更是成为猛将们的最爱和"标配"。虽然后来的《隋唐演义》给当时的名将们安排了形形色色五花八门的武器，比如秦琼的锏、程咬金的斧头、尉迟恭的钢鞭等等，但事实上，这些猛将在历史上真正使用的武器都是槊。比如唐太宗座下第一猛将尉迟恭，《资治通鉴》中记载："（李）世民谓尉迟敬德曰：'公执槊相随，虽百万众若我何！'"盛赞尉迟恭的槊百万军中都可以自由往来，李世民对尉迟敬德的勇猛与马槊武艺的评价可谓是极高的。《新唐书》中也记载："（尉迟恭）善避槊，每单骑入贼，虽群刺之不能伤，又能夺取贼槊还刺之。"

程咬金呢？《旧唐书》记载："程知节，少骁勇，善用马槊。"不存在大斧什么的。而且程咬金也不是大老粗，他可是出身世家，曾祖父程兴曾任北齐兖州司马，祖父程哲曾任晋州司马，父亲程娄曾任济州大中正。世代官宦之家，怎么可能如演义中所说的是个贩卖私盐起家的大老粗呢？至于秦琼，同样也是以善用马槊著称。《旧唐书》记载："叔宝善用马槊，拨贼垒则以

> 演义里程咬金用大斧，其实用的也是槊

> 这才是秦琼应该有的样子

寡敌众，可谓勇。"那些锏啊，斧头啊，钢鞭啊什么的，基本都是说书艺人臆造出来的。

到了唐末五代，天下大乱，以沙陀族为代表的游牧民族再次入主中原，槊这种骑兵利器同样受到将领们的喜爱。比如，唐末五代第一猛将、晋王李克用的义子李存孝就经常持马槊冲阵。《旧五代史·李存孝传》记载："存孝每临大敌，被重铠橐弓坐槊……万人辟易，盖古张辽、甘宁之比也。"后晋开国皇帝石敬瑭同样是用槊的好手，《新五代史·晋本纪》记载："（后唐）庄宗已得魏，梁将刘掞急攻清平，庄宗驰救之。兵未及阵，为掞所掩，敬瑭以十余骑横槊驰击，取之以旋。"十几个人就敢闯进敌军救援庄宗，可见其战斗力。

在南方，这个年代的武将同样以用槊为荣。《旧五代史·钱镠传》记载，吴越王钱镠"少善射与槊，喜任侠，以解仇报怨为事，"也是个喜欢用槊的主。《新五代史·吴世家》记载："吴之军中推朱瑾善槊，志诚善射，皆为第一。"可见吴王麾下也有不少喜欢使槊的大将。

消逝

槊从魏晋南北朝发端，一直到五代十国时期，都是各路武将和精锐骑兵最爱用的武器。但到了宋朝，却突然失去了光芒万丈的地位，成为极其少见的东西，甚至仅仅用于仪仗。《宋史·仪卫志》记载："又櫐矟（槊），唐金吾将军执之。宋制，卤簿出则八枚前导。"宋朝名画《大驾卤薄图》对这一段描述有形象的记载，画中多达5000人的豪奢仪仗队，仅有金吾将军手执8枚马槊作为前导。

除了宋初的一些将领延续五代时代的传统以外，武将们也很少再用槊作为武器。比如宋初名将狄青，使用的武器就是大刀；大名鼎鼎的"杨家将"家主杨业，善使的也是大刀。更加知名的民族英雄岳飞呢？主要武器是枪。杨业的后人常用的也是枪。

为什么槊会逐渐退场呢？归根到底还是宋朝的态势决定的。众所周知，宋朝由于丧失了养马的场地，从新中国开始就极度缺马，自然也无法组建像样的骑兵。有宋一朝，一直都是以步兵作为军队的绝对主力和核心。再加上幽云十六州的丢失，宋朝又失去了阻挡敌人骑兵的有利地形，不得不在平原上与北方游牧民族的大军对抗。这种背景下，大量消耗材料和时间，又没有足够的骑兵来使用的槊自然不受青睐。相比之下，能够在更远距离上攻击敌人的弓和弩对于宋军来说更有实际意义。即使是需要近战，用料更少、制作更简单的长枪也更符合宋军的需求。

和槊相比，长枪的枪头更短，也更省材料。同时，在以步对骑的时候，槊两侧长长的锋刃意义不大，对骑兵伤害有限。与其在这上面浪费材料，还不如强化对骑兵更有杀伤力的刺杀功能。某种意义上说，枪是对更早时候矛的回归。当然，由于时代不同，枪的用法也得到了丰富和变化，民间传说中的"杨家枪"就是其中之一。这些枪法让长枪的变化更多，改变了长枪只有单一的刺杀用法的状况，也让武将们有了更多的选择。

而对于武将来说，情况则更复杂一点。槊虽然制作起来麻烦又费钱费料，但对于高门大户来说，本来其实也不算什么。可是宋朝武将地位比之此前各代都大大下降，经常有事没事被文官们刁难，也被宋朝的皇帝们忌惮与防备。因此，宋朝的武将们大都低调得很，没事决不嘚瑟。槊这种高调又打眼的装备，自然还是少用为好。加上槊本身需要长时间的马上练习，在缺马的宋朝，也没几个武将经得起这种消耗。因此，在宋朝，槊就逐渐消失了。

后来的元朝虽然也是游牧民族，但元朝大军是以骑射为主要作战方式，反倒不太注重硬碰硬的正面冲阵，自然也没必要把消失许久的槊重新捡起来。

于是，槊也就失去了最后的复兴机会。

余音

在槊兴盛的时候，已经不只是一种武器，更成为一种文化现象。唐诗宋词中提到槊的地方就比比皆是，比如唐温庭筠的《病中书怀呈友人》："堡戍标枪槊，关河锁舳舻。"杜牧《东兵长句十韵》："落雕都尉万人敌，黑槊将军一鸟轻。"苏轼《赠狄崇班季子》："半酣论刀槊，怒发欲起立。"唐人甚至把对槊的喜爱引申到古人身上，唐代诗人元稹的《唐故检校工部员外郎杜君墓系铭》中就说"曹氏父子鞍马间为文，往往横槊赋诗"，给曹操安上一个"横槊赋诗"的能文能武的形象。

到了宋朝以后，由于真正的槊越来越少，这种当年只有猛将才能用好的武器成了一种传说，被民间艺人和文学作品广为引用。而由于没有什么机会见到真正的槊，民间对于槊的描述开始出现了五花八门的变化，这些名为"槊"实际跟槊没啥关系的武器多出现于民间文学作品中。

比如，《隋唐演义》里面说单雄信的武器是"金钉枣阳槊"，但实际上这是个啥东西呢？书中描述，这件兵器"首尾长丈八，重一百二十斤。槊头为圆形如枣的铁锤，上面密布六排铁三钉"。连槊锋都没有，这算什么槊？事实上，这种武器真正的名字叫"殳"，主要用途是拿来砸人，而不是刺和砍。正史上，单雄信用的确实是槊，但却是正儿八经的马槊。《资治通鉴》记载："（翟）让遂亡命于瓦岗为群盗，同郡单雄信，骁健，善用马槊，聚少年往从之。"

评书《大明英烈传》中的常茂用的武器叫"禹王槊"，但实际上这也是跟槊无关的一种武器。据评书中描述，禹王槊基本形状是一根铁棒的前面铸有一只手，取"执掌权衡"的权杖之意。实际用起来，和那个"枣阳槊"一样，主要用来砸人，这种东西同样只能归到殳的范畴。

时至今日，关于槊最有名的段子，应该还是《三国演义》中那一段曹操"横槊赋诗"，吟诵《短歌行》的故事。不过，三国时代虽然有了矟这个名词，但却并不是后来的槊，只是一种长矛罢了。只能说，罗贯中先生把元稹对于曹氏父子的文艺描述给具象化了。

05

陌刀
中国古代的传说级"大杀器"

> 现代人想象复原的陌刀

如果要评选中国古代最具传奇色彩、最神秘的武器，陌刀毫无疑问会排在前列。这种冷兵器时代的"大杀器"，因其令人瞠目的威力而让人印象深刻（史书记载："如墙而进，人马俱碎。"），更因其只出现在文字记载中，却从无实物被发现而笼上一层神秘的色彩。

缘起

关于陌刀，最权威、最经典的记载应该就是《大唐六典》。《大唐六典》是唐朝一部行政性质的法典，也是我国现有的最早的一部行政法典。唐玄宗时官修,由后来的一代名相张说、张九龄等人编纂,成书于开元二十六年(公元738年),所载官制源流自唐初至开元止。该书规定了唐代中央和地方国家机关的机构、编制、职责、人员、品位、待遇等,注解中又叙述了官制的历史沿革。依照唐玄宗的意图,此书本应按《周官》分为理典、教典、礼典、政典、刑典、事典六个部分,故书名《大唐六典》。

《大唐六典》是保存至今的最早、最完整、具有封建国家行政法典性质的文献。在中国行政立法史上具有重大意义,书中保存了大量唐朝前期的田亩、户籍、赋役、考选、礼乐、军防、驿传、刑法、营缮、水利等制度和法令等方面的重要资料,对唐以后历代会典的编纂具有深远影响。

该书《卷十六·卫尉宗正寺》中记载:"刀之制有四:一曰仪刀,二曰鄣刀,三曰横刀,四曰陌刀。"然后在注解中描述:"陌刀,长刀也,步兵所持,盖古之断马剑。"这里明确地给出了陌刀最早的源头——出现于汉朝的断马剑(又名斩马剑)。

断马剑(斩马剑),顾名思义,是用来对付马,或者至少是可以斩马的剑。从这个功能来看,断马剑的诞生既与兵器材质的进步直接关联,也和骑兵的发展息息相关。在青铜兵器时代,由于青铜自身的材质特性较软,基本没有刀这种以劈砍为主的薄刃兵器存在的基础。春秋战国时期的青铜刀大都是小刀,主要用来切割和自卫。到了汉朝,铁制兵器大量普及之后,环首刀这种铁质刀成为汉朝军队的标准配置,才有了断马剑这种威力足以"断马"的劈砍类兵器出现的条件。

此外,汉朝以前,战车是主要的地面机动兵种。而战车一般是两匹甚至四匹马牵引,又有比较大的重量和体积,指望步兵准确地斩杀其中的一匹马,难度实在太大。秦汉之交,战车衰落,骑兵开始崭露头角,步兵如何对抗骑兵就成为现实存在的问题。传统的矛虽然有一定对抗骑兵的能力,但偏于被动,如果要增强对抗的主动性,就必须寻找一种攻击性更强的武器。

考虑到骑兵的速度和冲击力,要对抗骑兵,步兵的武器就必须尽可能长,还得有较强的杀伤力。这么一盘算,与剑类似,但剑柄换成了长杆的铍进入了人们的视线。前面介绍戈和槊的时候,我们提到过铍,这是一种两侧开刃、可刺可砍的长柄武器。在实践中，人们发现，劈砍的杀伤范围更大，也更容易发力，于是，就有人想到了强化铍的劈砍能力，这就得到了一种新的对抗骑兵的武器，这也就是斩马剑的由来。

斩马剑最早见于文字记载是在《汉书·朱云传》中，原文是："至成帝时，丞相故安昌侯张禹以帝师位特进，甚尊重。云上书求见，公卿在前。云曰：'今朝廷大臣，上不能匡主，下亡以益民，皆尸位素餐。臣愿赐尚方斩马剑，断佞臣一人，以厉其馀。'"

从这段原文可以看出，这个时候的斩马剑还不是步兵的制式装备，需要专门赐予，而且还挂了个"尚方"的名头，让人联想到"尚方宝剑"。事实上，之所以如此称呼，是因为这个时候的斩马剑主要由少府中的尚方令负责铸造。颜师古注解《汉书》时就指出："尚方，少府之属官也，作供御器物，故有斩马剑，剑利可以斩马也。"毕竟要对抗骑兵的武器，以当时的冶炼水平而言，必须精工细作、反复打磨，才能造出足够锋利、足够坚韧的斩马剑。正因为这么复杂，斩马剑不可能大规模生产，自然也无法成为步兵的标准装备。

于是，斩马剑在汉朝就成为皇室和高官贵戚的专用利器，也常常被作为贵重礼品赠与其他人。比如，《后汉书·南匈奴传》就记载："又赐献马左骨都侯、右谷蠡王杂缯各四百匹，斩马剑各一。"宋朝的《太平御览》在卷三四二《兵部·剑》中也记载："王莽使武贲以斩马剑挫董忠。"

正因为产量稀少，斩马剑在史籍中的记载就不多，更没有大规模使用的案例。由于其"皇室专用"的属性，汉朝书籍中没有描述斩马剑的外形，各种图画、壁画中也没有对斩马剑的描绘，至今陵墓考古也未曾发现斩马剑的实物。

此后的三国魏晋南北朝时期，由于战乱频仍、人口流离，斩马剑这种需要花费大量时间精力和材料的武器自然也就不受人青睐，以至于很长时间内都仿佛消失了。直到唐朝建立之后，由于国家安定、经济发展，再加上冶金技术的发展、更高水平材质的引进，斩马剑才得以重见天日。经过改进之后，成为唐朝大名鼎鼎的陌刀。

结构

前面提到，斩马剑由于数量稀少，加上属于"皇室特供"，因此到目前为止，还处于没有描述、没有图案、没有实物的"三无"状态。陌刀呢？情况好一点。由于出现的时间较晚，产量也相对较大，甚至还能成军，所以，历史上对于陌刀有一定的记载和描述。

但麻烦的是，历史上关于陌刀的记载基本上都集中于其使用，对于陌刀的具体形制、生产工艺等都没有详细的介绍。同时，由于陌刀威力巨大、生产不易、价格昂贵，唐朝禁止将其用于陪葬，其结果就是目前我们还没有看到过一个陌刀的实物，对这种武器的形制只能靠史籍上的只言片语来拼凑和推测（事实上，隋唐时期的诸多兵器都没有多少实物留存）。

先看重量，《新唐书·张兴传》中记载："兴擐甲持陌刀重十五斤乘城。"由此可见，15 斤（唐斤）是比较确认的一个重量。唐时的 1 斤相当于现代的 660 克上下，15 斤相当于现代的 10 千克左右。作为对比，大名鼎鼎的汉代环首刀重量不过 1 千克多；同样是唐代四种刀之一的横刀，重量也就是 1 千克

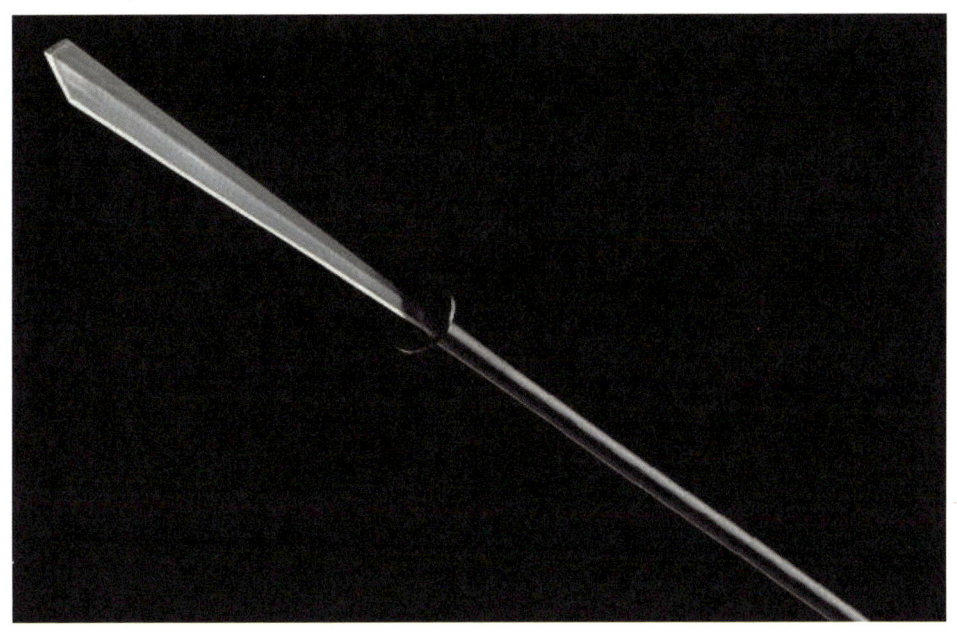

> 按照棹刀的形制推测的陌刀

大浪淘沙：传奇武器的消逝

> 今人想象的陌刀防守阵型

> 对陌刀的一种想象，但其实更像斩马刀

左右。由此可见，陌刀的重量还是很惊人的，这也是它能够用来对抗骑兵的重要原因之一。

再看长度。关于陌刀长度的记载有不同的说法，《新唐书·阚棱传》记载："（阚棱）貌魁雄，善用两刃刀，其长丈，名曰'陌刀'，一挥杀数人，前无坚对。"根据这段话，我们知道，阚棱使用的陌刀长度一丈。唐朝度量衡，一尺相当于大约30厘米，一丈也就是3米。这么长的兵器，不是一般的人能用的，阚棱是隋末诸侯之一江淮军中有名的猛将，身高体壮，用起来没有问题，但对于一般的士卒来说，恐怕就抡不转了。

因此，唐朝史料中还有另外一个记述，说陌刀"长七尺，刃长三尺，柄长四尺，下用铁鐏"。7尺长也就是2.1米，虽然也很长，但步兵对抗骑兵，兵器太短压根够不着对手，所以步兵长兵器一般都是2米至2.5米，7尺长的陌刀还是比较适合士卒使用的。

当然了，陌刀作为劈砍类的武器，和矛、枪等穿刺类的不一样。穿刺类兵器对抗骑兵时，大都是摆成阵势，等着骑兵自己撞上来，对使用者的要求相对较低。而陌刀在使用的时候需要挥舞起来，无论身高、力量还是技巧、熟练度，要求都更高。史料记载，使用陌刀的也不是一般人，必须"力士持之，以腰力旋斩"。

至于陌刀的外形，由于缺少实物和图像材料，更加难以确定。目前为止，能够和陌刀联系上的图像资料，只有唐朝名将郭子仪墓室中壁画上出现的，疑似柄特长而刀身特短的三尖两刃刀式武器。但也有人认为，该画面描述的其实是没有上弦、收在袋子里的弓。有人甚至推测，陌刀其实并没有一定的形制规定，尤其是那些将领使用的陌刀，可能更是按照自己需要打造的"定制版"。

但不管对陌刀的形制有什么猜测，从其实战中使用的描述来看，可以确认的一点是，陌刀是一种长柄、两面开刃的刀，其锋刃部分也相对较长，使用的方式以劈砍和挥砍为主。其中，两面开刃这种形制应该是陌刀所特有的，与传统意义上单面刃的刀大相径庭。为了保证威力和强度，陌刀一般选用镔铁，打造过程极其繁复，也导致其造价极为高昂。

使用

陌刀的出现和大规模应用基本集中在唐代，尤其以中唐时期为主。

历史记载中，首次出现疑似陌刀的应用是在隋唐之交，江南地区杜伏威军与李子通军的溧水之战中。《旧唐书·辅公祏传》描述此战时提到："公祏简甲士千人，皆使执长刀，仍令千余人随后，令之曰：'有却者斩。'……俄而子通方阵而前，公祏所遣千人皆殊死决战，公祏乃纵左右翼攻之，子通大溃，降其众数千人。"文中提到的"长刀"被一些专家认为指的就是陌刀。不过考虑到杜伏威势力崛起的时间不长，控制的地域也有限，不太可能自己打造陌刀这种复杂昂贵的兵

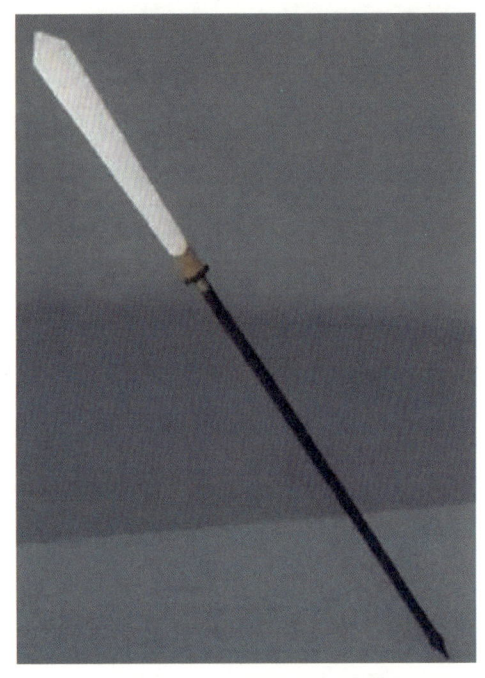

> 另外一种可能的陌刀形制

> 陌刀手形象想象图

器，应该还是以缴获隋朝的装备为主。而此前隋朝各类史料中又并未提到过陌刀这种装备，因此，这里的"长刀"可能就是普通的长柄刀而已。

史籍中正式出现"陌刀"这个名称是在唐高宗调露元年，《旧唐书·裴仁俭传》记载："调露元年，突厥阿史德温傅反，单于管内二十四州并叛应之，众数十万。……行俭行至朔州，知萧嗣业以运粮被掠，兵多馁死，遂诈为粮车三百乘，每车伏壮士五人，各赍陌刀、劲弩，以羸兵数百人援车，兼伏精兵，令居险以待之。"

不过，陌刀的用法似乎并不是到了唐高宗这么晚的年代才形成，中唐政治家、史学家杜佑编撰的《通典》中曾记载："《卫公李靖兵法》曰：诸军弩手，随多少只，人各络膊，将陌刀、棒一具，各于本军战队前雁行分立，调弩上牙，去贼一百步内战，齐发弩箭；贼若来逼，相去二十步即停弩，持刀棒，从战锋等队过前奋击，违者斩。"也就是说，初唐名将李靖已经总结出了陌刀的具体用法和配置方式。

《通典》中还详细介绍了《卫公李靖兵法》所介绍的陌刀在战斗中的使用方式："布阵讫，鼓音发，其弩手去贼一百五十步即发箭，弓手去贼六十步即发箭。若贼至二十步内，即射手、弩手俱舍弓弩，令驻队人收。其弓弩手先络膊，将刀棒自随，即与战锋队齐入奋击。其马军、跳荡、奇兵亦不得辄动。若步兵被贼蹙回，其跳荡、奇兵、马军即迎前腾击，步兵即须却回，整顿援前。若跳荡及奇兵、马军被贼排退，战锋等队即须齐进奋击。其贼却退，奇兵及马军亦不得远趁，审知贼惊怖散乱，然后可乘马追趁。"

翻译成简单白话就是说：诸军按其职能分为弓手、弩手、驻队、战锋队、马军、跳荡、奇兵等多种，每次作战，弓弩手发箭后执刀棒（即陌刀、长棒）与战锋队齐入奋击，步兵稍败后，奇兵、马军、跳荡才冲入腾击，步兵准备再援，步骑兼用，攻守有职。步兵为先锋，骑兵为侧辅，步兵配以弓弩、陌刀，骑兵负责步兵战后的突击与追击。陌刀作为断马剑的特殊功用，为先锋步兵冲阵的主要兵器，与马军、奇兵一起构成李靖率领的唐军作战的主要特色。

也许是因为打造陌刀需要花费太多时间和物资，再加上使用陌刀对士卒的要求极高、很难训练，因此，虽然李靖早就拿出了陌刀的使用战术，但此后很长时间里，陌刀都没有得到广泛的使用。大约是到了唐玄宗的时候，由于国家经济富裕、百姓身体状况大幅提高，陌刀才开始逐渐推广，但最初主要作为藩镇长官的亲卫队或杀手锏。《安禄山事迹》卷中载，崔乾佑战哥舒翰时，列"白刃五千"，《新传》作"陌刀五千"。李光弼亦有陌刀手四千，田承嗣常以一千陌刀手自随。连宦官边令诚在潼关之战后去杀高仙芝之前，也要"索陌刀手百馀人随而从之"。这些陌刀手都是在军中经过严格挑选的壮勇有臂力者。

后来因为使用陌刀而大名鼎鼎的名将李嗣业也是在这一阶段开始率领陌刀军的。《旧唐书·李嗣业传》记载："天宝初，（安西）诸军初用陌刀，咸推嗣业为能，每为队头，所向必陷。"随后，李嗣业就开始了他率领陌刀军的辉煌征程。天宝六年，高仙芝出征勃律，"署嗣业及中郎将田珍为左右陌刀将"。娑勒城之战中，李嗣业率领陌刀军奋勇登山，"颓石四面以击贼，又树大旗先走险，诸将从之。虏不虞军至，因大溃，投崖谷死者十之八九"。初步展现其陌刀军的风采，到了这一时期，陌刀手已经不再如李靖兵法中设想的那样，还要兼任弓弩手，而是成为专职的近战兵种。《太白阴经》卷六、《武经总要》卷三"叙战"说，唐军所设阴阳阵、雁行阵都用到陌刀。

安史之乱爆发后，唐朝皇室仓皇出逃，太子李亨在灵武即位，是为唐肃宗。肃宗即位后，立即从安西都护府紧急召回李嗣业。两人在凤翔碰面以后，唐肃宗大喜，称赞道："今日得卿，胜数万众，事之济否，实在卿也。"随即委任他和郭子仪、仆固怀恩等人共同充当先锋将。而此后的战斗中，李嗣业也没有辜负唐肃宗的厚望，每战必奋勇向前，"贼众披靡，所向无敌"。

至德二年（公元757年），也就是唐肃宗即位的第二年，唐军与叛军大战于长安西南香积寺一带，双方布下大阵。开战后，敌骁将安守忠、李归仁率精骑突入唐军阵中，大阵将乱。嗣业见势危急，"乃肉袒持长刀立于阵前，大呼奋击。当其刀者，人马俱碎。杀数十人，阵乃稍定。前军之士尽执长刀而出，如墙而进。嗣业先登奋命，所向摧靡"。《新唐书》的记载则更加详细："步卒二千以陌刀、长柯斧堵进，所向无前。"在回纥骑兵配合下，是役"斩首六万"，收复西京长安。此战堪称陌刀的辉煌之战，正是靠着李嗣业及其率领的陌刀军，唐军挽回了即将崩溃的局面，陌刀军强大的战斗力也给人留下深刻的印象。

遗憾的是，李嗣业的辉煌却没能持续太长时间。乾元二年（公元759年），李嗣业与郭子仪等围攻相州时，身中流箭负伤。李嗣业伤势快好时，突然听见发令钟鼓声，知道是在与叛军作战，因而大喊杀敌，致使伤口破裂，流血过多而死。

李嗣业虽然死了，但是他和陌刀军给人们留下的印象实在太深，此后各路军队纷纷把陌刀作为重点打造的兵器，在中唐和晚唐时期留下了不少经典战例。和李嗣业同时期的京兆尹崔光远就曾经这么对付在泾阳附近抢掠的盗贼："贼徒多醉，光远领百余骑持满扼其要，分命骁勇持陌刀呼而斩之，杀贼徒二千余人，虏马千疋，俘其渠酋一人"。

安史之乱时期的另一位名将张巡也很重视陌刀，他在守卫睢阳的时候，曾经有叛军大将率领拓羯千骑来招降。张巡一边假装与其对话，一边偷偷派数十名勇士，携带钩、陌刀、强弩，用绳子放下城墙，然后趁敌不备，突袭敌军成功，生擒敌军大将。

饶阳守将张兴也是一位善用陌刀的好手，他在面对史思明率众攻城时，"擐甲持陌刀重十五斤乘城。贼将入，兴一举刀，辄数人死，贼皆气慑"。但可惜的是，饶阳城小，张兴又只是长于勇武，最终还是没能守住城。张兴城破之后被俘，史思明想招降他，被张兴骂得狗血淋头，最终慷慨赴死。

安史叛军用陌刀的也不少，《新唐书·哥舒翰传》记载，在潼关大战中："（崔）乾祐为阵，十十五五，或却或进，而陌刀五千列阵后。王师视其阵无法，指观嗤笑，曰：'禽贼乃会食。'"崔乾祐为安禄山守陕郡，所统兵虽不多，但有陌刀手五千，表明安禄山部队也大量用陌刀。

唐朝时期，陌刀不止被用于野战，还是守城的"标配"之一。《通典》记载："又於城上以木为棚，容兵一队，高长柄铁钩、陌刀、锥斧，随要便以为之备。"此外，唐朝皇室也把陌刀作为"大杀器"，多加储备。《唐会要》记载："其年三月，皇城留守奏，城内诸司卫，所管羽仪法物数内，有陌刀利器等……其诸司卫所有陌刀利器等，伏请纳在军器使，如本司要立仗行事，请给仪刀。"《旧唐书》中也记载："先是，宰相武元衡被害，宪宗出内库弓箭、陌刀赐左右街使，俟宰相入朝，以为翼从，及建福门退。"可见，当时陌刀是保护皇室和大臣的重要武器。

> 汉代斩马剑实物　　　　　　　　　　> 汉代斩马剑想象图

发展与消亡

虽然陌刀在唐朝，尤其是中唐和晚唐的战乱中频频"出镜"，但到了五代时期，陌刀在战场上露面的机会就大大减少，正史罕见记载。到了宋朝以后，更是消失无踪，以至于北宋的曾公亮等人编纂《武经总要》的时候，也只能根据文字记载和宋朝刀的形制，再结合自己的想象来描述陌刀。

为什么会这样？首要的原因可能还是陌刀打造起来太贵、太麻烦。为了威力最大化，陌刀必然要选用最好的材料，古代各种性能最好的镔铁，也就是传说中的大马士革钢或者乌兹钢。但镔铁的来源主要靠进口，自然便宜不到哪里去，一把一二十斤重的陌刀要用到的镔铁不下 10 斤，价格一下子就上去了。此外，陌刀制作精良，也需要工匠花更多时间和精力用于打造，这就进一步推高了陌刀的价格。有说法认为，一把陌刀的价格大概相当于一个普通县令 15 年的收入。

更麻烦的是，"安史之乱"之后，吐蕃截断了西域，镔铁的主要进口来源断绝，想生产陌刀也没有足够多、足够好的材料。而五代时期，战乱不断，武器的损耗严重，对于补充武器的速度要求更高。同时，那个时候中原大地四分五裂，各路诸侯的财力物力比之唐朝已经大大下降，也无力投入巨资和时间来生产这种费时费力的兵器。

除了客观原因之外，陌刀在五代开始没落还有另外一个原因，那就是各

大浪淘沙：传奇武器的消逝

> 《唐六典》中记载的四种刀（仪刀 横刀 陌刀 障刀）

> 明代斩马刀实物

路军队主力兵种的变化。唐朝军队一直是步骑混合、以步兵为主，自然需要陌刀这种步兵专用的"大杀器"。但到了五代，中原地区先后出现的五个政权基本都是沙陀族人或以沙陀族军队为主力。沙陀族其实由西突厥的一部分演变而来，骑兵是他们的老本行，在军队建设上自然更重视骑兵。因此，五代时期，同样耗时耗力的槊由于以骑兵使用为主，仍然得到了一定的发展，步兵用的陌刀受"冷落"也是理所应当的。

到了宋朝，虽然经济得到了恢复，宋朝也是以步兵作为军队的核心，但陌刀却并没有迎来复兴的机会，又是为什么呢？首先要说的也许还是材料问题。宋朝统一的时候，西北方向仍然控制在辽国和后来的西夏手上，也就是说，进口镔铁的西域商路仍然在别人掌控之中，宋朝能得到的镔铁非常有限。

另一个原因则与陌刀军的使用条件有关。陌刀军要想威力最大化，需要其他军兵种的配合，把敌人，尤其是敌人骑兵压缩到一个相对狭窄的战场范围内。而宋朝由于严重缺乏战马，自然也没什么骑兵，在面对北方游牧民族的军队时，根本无法完成这种限定战场范围的任务，陌刀自然也无从发挥。同时，需要注意的是，宋朝重步兵所穿的步人甲已经重达60余斤，穿着布阵战斗已经颇为吃力，再配上一二十斤的陌刀，想挥舞起来恐怕是不可能的。

另外，陌刀军虽然威力惊人，但毕竟还是步兵，在机动速度方面天生劣势，即使占据战场优势，也无法对败退的敌人骑兵进行追击。这种时候，只有一支强大的骑兵，才能消灭或者彻底击溃敌军。例如，即使是陌刀大放异彩的香积寺之战，其实最后仍然要靠回纥骑兵来完成最后一击。宋朝历史上的战争里，由于缺乏追击和扩大战果的能力，步兵先胜后败的战例不胜枚举，

陌刀 | 中国古代的传说级"大杀器"

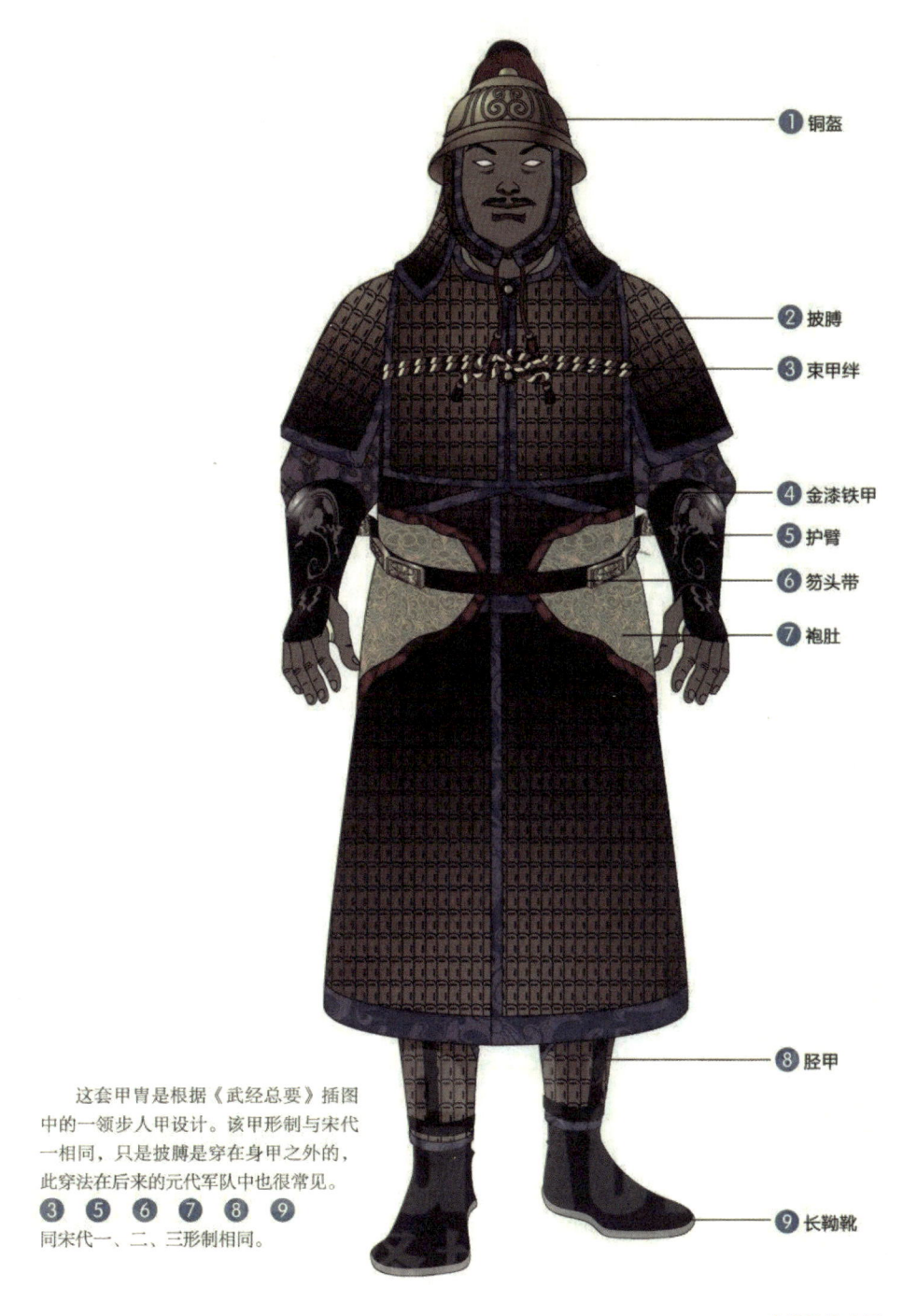

① 铜盔
② 披膊
③ 束甲绊
④ 金漆铁甲
⑤ 护臂
⑥ 笏头带
⑦ 袍肚
⑧ 胫甲
⑨ 长靿靴

这套甲胄是根据《武经总要》插图中的一领步人甲设计。该甲形制与宋代一相同，只是披膊是穿在身甲之外的，此穿法在后来的元代军队中也很常见。
③ ⑤ ⑥ ⑦ ⑧ ⑨ 同宋代一、二、三形制相同。

> 宋代的步人甲

061

刀八色

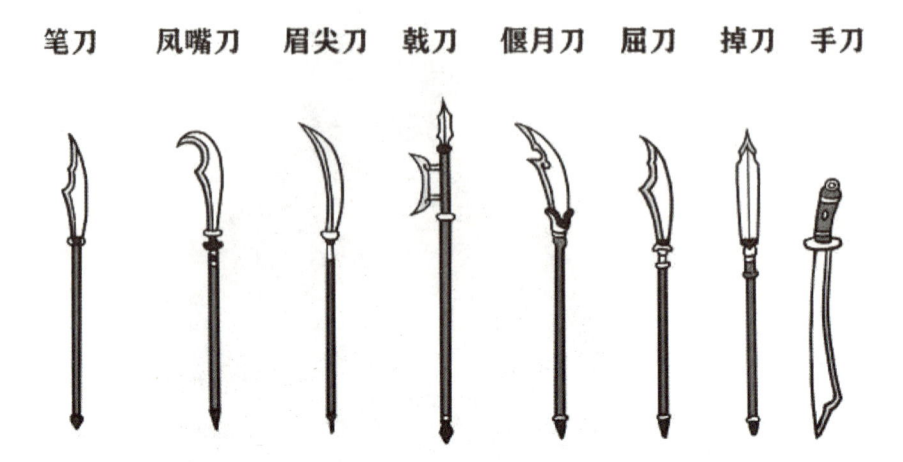

笔刀　凤嘴刀　眉尖刀　戟刀　偃月刀　屈刀　掉刀　手刀

> 宋代《武经总要》记载"刀八色"中的棹刀与陌刀之间可能有一点血缘关系

这一点就算用上陌刀也很难改变。

不过，虽然材料不行造不出陌刀，但长刀毕竟是对抗骑兵的重要武器之一。因此，宋朝人因陋就简，在材料性能许可的范围内，造出了很多其他形式的长刀。比如宋朝史料记载："熙宁五年，作坊造斩马刀，长三尺余，镡长尺余，首为大环……战阵之利器也。五月庚辰，朔命置局造数万口分赐边臣。"换算下来，这个刀的长度大概1.3米，其中锋刃部分长度超过80厘米，对抗骑兵也颇为得力。宋朝人也把这个斩马刀当陌刀用，《宋史》记载："又步兵之中，必先择其魁健材力之卒，皆用斩马刀，别以一将统之，如唐李嗣业用陌刀法。遇铁鹞子冲突，或掠我阵脚，或践踏我步人，则用斩马刀以进，是取胜之一奇也。"

但这种斩马刀还是典型的刀——也就是单面开刃，和两面开刃的陌刀有着本质区别。那么宋朝有没有这种两面开刃的刀呢？也是有的。宋朝的军事类百科全书《武经总要》中记载了常用的8种刀，称之为"刀八色"，分别是手刀、棹刀、掩月刀、眉尖刀、笔刀、屈刀、凤嘴刀、戟刀。这8种刀里，手刀是短刀不论，另外7种均为长柄刀，区别只在于刀头的不同。而7种长刀中，有6种都是单面开刃的标准刀，只有一个棹刀是双面开刃，而且外形是前宽后窄的"三尖两刃刀"形式。

只不过由于材料所限，棹刀不可能像陌刀一样，把刀头做得那么长，那样一来只会让刀容易断裂。据记载，棹刀的刀身长三尺，刀杆长一丈，刀身两刃，刃首上阔，山字之制，长柄施鐏，形制如桨，因称"棹刀"。同时，为了增加强度，棹刀的刀身也变得非常宽厚。这种刀用起来倒是有几分陌刀的感觉。据宋《武经总要》载，此刀是宋代"万全阵"中的突击兵器，一个完整的 3.168 万人大阵中，有棹刀兵 2880 人。

由此可见，虽然到了宋朝，陌刀已经消失不见，但"陌刀法"还在。宋军用棹刀、斩马刀等陌刀的"代用品"施展起"陌刀法"来，效果一样不错。西夏名将察哥曾说："国家（西夏）用铁鹞子以驰骋平原，用步跋子以逐险山谷，然一遇陌刀法，铁骑难施；若遇神臂弓，步奚自溃。"可见这些陌刀的"代用品"效果还是不错的。

余音

到了明朝及以后，随着火器的发展和成熟，再加上军户制导致兵卒的逐步劣化，不但陌刀彻底沉沦无踪，连棹刀、斩马刀这样的"代用品"也逐渐没落。毕竟拿着这些刀直面敌人骑兵是需要莫大的勇气的，而明清大部分时候，普通士卒缺的就是这种勇气。

值得注意的是，翻遍各种文学作品，陌刀出现的机会寥寥。究其原因，也许是因为陌刀是步兵用武器，而将领们多半都是骑马的。以帝王将相为描述中心的古代大部分艺术作品，自然很难关注到这种小兵用的"普通武器"了。

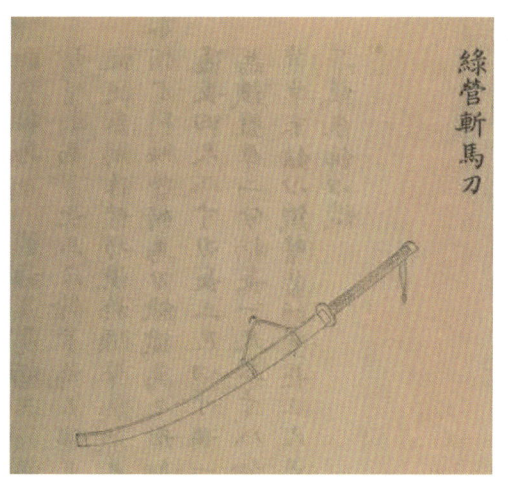

> 清代《皇朝礼器图式》中记载的绿营斩马刀

长弓
英格兰传奇

冷兵器时代，英国人在地面部队上最拿得出手的也许就是长弓了。英法百年战争中，发生在1415年的阿金库尔战役，英军在英王亨利五世的优秀率领下以少胜多击溃法军，他们凭借的就是大批训练有素的长弓手。据现代研究，英国人大约有5900人，其中5000人都是长弓手，法军人数在3.6万左右，其中1.1万人为骑兵。这场战役成为英国长弓手最辉煌的胜利之一，以至于500年后，英国人还用这场战役来命名自己的一艘战列舰。

缘起

弓箭是人类最早使用的远程武器之一，从原始社会开始，人们就开始使用弓箭进行狩猎。有趣的是，直到今天，弓箭的基本原理仍然和原始社会一样。简单描述一下，就是把人做的功储存到弓臂里产生机械能（弹性势能），在人撒手时，储存的弹性势能瞬间爆发，弹射出箭矢，使人力能以最具效率的方式发挥杀伤力。再用更简洁的话来说，就是用弓的弹性，把箭给射出去。

几千年以来，甚至连弓箭的结构都没有什么大的变化：弓的基本结构仍然是由有弹性的弓臂和有韧性的弓

> 长弓兵的装扮

弦组成；箭则包括箭头、箭杆和箭羽。

不过，要说完全没有变化也不尽然。最早的原始时代，人们使用的弓统统都是最简单的那种，就是拿一根木杆或竹片，缓慢弯曲之后，再在两端系上弓弦即可。这种最基本结构的弓一般叫单体直拉弓，没有拉开时，整个弓呈字母"D"的形状，拉开之后则呈近似扇形的形状。

单体直拉弓的好处是制作简单、成本低、环境适应力强。但缺点也很明显，由于机械效率低下，弓箭手拉弓时用力不均匀，较难掌握。而且单体直拉弓的射程与威力和弓的大小直接相关，弓越大，能够弯曲的幅度就越大，也就能给箭施加更大的力。但太大的弓不便于制造也不便于携带，因此，游牧民族在实践生活中想出了改进的产品，也就是反曲复合弓。

顾名思义，反曲弓的意思就是弓在制造时向实际使用的相反方向弯成弧形，上弦时，再把弓臂两端反曲回来固定。没上弦之前的反曲弓看起来和直拉弓类似，就是个"C"形，但上好弦之后，反曲弓的外形就变成了类似字母"B"的形状，与直拉弓区别明显。

至于反曲复合弓中的"复合"，指的是这种弓是使用木（或竹），再加上动物的角、筋，用动物胶粘合在一起制成。这种制作方式，把不同特性的材料放在需要不同特点的地方，能够最大化各种材料的性能。比如，反曲复合弓的代表之一土耳其弓，在弓臂的内侧（朝向人的一侧），铺设强度高弹性大的动物角，在弓臂外侧铺设韧性大、拉力强的动物筋丝。内侧的角反抗弓臂的挤压向外顶，而外侧的筋反抗弓臂的抻拉向内收缩，一顶一缩，让小小的弓臂有了更大的拉力和回弹速度。

这样一来，反曲复合弓就能以小得多的尺寸，获得更大尺寸的直拉弓才有的威力。同样威力的情况下，反曲复合弓需要拉动弓弦的距离远小于直拉弓，弓体振动小，而且稳定性高。冷兵器时代，游牧民族以及东方世界使用的弓大都是复合反曲弓。由于这些弓都会用到动物角，因此也被称为"角弓"。

反曲复合弓好是好，但却很少出现在欧洲。究其原因，与这种弓的不少不足相关，比如制作起来麻烦。不但需要准备若干种材料，还要花很长的时间才能做好。据记载，一把上好的弓从备料到完成，要花差不多3年的时间。这倒也罢了，反曲复合弓最大的问题在于要用到大量的胶来粘合不同材料，而那个年代的胶基本都是动物质胶，在潮湿环境下容易失效！而欧洲由于海洋气候的影响，再加上中世纪遍布各处的大片森林，整体气候比较阴冷潮湿，反曲复合弓容易失效，所以，欧洲人最终选择了单体直拉弓作为自己的首选远射武器。

既然单体直拉弓的威力和弓的大小有着直接关系，于是，人们就在可以实用的前提下，把弓尽可能地做长、做大，于是这些弓也就得名"长弓"。最开始，人们把长弓作为打猎工具，兼顾打仗，在使用的时候，也大都以各自单独射击为主。早期的弓威力有限，欧洲人也并不重视，加上骑士文化的流行，人们更看重面对面较量的骑士对决，而不屑于弓箭这种远距离攻击的手段，因此，很长时间里，弓箭在欧洲军队中都只是辅助武器，一直到英格兰人将其打出威风。

英格兰长弓的原型是威尔士长弓。威尔士位于不列颠岛的西南部，受洋流的影响而温暖湿润，地形起伏、沟壑纵横，到处都是密林和山地草场，威尔士人就在这些山岭之间过着半游牧的生活。他们剽悍好战，尤其擅长利用地形开展小股民兵的骚扰袭击。由于长弓制作相对简单、成本低廉，可以让威尔士牧羊人们也能将其作为常备的兵器，并且在日常生活中练习。这样一来，就能大大增加威尔士的军队基数。同时，虽然长弓由于尺寸问题无法在马上使用，但却很适合威尔士人小股民兵执行打了就走的骚扰袭击。

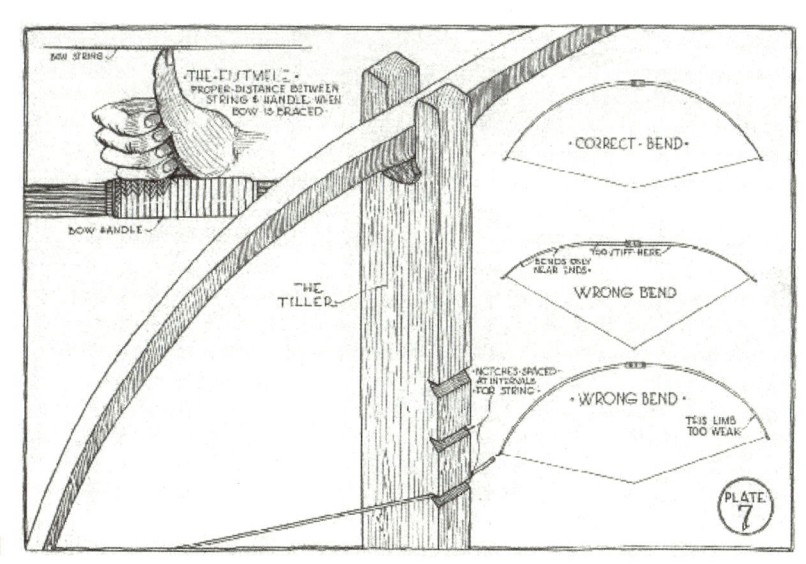

> 驯弓示意图

> 反曲弓下弦与上弦的对比图

> 紫衫木的截面，可见其内外两种颜色的材质

> 长弓手的全套装备

> 战斗中的长弓手

1066年，诺曼人进入不列颠岛，并建立起自己的统治，史称"诺曼征服"。此后一百多年时间里，诺曼王朝治下的英格兰致力于统一整个不列颠岛，并与威尔士人发生多次战争。战斗中，威尔士长弓让英格兰人吃了不少苦头。于是，等爱德华一世正式完成对威尔士的征服之后，威尔士长弓也大规模进入英格兰军队，成为主要装备之一。威尔士长弓也由此变成了英格兰长弓。

结构

英格兰长弓一般长度在1.5米左右，大致齐眉，但也有少数长弓长度能达到1.8米至2米，当然，弓越长，拉开弓需要的力量也就越大，所以这种超级长的长弓一般是那些格外身高力大的人专用。

如前文所述，长弓的结构很简单，就是把一根木料弯曲到一定的弧度，然后拴上弓弦就够了。英格兰长弓之所以有名，不在于其结构有多复杂精巧，从兵器本身来看，重点在于其选材的特殊性。制作英格兰长弓弓背最好的材料是紫衫木，这种树生长在温暖湿润的地中海沿岸，如意大利、黎巴嫩、克里特岛等地，尤以西班牙卡

斯蒂里亚地区的最好。紫衫木之外，榆木、榛木和罗勒木也能用，但性能就稍逊一筹。

紫衫木做成的长弓之所以性能突出，与这种木料的材质特点是分不开的。紫衫木的木质部分有两种颜色：中心紫红外部黄白。其中黄白色的木质韧性强，紫红色的木头坚硬抗压，有如复合弓中筋和角的组合，简直就是天然的复合材料。为了得到足够多的紫衫木，英国甚至还一度设置了特别关税——每进口一桶欧洲大陆产的葡萄酒，都必须缴纳几条紫衫木坯材。

正因为紫衫木的这种特质，在用它制作长弓就要格外注意。备料时，两种木质分别保留多少都有专门的讲究，两种木质比例合适才能让弓的威力最大化。原料要选树干中部笔直的部分，纹理均匀，没有或尽量少木节。将原木的大部分边材削去，得到一条横截面1.5英寸（约4厘米）见方、长度与射手等身的弓背材料，从横截面看，要取偏中间的部分，一半为木心，一半为边材。

通过切削木心一侧，把材料修整成中间厚、两头略薄，然后再由两个侧面将两端稍稍修窄，略如扁担。两端再进一步用刨子将横截面修整成八边形。在修整中，要做到表面平整、两端对称、厚薄一致，才能发力均匀。削出形状后，要通过弯曲试验来检查弓的各段弹性是否均匀。由于天然生长的木质很难完全均匀一致，可能有的地方硬一些，有的地方软一些，仅仅外形均匀未必力道就一致。所以，要通过观察加以修正，把硬度大的地方稍稍削薄一些。弓背大致调整好了，就可以在两端2英寸（约合5厘米）处分别锉出弦槽，弓背外侧深一些，内侧略浅。

接下来的工序是把弓背材料弯到需要的弧度。弯曲的过程叫做"驯弓"，就是让弓背逐步适应弯曲。这一工序需要一个专门的托架，托架可用硬木制成，一端竖着挖个凹槽用来托住弓背，另一端设法垂直固定在地上。侧面由上到下以1.5英寸（约3.8厘米）的等距离刻8个~10个弦槽，其中第一弦槽距托架头7.5英寸（约20厘米）。在弓背松弛状态下，将绳子绑住两端，把弓背的正中架在托架的凹槽上，均匀用力，慢慢拉弦，挂到第一弦槽里，弓背就被略略弯曲了。这时，要仔细检查弓背的曲线是否流畅均匀，标出过于强直的地方，把弓背放松后进行修整微调，直到满意为止。然后再将绳拉开，逐次加大开度向下挂槽，并不断修整弓背，直到形成一条令人满意的均匀弧

> 把长弓战术发扬光大的爱德华三世　　> 首次把长弓引入英国军队的爱德华一世

线。每加拉三、四个弦槽的开度，就可以将绳收紧些。这一过程不能操之过急，特别是每次加大开度之前，最好让弓背"休息"20分钟～30分钟，使内部应力得到释放，以免木质损坏。每次上紧也不可太多，最好一次收紧一英寸。当达到弓手适合的满弓开度时，弓就驯好了。

这时，卸去托架，给弓背刷上几层亚麻籽油作为防潮保护层，油干了，便可以挂弦。弓弦是用大麻纤维搓成，因为肌腱和皮革制作的弓弦会受到水的严重影响，而植物纤维受到的影响较小。相对的，在搓制弓弦时，需要用胶将纤维粘合在一起。在制成后，匠人与长弓手需要注意避免弓弦过于干燥，如果粘合纤维的胶质因为干燥而变硬，弓弦就很容易断裂。挂弦时的固定开度掌握在弓弦与弓背中心的距离达到一拳高（相当于握紧拳头再竖起大拇指的高度，约15厘米）。

除了弓之外，长弓的箭也很长。根据英国学者普莱斯特维奇的描述，箭支长约一码（约35英寸，合90厘米），头部装有铁箭镞，箭杆粗而直以平稳飞行。箭杆使用轻材质制作的箭叫飞箭，射程长，一般专门用于射远；作战时长弓使用的通常是白蜡木、桦木等重材制作箭杆的重箭，箭杆直径约为

1/2 英寸（约 1.3 厘米）。虽然重箭因自重较大而射程较近，但穿透力和杀伤力也相应地更强。箭羽由三片羽毛（通常是鹅毛）组成，呈 120 度夹角胶合于箭尾 7 英寸～9 英寸处，并用细绳绑扎牢固以免快速飞行中脱落。长弓手通常每 24 支箭绑成一扎。长弓手会随身带一扎或半扎箭插在腰带上以备急用，另外两扎（48 支）装在布制箭袋中背在背后。接战时，长弓手还会把箭取出插在面前的地上以便取用。

长弓的最远抛射射程达 400 码（365.8 米），有效射程为 220 码（约 200 米），根据不同的射手，射距不同。熟练的射手每分钟能够射击 6 箭以上，远远高于欧洲流行的十字弓（手弩）。其威力也相当可观，英格兰征服威尔士过程中的阿伯盖文尼城围攻战中，就有威尔士人发射的流矢穿透了 4 英寸（约 10 厘米）厚的橡木门板的记录。今人仿制的长弓在发射重 50 克的箭时，可在近距离穿透 9 厘米厚的橡木，200 码（约 180 米）的距离上仍然能入木 2.5 厘米。

英国首相丘吉尔曾经自豪地说："在二百五十码距离万箭齐发的威力，是美国南北战争以前在同等距离内任何步兵投射武器所望尘莫及的。"虽然不乏自我吹嘘，但也在一定程度上说明了这种武器的威力。

> 英格兰长弓兵

> 英格兰长弓

> 长弓上弦示意图

发展

长弓在威尔士人手上的时候，虽然给英格兰人带来了一些麻烦，但并没有达到决定战争走向的地步，甚至连决定战役的胜负都做不到。但到了英格兰人手上，长弓却绽放了异常璀璨的光芒，究其原因，还是因为英王爱德华一世对长弓的使用方法进行了变革。

爱德华一世意识到，长弓如果集中使用，结合其较高的射速，以抛射形式进行攻击，将能够形成密集的远程攻击火力，攻击对手防御相对薄弱的后排兵力。这种大规模齐射的效果某种程度上类似于火器时代的炮火覆盖，对密集队形的杀伤力和心理震撼是相当可观的。经历了英法百年战争后，法国人对英格兰长弓印象深刻。1480年代，一位勃艮第商人在日记中抱怨布鲁日的天气时写道："豪雨倾缸，似英夷之箭。"

而如果不能集中使用，其作用就会大打折扣。征服苏格兰战争中的两次战例就很能说明问题。

1297年的斯特灵桥战役中，威廉·华莱士（就是美国电影《勇敢的心》

> 斯特灵桥战役双方激战的景象

中的主角)用长矛手截断桥头,把正在过河的混杂在步骑兵中长弓手赶入河滩,聚而歼之。然而到了1298年的福尔柯克战役中,同样面对苏格兰人依靠长矛阵组织的防御,赶到战场的爱德华一世调动并指挥长弓兵进行齐射,对苏格兰排成密集阵型的长矛手造成重创。等到长矛手队形中出现缺口后,爱德华一世命令英军骑兵从打开的缺口处发起冲击。骑兵很快就突破且击败了对手,接着便向苏格兰的步兵发起追击,重创苏格兰人。

但要达到爱德华一世设想的大量长弓手齐射战术,首先就得有足够多的长弓手。为此,爱德华一世规定,弓术被列为义务教育。法律规定,所有12岁~65岁、肢体健全的英国男人都必须在每个星期日做完弥撒后,集中到教堂附近的场地练习弓术,逃避训练要课以罚款。为了保证练习射箭的时间和体力,法律还同时严禁踢足球。

相对于传统的骑士而言,长弓手不需要那么复杂和昂贵的装备,又能够在国家的组织和安排下进行训练,在没有考试制度的年代,对于平民而言,无疑是获得晋身之路的捷径。作为雇佣兵跟随勇敢的国王或王子出国打仗,军饷远比务农收入可观,更可以分到战利品的三分之一。带着这些钱财衣锦还乡,俨然就是个英雄。因此,有的家庭让孩子从7岁就开始练习射箭。

在这种"全民练箭"的风潮下,英国就有了庞大的后备兵源和选拔基础。而英国政府也有意识地组织竞赛加以选拔,只录用那些身材高大、膂力过人、弓术精湛的。因此,从长弓部队诞生的那天起,就决定了它必然是一支由精兵组成的劲旅,也成为英国军队的主力。在有的战役中,长弓手占到了英军参战总兵力的85%。

随着实战经验的不断丰富,英格兰长弓手的使用也越来越规范化。如果说在爱德华一世的时代,打仗还要靠统帅自己临场发挥的话,到了1332年的杜普林战役就已经典型化,到了1346年的克雷西战役则完全模式化。英国人形成了自己独有的以守为攻或防守反击战术,具体措施是用长矛加障碍构成坚固阵地,让对手的骑士无法冲击本方阵地,被迫减速。然后用弓箭大量杀伤停步于障碍前的敌人,之后再视情况发动反击。

值得一提的是,英格兰长弓手并不像传统的弓箭手一样,仅仅负责远程攻击,没什么近战能力。事实上,他们一般都会穿上各种形式的战甲,而且配备短剑、斧子等近战兵器，必要的时候完全可以进行近战。由于长弓手大都是平民出身，不像一般是贵族的骑士那样被俘之后有机会赎回，他们被俘以后直接被杀掉的可能性要大得多，因此，战斗意志也更加强烈。

使用

自从爱德华一世把长弓手成规模地编入英格兰军队以后，他们在中世纪的历次战斗中都发挥了重要作用。火枪成熟起来以前，长弓一直是欧洲大陆上最有杀伤力、最有威慑力的远程武器。

爱德华一世虽然成功地开创了长弓兵的新纪元，但这毕竟还是一种全新的兵种和作战方式，他也还在摸索中掌握和改进，也没有留下标准的规范。这一缺陷带来的恶果就是对于长弓兵的使用随意性太强。

爱德华一世死后，他的儿子爱德华二世完全没有继承父亲在军事上的天赋，1314年的班诺克本战役就成了英格兰军队和长弓兵的伤心地。此战中，爱德华二世对于长弓兵和重骑兵的使用和配合安排搞得一团糟。长弓兵缺乏掩护，也没有构筑保护自己的障碍物，还没有侦察清楚地形，结果在侧翼冲来的苏格兰骑兵面前被打得落花流水，缺乏长弓兵掩护的重骑兵们（包括骑士）在苏格兰人的长矛阵面前撞得头破血流。

好在爱德华二世的儿子爱德华三世继承到了爷爷的军事才能，他在亲政之后大力改进长弓兵的使用方式，摸索和确定作战标准。1332年的杜普林战役成为检验他的工作成绩的大好机会。

这一战发生在苏格兰巴里奥家族复辟军和苏格兰布鲁斯王朝之间。巴里奥家族在英格兰人的支持下组建了一支"远征军"，这支军队基本按照英格兰军队的模式组建，其中包括了1500名长弓兵和500名重骑兵，长弓兵显然成为作战的主力，其作战方式自然也按照英格兰人的规范来。

此战中，面对兵力占优的苏格兰军，占据山头阵地的复辟军采取的战术是把下马重骑兵作为重步兵部署在阵地中部，长弓兵则在两翼呈鹤翼展开。当苏格兰军爬山攻向复辟军阵地时，长弓手们趁机猛烈射击，大量杀伤对手。到了苏格兰军靠近阵地的时候，长弓手们则迅速撤到阵地后方，避免近战。

而等到苏格兰军与阵地正面的重步兵陷入激战、无暇他顾的时候，长弓手们再次向两翼展开，猛烈射击激战中的苏格兰军侧翼和后方部队。

受到近战与弓箭双重攻击的苏格兰军很快伤亡惨重，陷入混乱，复辟军重骑兵趁机上马，干回重骑兵本行，对苏格兰军发动反冲击，获得大胜。此战中，复辟军仅有30多人战死，苏格兰军的损失则可能超过2000人。

一年以后的哈立顿山战役中，亲自指挥的爱德华三世再次运用了杜普林战役中的战术，同样取得大胜，消灭了苏格兰军的主力。而这一战术也成为后来英格兰军队运用长弓兵的典范之一。

此后不久爆发的英法百年战争成为英格兰长弓兵展示自己的最好舞台。英格兰人用全新的战法和思路，让依然沉浸在骑士时代的法国好好见识到了长弓的威力，也推动整个欧洲从骑士战争时代转向全民战争时代。

1346年，英法百年战争进行到第10个年头。英王爱德华三世率部从朴茨茅斯出发，渡海抵法，支援处境危急的盟军。一个月后，他来到了欧洲低地国家的背后，而法王菲利普六世率领一支强大的军队紧紧追赶。渡过塞纳河后，爱德华决定与法军决战，他率领1万余人列队克雷西，迎战法军。

英军兵分三路，提前在克雷西村庄前的一座小山上占据好位置。该地两侧有村庄和大片森林作为掩护，让法军很难迂回。然后英军以居高临下之势，静待法军的到来。

此战中英军分为三队，呈倒三角布置，爱德华三世指挥后队作为预备队。每一队都采取一样的阵型，即中央由约1500名下马的重骑兵组成方阵，纵深为6排；弓箭兵则按梯队以V字队型部署在分队的外侧，这样可得到一个互不影响的集火区域；骑在马上的重骑兵预备队在分队中央的后方，如果法军突破正面防线，就由他们发起反击；英格兰和威尔士步兵则在阵地前挖下陷阱，防止法国骑兵的进攻。

几个小时后，法军陆陆续续的赶到。法军总兵力近6万，包括约1.2万名重骑兵、6000名热那亚弩手雇佣军、1.7万名轻骑兵以及大量临时征召的轻步兵。法王菲利普六世试图等大部队到齐之后，再整编并分配任务，但骑士们却不听他的指挥。没有见识过长弓厉害的骑士们认为，自己总兵力占优，重骑兵更是压倒性的优势，完全可以一鼓作气消灭掉英军。

菲利普六世只得命令先赶到的热那亚弩手作为第一梯队进攻英军。结果热那亚人的手弩无论射程还是射速都远远不敌英格兰长弓，在密集的箭雨中损失惨重、溃不成军。紧跟在弩手后面的法国步兵还没冲到阵前，就和逃跑回来的弩兵撞在了一起，场面混乱不堪。

眼看局面要失控，法王命令骑士们发起冲锋，试图重振本方士气，结果骑士们加入战场之后，却让局面变得更为混乱，骑兵、步兵、弩兵纷纷搅在一起，英格兰人趁机猛烈射击。部分骑士好不容易冲到前面，刚一进入射程，便被英格兰的长弓箭雨射落马下。即便有少数"幸运儿"冲入英军阵地，也被反击的英格兰重骑兵给消灭。

就这样，法军的16次冲锋均被打退，中箭后的成千匹战马在战场上或倒地不起，或发狂乱跳，让本来就乱成一锅粥的局面更加混乱，法军彻底溃不成军。眼看事不可为，无比愤懑的菲利普六世被手下强行拉走，克雷西战役以法军惨败而告终。

此战中，法军阵亡1.6万余人，包括1513名骑士、5000多名重骑兵和1万名以上的步兵。而英军仅仅伤亡约两百人，其中阵亡的仅有2名骑士、40名重骑兵和长弓手、100人左右的威尔士步兵。

这一仗让法国人，乃至整个欧洲真正认识到了英格兰长弓兵的战斗力。但法国人似乎还不愿意接受平民军队和长弓兵兴起的现实，但几十年后的阿金库尔战役再一次用事实教育了他们。

1415年，爱德华三世的曾孙、兰开斯特王朝的第二位郡主亨利五世再次攻入法国。经过哈夫勒围城战以及一些小的遭遇战之后，亨利五世率领的英军在阿金库尔与法军决战。毫不意外，此战中英军仍然处于劣势，仅有1000名重骑兵和5000名长弓兵。而法军则多达3.6万人，其中包括7000名热那亚弩手，其他的则都是骑兵和骑士。这一战双方的对比甚至比克雷西战役更悬殊，也让最后英格兰人的胜利显得更加辉煌。

阿金库尔是位于森林内的一个小村庄，一条大路从森林中通过。由于暴雨的影响，土地尚未彻底恢复，有不少积水甚至泥浆。英军利用树林掩护，向北排开自己的士兵。按照惯例，骑兵全部下马，作为重步兵布置在阵地前方，弓箭手则按照楔形分布。英格兰人还用树木制作了不少拒马，布置在长弓兵的前方。

两军从早上 7：00 起对峙大约 4 小时后，亨利五世命令英军主动向前推进。此时重步兵留在原地不动，长弓兵改为前锋，前进直到大约 400 码停止，然后用事先准备好的木桩就地组成了一道简易拒马屏障。此时法国人也开始失去耐心而进攻，两侧骑兵首先发动冲击，但是在狭窄的战场中未真正接触对手即被英军的射击打散，即使少数来到英国人面前的士兵也不能突破拒马。随后正面军队也开始接近，但土地由于战前的大雨和骑兵们的践踏而异常泥泞，法国人缺乏纪律和队形而在对方的密集射击中损失惨重。尤其是那些骑兵，既无法加速，又陷入到泥浆中，虽然骑兵装甲厚重，弓箭不容易射穿，但马匹却被大量射死射伤，迫使这些骑兵也下马成为步兵。

好不容易靠近英军阵地后，法军与英军步兵展开交战，但悲剧的是，法军这些下马的重骑兵们仍然穿着全套的盔甲，在没膝的泥浆中举步维艰，有些人甚至摔倒以后都无法自己爬起来。眼看局面陷入混战，森林又阻碍了长弓手们的抛射，亨利五世干脆下令让长弓兵们放下弓箭，加入近战。于是这些长弓手们纷纷抄起短剑或者斧头，加入混战的战场。

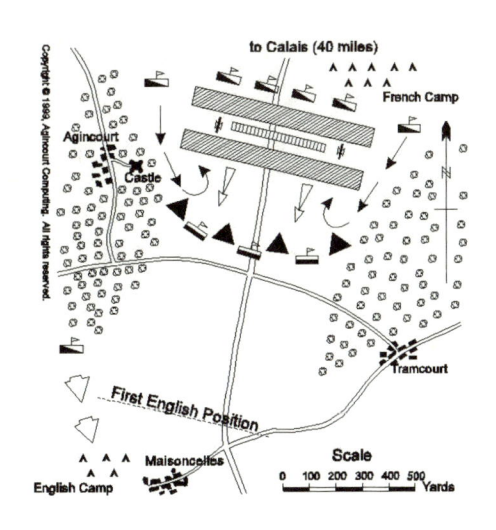

> 英文版的两张阿金库尔战役示意图

> 长弓手的射击以抛射为主

077

由于长弓兵们大都只有轻甲，使用的又是短兵器，行动起来非常灵活。法国骑兵们挥舞的长戟和大枪在这种近战加混战的局面中根本施展不开，结果被英军一个个放倒俘虏，这些俘虏还大都是贵族出身的骑兵或者骑士。法军也因此而大败。

本来，按照当时战争的惯例，这些被俘的贵族都不会受到进一步的伤害，而是等待被赎回去。但不幸的是，当天有一支法国小部队袭击了英军的后方营地，让亨利五世担心被法国人"包了饺子"。而届时无法带走的法军俘虏很可能反戈一击，成为英军的心腹大患。于是，亨利五世下令直接在阵前处死被俘的法军。

此战中，法军损失超过1.2万，其中战死或被处死的大大小小的贵族就超过5000人，其中包括3位公爵、5位伯爵和90位男爵，皇室总管也在战斗中死亡。而英军的损失不过200多人，其中最大的损失是约克公爵战死。

阿金库尔战役成为英格兰长弓兵们最辉煌的顶点，也成为英国军事史上以少胜多的经典代表战役之一。此战之后，各国真正开始重视长弓的作用，纷纷组建自己的长弓兵部队，而手弩则逐渐走向没落。

消亡

俗话说，物极必反。英格兰长弓的兴盛也印证了这一点。

就在阿金库尔战役让长弓的辉煌达到顶点的时候，火药和火枪的发展也迎来了新的里程碑——火绳枪的雏形开始诞生。

与火绳枪相比，长弓在射程、威力等方面都略逊一筹，唯一值得自傲的只有射速——早期火绳枪一分钟最多只能发射两次，而且发射流程复杂，在战场紧张状态下，射速更慢。但火枪也有自己另一方面的优势，那就是火枪手的训练要比长弓手简单得多。

长弓手要想熟练掌握长弓的使用，需要长时间的练习，甚至终生都必须保持训练量。而火枪手的培训则要简单得多，几天的时间就能掌握基本的使用方法。这样一来，不用向英国那样搞"举国体制"训练弓箭手，只要火枪数量充足，各国就能在较短时间内组织起一支规模够大的火枪手部队。

此外，长弓手的训练其实对身体有较大损害，研究发现，长弓手的骨骼都或多或少产生了畸变，有些甚至还出现严重的扭曲和变形。而火枪手则没有这方面的担心，退役之后也不影响正常的工作和生活。

从实用角度来看，长弓兵的使用也有很多限制。我们观察英军的历次战例不难发现，长弓兵要想发挥战斗力，必须要在地形较为狭窄，且在两翼有较多障碍物的环境中，而且还极度依赖步兵的正面支撑，以及不同兵种间的良好协调与配合。随着时代的发展，中世纪以后，欧洲原本随处可见的森林和沼泽开始逐渐减少，良好的阵地也越来越难找。中世纪后期，西班牙大方阵的出现，标志着欧洲军队开始寻求完全依靠自己的力量来形成防御体系的方法。

等到火炮开始成熟和大量应用，长弓兵的作用更是被进一步弱化。而随着火药时代的到来，长弓也和其他许多冷兵器一样，无可避免地走入了历史的幕后。

余音

作为中世纪欧洲最具代表性的兵器之一，长弓在欧美文化中有着特殊的地位，诸多反映中世纪的文化产品中都会出现长弓的身影。其中，最典型的应该要数英国的罗宾汉传说。

罗宾汉是英格兰中世纪最著名的民间英雄，他精通箭术，侠义忠勇。相传罗宾汉虽是身份低微的弓箭手，

> 现代人复制的英格兰长弓

却有着高尚的骑士精神，赴义冒险归还了战死的理查王的王冠，却被无赖的约翰王恩将仇报，宣布为国家敌人和通缉犯，只得躲进丛林中躲避追捕。罗宾汉使用的就是长弓，只不过他生活的那个年代英格兰长弓还没有诞生，他用的长弓应该还是威尔士长弓或者其变种。

关于罗宾还，英美有过太多的小说和电影，甚至连游戏都不缺。当然，这些文化产品中，罗宾汉使用的就不一定都是长弓了。毕竟长弓因为太大，实际用起来的时候姿势并不好看，很影响形象。反倒是反曲复合弓，由于尺寸较小，射击姿势可以表现得比较帅气。所以，不少罗宾汉的文化形象搭配的倒是跟欧洲不太搭的反曲复合弓。

除了文化产品以外，长弓的名字还出现在武器的绰号中，比如美国 AH-64 武装直升机上配备的"长弓"毫米波雷达。用武器来命名武器，倒也不失为一个好主意。

近现代武器的演变

07 战列舰
曾经灿烂的海洋主宰（上）

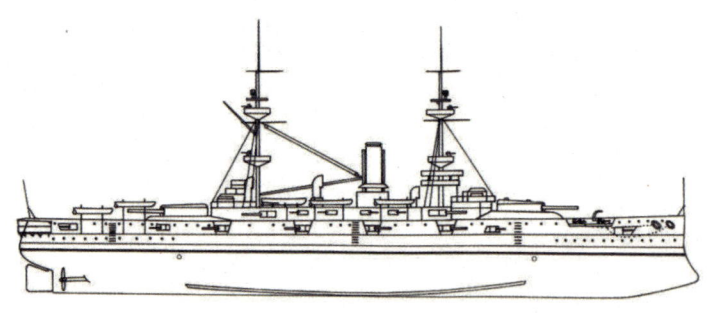

> 英国海军"威严级"战列舰

在现代海军的序列里，战列舰已经是一种完全消失的舰种。海军爱好者们想看战列舰，也只能到各种博物馆或者纪念馆去参观。但19世纪的后半叶和20世纪的前30年，说整个世界的海洋都是由战列舰主宰一点也不为过。那么，战列舰是怎么退出历史舞台的呢？

缘起

严格来说，战列舰可以分为两个大的阶段，一个是风帆战列舰时代，另一个则是铁甲舰时代。虽然两个时代的主战舰艇都叫战列舰，但两者之间可谓天壤之别。我们现在所说的战列舰，一般指的是铁甲舰时代的战列舰。不过，如果真要说到战列舰的缘起，还是得从风帆战列舰时代说起。

古代的人们进行海战时，远战兵器基本只有弓、弩，而这两种武器对船只的伤害都很有限，所以，基本上古代海战都是以近战和接舷战为主。但火药的发明改变了这一切。

中国古代发明火药之后，也开始将其用到水战上。但当时的主要用法是火药箭、"火龙出水""神火飞鸦"等比较简单粗陋的用法。到了元朝，中国的工匠发明了最早的管状火药武器——"铜火铳"。火药和火器随着蒙古骑兵进入了欧洲，并在欧洲得到了迅猛的发展。

不过，一直到 15 世纪末，由于船只吨位太小，而火炮重量太大，在战船上装火炮还是不可能的事情。事实上，哥伦布开始他的大航海之旅时，船队中最大的船也只有 120 吨左右的排水量，能在船上装载一两门当作货物的火炮就不错了。所以，大航海时代的前期，殖民者们主要能依靠的还是火枪和冷兵器而已，火炮只能在情况非常适合的时候，才能搬到陆地上用一用。

但到了 16 世纪，地理大发现大大刺激了欧洲的殖民者们，他们建造的船只也越来越大，甚至已经有排水量超过 1000 吨的大型船舶。1558 年，葡属东印度群岛总督康斯坦丁诺·德·布拉甘萨前往自己的管理地时，乘坐的"加尔萨"号帆船排水量就有 1000 吨。这种情况下，火炮就具备了装在船上，并且在船上发射的可能。

也正是从 16 世纪开始，装载了火炮的帆船让海战模式发生了根本性的变化，人们不再必须依靠接舷战才能消灭或俘获对手的战船，火炮让海战的距离开始拉大。

此后一个半世纪的时间里，欧洲各国建造的战船越来越大，搭载的火炮也越来越多。18 世纪末，西班牙建造的"至圣三位一体"号战舰的排水量达到 4950 吨，最多可以装载 140 门火炮！这也是人类历史上装备火炮最多的风帆战列舰。

但是这个年代的火炮射程、威力和精度都很有限。18 世纪，英国海军战列舰上的 32 磅炮最大射程不过 2000 多米。由于使用圆形实心炮弹为主，发射药又是黑火药，火炮的精度和威力也不容乐观。这个年代的战舰尽可能多装火炮，也是为了解决威力和精度不足的问题，毕竟数量多到一定程度，总

大浪淘沙：传奇武器的消逝

战列舰 | 曾经灿烂的海洋主宰（上）

> 英国海军的传奇风帆战列舰"胜利"号，现在仍然保存完好

能带来一些实际的效果。

由于正常的船舶一般都是纵长横短,为了把几十甚至上百门火炮都塞进去,就只能将火炮主要布置在舷侧,甚至还得分成若干层甲板来布置,首尾方向就只能布置一两门火炮。实战时,为了充分发挥舷侧火炮的威力,这些风帆战舰一般都必须排列成首尾相连的纵队,把舷侧朝向敌人,"战列舰"这个名字也正是从这种排成行列开火的作战方式而来。

由于战舰吨位不同,装载火炮数量不同,战斗力也不同,各国海军一般根据火炮的数量把战舰进行分级。比如,英国海军在18世纪中叶就把海军战舰分成6级,其中一级战舰配备100门以上火炮,二级战舰配备90至98门火炮,三级战舰配备64至80门火炮,这三级战舰是海军战斗的主力中坚,才有资格被称为"战列舰(battleship)"。而这些战列舰的数量,则表明了一个国家海军的实力。再往下的四级战舰配备50门火炮(在18世纪末之前也被认为是战列舰),五级战舰配备40门火炮,六级战舰配备24门火炮,这三种战舰相对轻巧灵活,主要用来执行侦察、巡逻、通报、搜索、掩护等任务,被称为"巡航舰"。

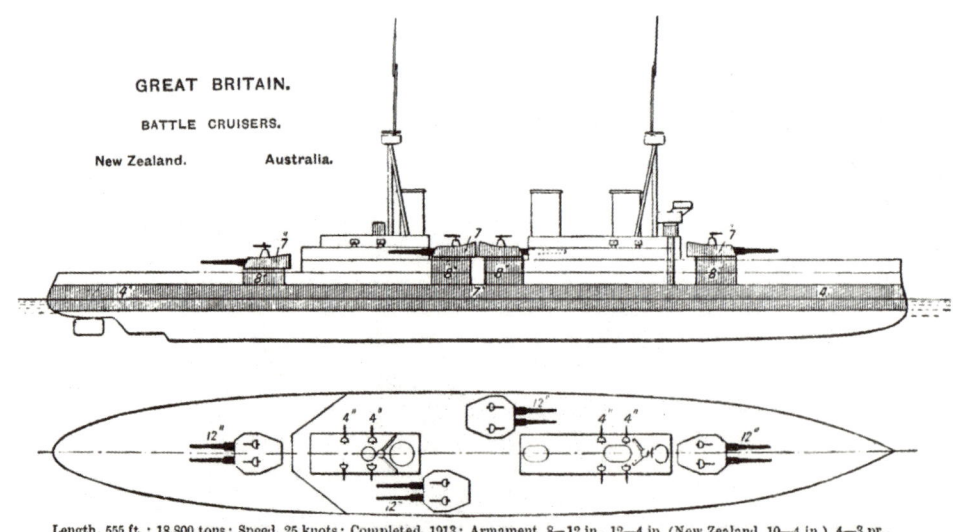

> 英文版英国战列巡洋舰的线图

但风帆战列舰也不是越大、装的炮越多越好。由于木材的结构强度有限，能承受的力也有限，所以木制帆船没办法造得太大。再加上依靠风力来操作，太大了也会有操纵不灵的问题。因此，那个年代的风帆战列舰最大的一般也就3000多吨，再大了就会操纵困难、而且使用不便，建造起来也格外浪费材料和时间。所以，虽然当年的英国海军也有少量100门炮以上的"巨舰"，但这些战舰大部分是用来展示力量，或者供要员乘坐的。英国海军的主力其实是74门炮战列舰，这种船火力够用、操纵灵活、建造方便，很受英国海军欢迎。

18世纪末，工业革命在欧洲蓬勃展开，海军受其影响，也开始大踏步地发展。1783年，法国人居夫洛瓦·泰巴发明了蒸汽机驱动的明轮船；1807年，美国人富尔顿造出了第一艘实用的蒸汽机明轮船。蒸汽机开始取代风帆，成为船舶的主要动力。19世纪30年代，英国人史密斯和瑞典人埃里克森发明了螺旋桨推进器，让蒸汽机船摆脱了笨重复杂的明轮，机动性进一步提升。1842年，美国海军建造了世界上第一艘具备蒸汽动力和螺旋桨推进器

> 英国海军"君权级"战列舰

> 英国海军"铁公爵级"超无畏舰

> 英国的"爱德华七世级"战列舰

> 英国风帆战列舰

大浪淘沙：传奇武器的消逝

> 英国海军"勇士"号铁甲舰，现在是博物馆

的战舰，世界海军进入新时代。

　　动力问题解决以后，防护问题也被提上了日程。由于火炮的口径和威力日益增大，单靠传统的橡木已经无法抵挡炮弹的攻击，因此，有些国家开始在船只外面覆盖铜皮，增强防护力。但铜毕竟比较软，而且铜皮背后的木制框架仍然承受不了炮弹的攻击。1859年，法国建造了排水量5529吨的"光荣"号铁甲舰；1860年，英国建造了排水量9284吨的"勇士"号铁甲舰。这两艘军舰的服役，标志着蒸汽机动力、螺旋桨推进、铁甲防护成为新型战列舰的"标配"。

　　此后的数十年间，由于技术更新速度日新月异，各国海军在新技术、新思路方面的探索也五花八门，不断有各种新的尝试出现，包括了新型火炮、炮位布置方式、装甲材质、舰体结构、炮位形式、舱室安排等所有方面。在此期间，也出现了中央炮房战舰、浅水重炮舰、舷侧列炮战舰、露炮台战舰、圆盘战舰等等各种现在看起来颇为奇葩的设计。包括北洋水师的"定远""镇远"两艘铁甲舰在内，这些让人眼花缭乱的设计大都只是实验性的设计，往往在三五年之后就迅速过时。

　　1890年前后，英国开工建造了"君权级"战列舰，这种战列舰配备了前后两座双联装主炮，主炮为后膛装填，舷侧炮廓内安装十余门中等口径副炮。动力为往复式蒸汽机，螺旋桨推进，最大航速超过15节。防护系统则是钢制装甲，排水量为1.4万余吨。这个配置的战列舰在当时的技术条件下，达到了性能、价格与实用性的完美平衡，也成为各国新开工战列舰的模板。

至此，铁甲战舰的摸索时代终于告一段落，各海军强国纷纷开始建造这种被称为"前无畏舰"的"标准战列舰"。从1890年至1907年，英、德、美、法、俄、意、奥匈、日等8国共建造了56级、超过120艘这种战列舰，世界真正进入了"战列舰时代"。

发展

前无畏舰的诞生和标准化是和当时的技术水平密切相关的。1890年代，受船舶建造技术限制，这一阶段建造的前无畏舰大都是110米～130米长度；同样受当时的技术限制，前无畏舰的吨位一般也在1万吨到1.3万吨之间。这个尺度和吨位基本上是当时所能实现的最优配置，自然也成为各国的首选。

在动力方面，1890年代各国使用的最先进的蒸汽机也不过是三涨往复式蒸汽机，这种蒸汽机最大的问题是巨大的飞轮运动带来的震动，由于舰艇航

> 波拉港内的奥匈帝国"特格特霍夫级"无畏舰

速越快、需要的功率越大，飞轮运动的速度也越快，带来的震动也就更大。这种震动达到一定程度，甚至会影响到舰体的结构强度，因此，往复式蒸汽机的功率必然会有一定的上限。以当时的技术水平，前无畏舰跑到18节基本就是三涨往复式蒸汽机的极限了。更要命的是，往复式蒸汽机还不能长期以最高功率运行，不然持续剧烈的震动足以损坏蒸汽机本身。

但19世纪末到20世纪初是世界范围内科技高速发展的阶段。就在各国大量建造前无畏舰的时候，蒸汽轮机、集中火控系统、威力更大的火炮、哈维钢装甲等新技术又如雨后春笋般纷纷涌现，造船技术本身也在大量实践中不断进步。因此，进入20世纪的头一个10年后，各国开始在前无畏舰的基础设计上做"加法"。

放大尺寸、增加吨位自然是必不可少的，只有更大的舰体、更重的吨位，才能搭载更大口径的火炮和更厚重的装甲。主装甲带的装甲则从普通钢甲变成了哈维钢或者克虏伯表面渗碳钢，在减轻单位重量的同时提供更强的防护。

在火力配置方面，人们很快发现，原来4门主炮加上十几门120毫米左右口径副炮的配置已经不能满足需求。其中4门主炮的威力倒是足够，但火力密集度显然不足；120毫米左右口径的副炮倒是火力够密集，但面对装甲巡洋舰或者战列舰的时候，这些副炮基本上用不上。这在战列舰队的对战中，显然是不能接受的。于是，从进入20世纪开始，欧洲各国海军纷纷开始加强前无畏舰的火力，具体措施包括增大副炮口径（从120毫米增加到150毫米左右），以及加装口径略小于主炮，但射速更高的二级主炮。

> 沙俄海军"博罗季诺级"战列舰的"光荣"号，前无畏舰时代的代表作之一

> 沙俄海军"博罗季诺级"战列舰，大部分参加了对马海战

比如这个阶段最典型的战列舰，英国海军的"爱德华七世级"战列舰。该舰满载排水量达到 1.7 万吨，配备两座双联装 305 毫米主炮和两座双联装 234 毫米二级主炮，副炮则有 10 门 152 毫米炮和 14 门 76 毫米炮。这种配置从表面上看增强了火力，但在实战中，人们发现，口径、弹道性能都完全不同的主炮和二级主炮用起来极其麻烦，火控系统根本无法协调，只能分开操控。因此，英国人开始酝酿统一主炮口径，同时配备能够总体协调控制所有主炮火控系统的新型战列舰。

也正是在这个阶段，大功率的蒸汽轮机终于成熟了。蒸汽轮机没有了巨大的飞轮，震动和噪音随之大幅降低，自然也不会对军舰结构造成影响。同时，蒸汽轮机的功率也可以比往复式蒸汽机大得多，这就让战列舰有了更为澎湃的动力。

几种新技术结合到一起，英国人在 1906 年建造了划时代的"无畏"号战列舰。"无畏"号取消了一级主炮和二级主炮的分别，全舰配备了 5 座双联装 305 毫米主炮，火力空前强大。同时，该舰还配备了全舰统一指挥的火控系统，能够协调所有主炮，对敌人目标进行集火射击，大大提升了命中率。更重要的是，"无畏"号采用了蒸汽轮机，输出功率达到 2.25 万马力，让这艘满载

> 法国海军"科尔贝级"无畏舰

> 德国海军"国王级"无畏舰

排水量近 2.2 万吨的巨舰能够跑到 21 节的高速。要知道，这个年代以快速灵活著称的轻巡洋舰，其航速一般也不过 21 到 24 节。

"无畏"号战列舰的诞生意义格外重大，所有的前无畏舰在"无畏"号面前都全无还手之力。用英国人的说法，"无畏"号战列舰的诞生，让全世界所有战舰一夜之间全部过时。由于这个时候正值第一次世界大战之前的"造舰竞赛"，各国海军立即跟上英国人的步伐，开始设计和建造这种"全重型主炮、集中火控、蒸汽轮机推进"的新型战列舰。"无畏"号的影响如此之大，以至于此后各国约定俗成地把这种新型战列舰称之为"无畏舰"。

尽管"无畏"号战列舰意义非凡，但毕竟是第一艘，这艘战舰本身的性能却并不算理想，尤其是防护能力显得格外薄弱。因此，后续型号的无畏舰继续不断改进：尺寸越来越大、吨位越来越大、火炮数量越来越多、装甲越来越厚……短短三年时间里，仅英国人就开工建造了 4 级共 9 艘与"无畏"号相当的战列舰。正在跟英国人竞争的德国人也不甘落后，从 1906 年到 1911 年，先后建造了 4 级共 17 艘无畏舰。这些德国战列舰虽然主炮口径普遍比同时代英国战列舰要小一号（一般配备 280 毫米炮），但防护能力更强，对英国人的海军优势形成了威胁。

在"造舰竞赛"的狂热气氛中，看到德国人的应对如此之快，英国人决定加码。1909 年，英国开工建造的"猎户座级"战列舰用新型的 343 毫米主炮，取代了此前一系列战列舰使用的 305 毫米主炮，大大提升了火力性能，再次对同期开工、装备 305 毫米主炮（好不容易赶上英国人）的德国战列舰形成优势。为了体现出新型战列舰的不同，英国人把使用更大口径主炮的战列舰命名为"超无畏舰"。此后建造的"乔治五世级""铁公爵级"也都沿袭了"猎户座级"的总体设计，3级共12艘"超无畏舰"再次树立了英国海军的领先地位。

面对英国战列舰越来越大的主炮口径，德国人感到压力巨大，决心也建造一级超大口径主炮的战列舰。英国人听到风声，决定进一步增大下一型号战列舰的主炮口径，于是1912年开工的"伊丽莎白女王级"战列舰装上了4座双联装381毫米主炮，口径空前。不过，好在德国人这一次迈的步子足够大，1913年开工的"巴伐利亚级"战列舰的主炮口径同样是380毫米，数量也是4座双联装炮塔。德国人终于在战列舰主炮口径和数量上追上了英国人。

除了火炮口径不断加大外，各国战列舰的装甲防护也不断增强，舷侧主装甲带的装甲厚度从无畏舰的254到279毫米，逐渐增加到"伊丽莎白女王级"的330毫米和"巴伐利亚级"的350毫米。随之而来的是排水量的猛增，"伊丽莎白女王级"的满载排水量已经达到3.3万吨，"巴伐利亚级"也有3.2万吨。但好在蒸汽轮机的功率也随之提高，战列舰的航速不但没有降低，反而还有所增加，"伊丽莎白女王级"的最大航速就达到了25节，在当时号称"快速战列舰"。

值得一提的是，第一次世界大战之前，英国人还创造了"战列巡洋舰"这一舰种。尽管这种战舰有着战列舰级别的火炮，但从本质上说，它仍然是一种巡洋舰，无非是火力超强而已。倒是德国人听到了"战列巡洋舰"这个概念后，在不明详情的情况下走上了一条相反的道路，把战列巡洋舰建成了火力弱化版的战列舰，让人啼笑皆非。

第一次世界大战结束后，德国和奥匈帝国海军灰飞烟灭。其他各主要海军国家在华盛顿召开裁军会议，1922年签订的《华盛顿海军条约》和后来在1930年补充签订的《伦敦海军条约》，对包括战列舰在内的各国海军都做出了限制，更直接限定了各国的战列舰数量、吨位和主炮。于是，尽管一些国家（比如日本）对这两个条约一直很不满，但仍不得不遵守。因此，从1922年到1936年被称为全世界的"海军假日"，各国海军的战列舰大幅裁减，新舰建造更基本停止。

但到了1936年，随着《华盛顿海军条约》和《伦敦海军条约》先后到期，加上国际局势日益紧张，各国立即开始了新一轮的造舰大潮。其中，战列舰

大浪淘沙：传奇武器的消逝

> 开创新时代的英国"无畏"号战列舰

> 美国"新墨西哥级"战列舰

的建造迅速突破了此前条约规定的"排水量不超过 3.5 万吨、主炮口径不超过 16 英寸"的限制。比如，德国建造的"俾斯麦级"战列舰的标准排水量达 4.2 万吨，满载排水量更是超过 5 万吨；美国建造的"衣阿华级"战列舰的标准排水量超过 4.4 万吨，满载排水量超过 5.5 万吨；而日本建造的"大和级"战列舰标准排水量更是高达 6.4 万吨，主炮口径达到 460 毫米。

值得一提的是，也许是看到了日德兰海战中英国战列巡洋舰的悲惨遭遇，各国不约而同地停止了战列巡洋舰的建造。只有英国把现存的三艘战列巡洋舰——"声望"号、"反击"号和"胡德"号进行了现代化改进，然后继续服役。除此之外就是因为《凡尔赛条约》的制约，远离战舰技术发展新潮流的德国，新建造了两艘"沙恩霍斯特级"战列巡洋舰。

不过，尽管新建造的战列舰火炮口径和威力越来越大，排水量也越来越大，但从根本上说，技术上却没有太多的新东西。最大的新技术点也许就是安装了雷达，提高了射击精度和探测能力，夜战能力也大幅增强。同时，由于面临的威胁越来越多，新型战列舰的防护体系也有了较大调整，更重视水平防护和对鱼雷的防护，并且加强了防空火力。此外，由于发动机技术的提升，新型战列舰的航速和续航力普遍有了大幅度提高，大部分新造战列舰的航速都超过 27 节，"衣阿华级"更是达到了惊人的 33 节，直追巡洋舰。

正因为技术更新幅度不算大，很多一战期间建造的战列舰经过一定的现代化改进，仍然能在第二次世界大战中保持活跃。比如前面提到的英国"伊丽莎白女王级"战列舰，经过 1930 年代的现代化改进后，在二战中仍然充当了英国海军的中坚力量，表现活跃、战绩斐然。其他国家如美国、日本、法国、意大利，二战期间其海军的战列舰队中同样活跃着大量一战期间建造的战列舰。

可以说，战列舰发展到"衣阿华级"和"大和级"，就已经达到了"大舰巨炮"的巅峰状态。

08 战列舰
曾经灿烂的海洋主宰（下）

技术特点

如果要对战列舰的技术特点做一个简单的概括的话，"大舰、巨炮、重甲"应该是比较贴切的三个关键词。

事实上，作为航空母舰问世前的舰队主力，战列舰作为海军的核心战力，承担了与敌人主力舰队正面对抗的艰巨使命。因此，不管哪个年代的战列舰，都必须结合火力、防护和体量三大要素。

这其中，首要的因素就是火力。风帆战列舰时代，划分战列舰与巡洋舰的标准就是火炮数量，即火力；到了铁甲舰和无畏舰时代，确定战列舰身份的，除了主炮的数量以外，主炮的口径成为更重要的衡量标准。所以我们看到战列舰的主炮口径越来越大，从"无畏"号战列舰的305毫米增加到最后"大和"号的460毫米。

但火炮口径增大会造成火炮重量和体积的增加，进而影响到整艘军舰的排水量和重心分布。因此，对一艘战列舰来说，主炮并不是越大越好、越多越好，而是要在一定的范围内取一个最优解。比如，英国在二战前开工建造的"乔治五世级"战列舰，原本计划装3座四联装14英寸（356毫米）主炮，但由于二号炮塔要布置在高一层的甲板上，而四联装炮塔太重，装上去后会造成战列舰重心升高，影响恶劣海况下的稳定性，因此，英国人不得不把二号炮塔改成双联装14英寸炮，减轻重量，这才造就了该级战列舰独特的"4-2-4"主炮配置方式。

到了第二次世界大战前夕，对于火力配置，各国已经基本形成不成文的默契，大都只配备三到四个主炮塔，主炮口径一般为356毫米至460毫米，这些炮塔一般是双联或者三联装。这种配置方式能比较好的实现火力与吨位的平衡，所以成为各国的首选。也有少数例外采用四联装的，比如英国的"乔治五世级"和法国的"黎塞留级"。但采用四联装炮塔的战列舰，一般都是有特殊的原因，有的是因为主炮口径太小，要弥补火力不足（如"乔治五世级"）；有的则是因为特殊的总体设计，要把所有主炮集中布置（如"黎塞留级"）。

> 法国海军黎塞留级战列舰的主炮配置也很独特，全部在舰首

战列舰主炮的变化除了口径，还有身管长度的变化。一般来说，火炮身管越长，炮弹初速就越高，射程也会更远，但火炮身管长度受到特定时代冶金技术和金属加工技术的限制，也不是想多长就多长的。当然，由于有战列舰这个巨大的平台，舰炮的身管普遍比同时代地面火炮要长得多。

除了主炮，战列舰火力上的另一个变化是副炮数量减少并炮塔化，以及高炮数量大幅增加。由于火炮射程的增加、射速的提高，战列舰需要面对"肉

大浪淘沙：传奇武器的消逝

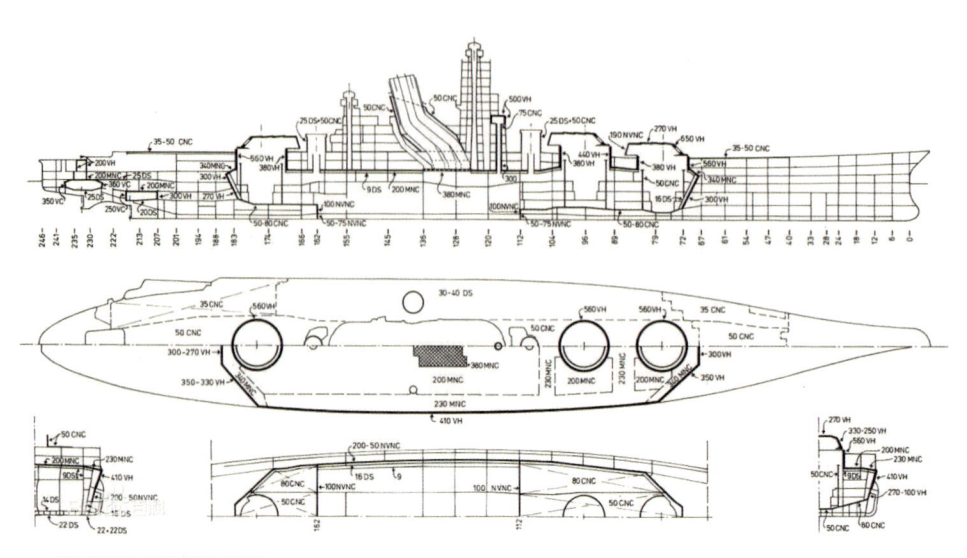

> 战列舰装甲布置示意图

> "敦刻尔克级"战列舰的侧面装甲厚度示意图，单位是毫米，红色部分就是主装甲带

> 法国海军"敦刻尔克级"战列巡洋舰的大口径副炮集中布置在舰尾

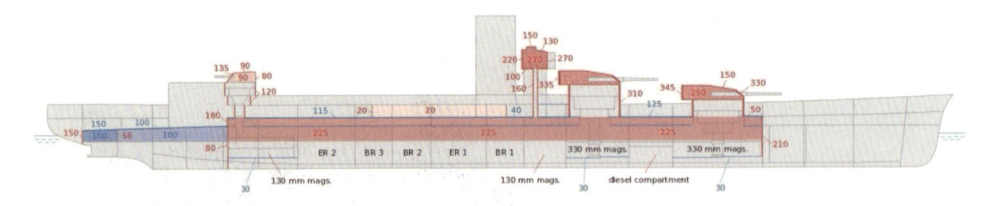

搏"的机会也越来越少，自然就不再需要那么多副炮。同时，炮塔化的副炮射界大幅提升，射速也大幅提升，其近战能力并没有太多下降，足以满足需要。

而高炮的数量则在二战期间迅速增加。第一次世界大战中，战列舰往往只安装4-6门小口径高炮，其主要用途其实也是驱赶侦察机或者飞艇。但到了二战中，由于空中威胁急剧增加，战列舰的高炮数量也不得不随之大幅增加。比如，美国的"北卡罗莱纳级"战列舰在1941年4月服役时，防空武器只有4座四联装28毫米高炮和12挺单管12.7毫米机枪。但到了1945年，经过陆续加装，该级战列舰的高炮数量达到15座四联装40毫米"博福斯"高炮和36门单管20毫米"厄利孔"高炮，总数近百门。

二战期间，还有更加极端或者说取巧的做法，那就是把副炮也变成高炮，最典型的就是美国人和英国人。美国人从"北卡罗莱纳级"战列舰开始，就把副炮全部统一为127毫米炮，并且全部炮塔化。美国20世纪30年代研制的MK12型堪称性能最好的高平两用炮，射速快、射程远、威力大，无论对空还是对海都非常好用，搭配上当年的"黑科技"近炸引信，对空效果优于同时代所有其他大口径高炮。英国人的做法类似，但他们的133毫米高平两用炮的性能就逊于美国的127毫米炮。

这种做法的好处很明显，能够最大化作战效能。比如德国的"俾斯麦级"战列舰，装了6座双联装150毫米副炮、8座双联装105毫米高炮，但150毫米副炮没有对空能力，105毫米高炮则对海能力有限。这样一来，不管执行对空还是对海任务，总有一部分火炮只能作壁上观。而美国战列舰则不管执行哪一类任务，副炮都可以全力开火，其效能的差距明显。正因为如此，日本的"大和级"战列舰在建成之初装了4座三联装155毫米副炮，但后来就默默地拆除了其中2座，空出来的地方给了高炮。

在火控系统方面，早期战列舰基本靠各炮塔炮手的目测观察修正弹着点。从无畏舰开始，各舰普遍装备光学测距仪和射击指挥仪，测距和观察精度大幅提升，射击准确度也大大提高。二战期间，各国战列舰普遍加装雷达，这些雷达有的用来搜索和探测目标，有的则直接用来控制射击，进一步提高了火炮射击的精度，尤其是在恶劣海况或者夜间。

近代以来，由于火炮威力不断提升，防护性能也被提到越来越重要的位置。

第一次世界大战期间，防护体系的布置甚至成为区分战列舰和战列巡洋舰的重要依据。一战期间，由于各国战列舰普遍尺寸不算太大，需要防护的面积也不算太大；同时，这一阶段没有什么空中的威胁，水平装甲可以布置得相对薄一点。但由于吨位有限，战列舰也不可能把所有地方的装甲厚度都布置成一样的，所以，一般来说，在被命中概率最高，也最致命的舰体中部吃水线附近，会布置最厚的装甲，被称作主装甲带。而其他部位由于威胁相对较小，其装甲厚度也可以适当减少一些。

但第一次世界大战以后，尤其是二战之前，由于战列舰的尺寸进一步加大，需要防护的范围也进一步增加，但吨位不可能无限制增加，所以装甲防护体系必须做出进一步的取舍。因此，这一阶段新造的战列舰往往采取重点防御的原则，即：对于从前主炮到后主炮之间的舰体部分，由于集中了动力系统和绝大部分弹药库，需要特别加以关注，在这里就布置了绝大部分的装甲防护能力，形成一个俗称的"装甲盒子"。而在这个"盒子"之外，则只配备最基本的防护能力，以节省重量。

此外，这一时期的战列舰防护还要面对两个新的威胁，即飞机和鱼雷。因此，新造的战列舰，包括经过现代化改进的老战列舰，都会专门加强水平装甲，提升对来自空中攻击的防护能力。而对于水下威胁，各国战列舰则纷纷加装防鱼雷突出部，以便在遇到鱼雷攻击时，多一个缓冲空间。

兼具了重火力和重装甲之后，战列舰的尺寸和吨位自然小不了，基本都是一个一个的庞然大物，也因此很长时间内成为强大海军的象征。而为了驱动这么一个庞然大物，动力设备自然也非常重要。虽然一般来说各国都不会要求战列舰在海面上"飞奔"，但基本的航速和航程要求还是要有的，毕竟这也决定了战列舰的作战效能。因此，战列舰的动力设备一般来说都是同时代功率最大的，而为了保证长期服役生涯中的正常运转，对于动力设备的可靠性也有很高的要求。

综合来说，战列舰可以说是一个时代各种高精尖技术的结晶，它包括了航海、材料、兵工、冶金、加工、电子、动力等各种工业门类，算得上是国家综合工业实力的标志。

使用

自从风帆战列舰时代开始,作为海军核心、海战主力,战列舰的身影出现在诸多重要的历史时刻,成为历史的推动者和见证者。

要说风帆战列舰时代最辉煌的时刻,那显然就是1805年的特拉法尔加海战。这是发生在拿破仑的法兰西第一帝国和英国之间的海战,双方的指挥官也是英法两国各自历史上最杰出的海军将领之一:英国方面的霍雷肖·纳尔逊中将和法国方面的维尔纳夫海军中将。此战中,英国方面共有27艘战列舰参战,另一方的法国西班牙联军中则包括了18艘法国战列舰和15艘西班牙战列舰。

纳尔逊在海战中充分把握了维尔纳夫下令变换队形时联合舰队中的混乱,集中兵力突击对手的旗舰,并截断了法西联合舰队的队形,最终取得大胜。此战中,英国海军训练水平、纪律性、战斗意志方面的优势显露无遗,而纳尔逊更是创造性地运用一些不同颜色和图形的信号旗沟通舰队之间的联系,大大提升了指挥效率,也成为击败对手的重要因素。

特拉法尔加海战是19世纪世界上最大规模的海战,虽然纳尔逊在此战中阵亡,但海战的胜利却彻底击碎了拿破仑登陆英国的梦想,也激励了被拿破

> 反映特拉法尔加海战的油画作品

大浪淘沙：传奇武器的消逝

> 反映特拉法尔加海战的油画作品，这是风帆战列舰时代最经典的战役

> 风帆战列舰排成的舰队

> 反映特拉法尔加海战的油画作品，画面反映的应该是纳尔逊被击中以后甲板上的场景

> 马恩岛 2005 年发行的纪念特拉法尔加海战 200 周年的小全张邮票

战列舰 | 曾经灿烂的海洋主宰（下）

> 英国发行的纪念特拉法尔加海战的邮票

仑打的节节败退的俄、奥等国，为英国后来的"日不落帝国"奠定了良好的基础，堪称英国历史上最重要的海战之一。

特拉法尔加海战之后不久，世界开始进入蒸汽机与铁甲舰的时代。在这个前无畏舰之前的过渡阶段，有两场海战值得一提。

其中一场不太出名的海战是普奥战争期间，普鲁士的盟友意大利与奥地利于1866年7月，在亚得里亚海利萨岛附近海域进行的利萨海战。这是蒸汽动力战舰首次用于实战，也是铁甲舰首次用于实战。

此战中，奥地利舰队由特格特霍夫少将指挥，包括7艘蒸汽动力铁甲舰和11艘木壳战舰；而意大利海军则包括了11艘铁甲舰和16艘木壳战舰，由维尔萨诺上将指挥。兵力处于劣势的奥地利舰队对意大利人主动发起进攻，为了集中力量发起冲击，特格特霍夫少将把自己的舰艇编成了3个倒"V"字形编队，

> 反映利萨海战的绘画作品

103

以纵队形式冲击意大利舰队的队列。其中第一个"V"形由他率领的 7 艘铁甲舰所组成，领头的是旗舰"费迪南德·马克斯大公"号。

接战之后，意大利海军犯下了一系列错误，双方陷入混战。混战中，人们发现，火炮很难对铁甲舰造成实质性伤害，于是，或主动或被动，双方发生了多次撞击。其中意大利铁甲舰"铅锤"号撞击奥地利木壳战舰"凯撒"号没有成功，而奥地利舰队旗舰"费迪南德·马克斯大公"号无意中撞击意大利舰队铁甲舰"意大利"号却取得了空前的成功，"意大利"号被撞击后进水沉没，舰上 400 多人丧生，意大利舰队也因此大败。

利萨海战对普奥战争的大局并没有太大影响，却让世界海军的发展走上了弯路。撞击战术在海战中的成功，让很多人认为，撞击战术将在蒸汽铁甲舰时代重新焕发光彩。此后数十年时间里，早已消失很久的撞角又重新出现在各国战舰上，有的国家专门甚至还专门建造了撞击巡洋舰，执行撞击战术。而奥地利舰队的倒"V"字形编队也被诸多国家模仿，其中就包括了大清的北洋水师。

利萨海战 28 年后，中日海军在黄海海域又进行了一场大规模的海战。这场海战中，双方参战兵力是相对比较成熟的铁甲舰，而不再是利萨海战中各种奇怪舰艇的混编。战斗中，北洋水师严格遵循了利萨海战的"成功经验"，组成多个倒"V"字形编队，试图冲击日本联合舰队阵型形成混战，然后撞击取胜。但最终结果却让人非常意外，虽然最后战斗确实进入了混战，但北洋水师却没有一次撞击成功，反倒是被联合舰队战舰的速射炮重创。

> 对马海战中正在沉没的俄国战列舰　　> 反映对马海战的绘画作品

此战的结果导致甲午战争大清惨败，但从技术上说，这场海战却澄清了利萨海战给世界海军带来的诸多错误"经验"。事实证明，新型速射炮足以对防护较弱的巡洋舰造成致命伤害，撞击战术几乎很难奏效，而铁甲舰的生存力也在海战中得到了充分的表现。某种意义上说，正是甲午黄海海战的经验，促进了前无畏舰的诞生。

通过吸取黄海海战的经验，世界海军进入了前无畏舰时代。而黄海海战过去仅仅11年，发展势头正猛的前无畏舰就迎来了一场对决，这就是著名的对马海战。

此战中，尽管日俄都有一些凑数的老旧杂牌铁甲舰，但双方作战的主力却还是各自舰队的核心——前无畏舰。俄海军方面以"博罗季诺级"为代表，日本方面则以"三笠"号为代表。虽然这一场战斗中，俄罗斯有太多先天的不足，但却仍然足以成为前无畏舰海战的代表。

战斗结果众所周知，是俄罗斯惨败。此战再次证明了战列舰在海战中无可替代的霸主地位，并且深刻影响了海军技术的发展，特别是英国的第一海务大臣费舍尔坚信，此战证明了对战舰来说最重要的是火力和航速。由此催生了无畏型战列舰和战列巡洋舰，将大炮巨舰主义推向巅峰。

到了无畏舰时代，不得不提的就是日德兰海战了。对于英国人来说，如果要找一场可以和特拉法尔加海战相提并论的海战，日德兰海战无疑是最合适的选择。1916年发生的这场海战是战列舰之间最大规模的对决，德国人参战的包括16艘无畏舰、6艘前无畏舰和5艘战列巡洋舰，英国舰队则有28艘

> 反映日德兰海战的绘画作品

战列舰、9 艘战列巡洋舰和 8 艘装甲巡洋舰参战。虽然双方基本算是打了个平手,英国人略吃亏,但却成功地继续把德国公海舰队封锁在港口和内海,保证了协约国对于海洋的控制,意义非凡。

> 英军"无敌"号战列巡洋舰被德军"德弗林格"和"吕佐夫"号打的浑身冒火即将沉没

> 日德兰海战后的"厌战"号战列舰

> 日德兰海战前驶向斯卡格拉克海峡以西的英国大舰队

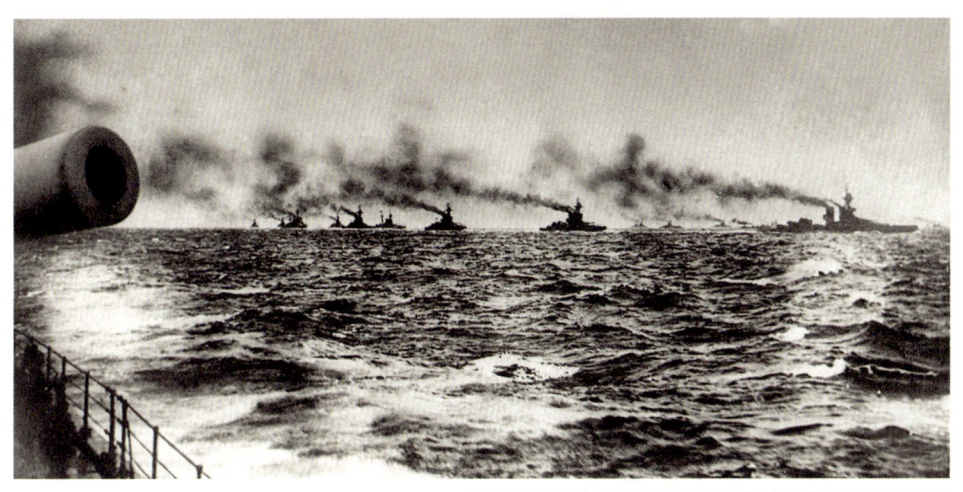

当然，从战况上说，英国战列巡洋舰的脆弱、德国战舰强大的生命力都让人印象深刻。根据这次海战的教训，各主要海军国家都改进了无畏舰的设计。主要改进措施包括：增大主炮口径，改进炮塔、火药库等部位的防护；采取重点防护措施，加厚重要部位的装甲，减少或取消非重要部位的装甲；重视水平防护，以及水线以下对鱼雷的防护。

第二次世界大战爆发之初，很多人还认为战列舰会是海战的核心和主力。这一观点放在欧洲也算是有一定的道理，因为德国和意大利都没有太强的海军，没什么远洋正规海战的机会。同时，在海况恶劣的北大西洋，受海况和天气的影响，航空母舰反而不太好用。地中海的天气虽然不错，但这片海域本身就很狭窄，基本都在岸基航空兵的覆盖范围内，在空中力量抵消的情况下，战列舰倒也能发挥不小的作用。

二战初期战列舰参加的海战中，最值得一提的无疑是英德海军之间的丹麦海峡之战。这一战的规模不大，德国海军参战兵力不过是一艘战列舰（"俾斯麦"号）和一艘重巡洋舰（"欧根亲王"号）；英国海军实力略强，也只有一艘战列舰（"威尔士亲王"号）、一艘战列巡洋舰（"胡德"号）和两艘重巡洋舰（"诺福克"号、"萨福克"号）。虽然和第一次世界大战中那种几十上百艘军舰参战的大海战完全不能比，但却是二战中少有的没有飞机搅局的"纯海战"。

> 丹麦海峡之战后的"俾斯麦"号，从"欧根亲王"号上拍摄

> 英国海军"胡德"号战列巡洋舰在丹麦海峡之战被击沉

此战中，双方海军都表现出了极高的战术和训练水平，但英国战列巡洋舰固有的防护缺陷使得英国人损失了"胡德"号。德国海军虽然没有舰只沉没，但"俾斯麦"号却受损，不得不中止前往北大西洋执行袭击的任务，转而前往法国港口维修，这一去也就踏上了不归路。

而在太平洋战场上，由于海域更为广大，海况和天气也相对良好，航空母舰从一开始就成为海战的主角，战列舰基本上沦为航空母舰的护航舰只，主要承担防空和对岸轰击的任务。比如，美国海军的"北卡罗来纳"号战列舰，在3年多的参战时间里，只进行过9次对岸炮击，击沉1艘运兵船，击落击毁24架敌机，至于海上对决……一次也没有。

要想看到战列舰之间的对决，基本上只有夜战的时候才有机会。比如1942年11月14日深夜的第二次瓜达尔卡纳尔海战中，美国海军战列舰"南达科他"号（"南达科他级"）和"华盛顿"号（"北卡罗来纳级"），就

> "南达科他级"战列舰上的高炮炮位

> "北卡罗来纳"号战列舰,目前是博物馆

和日本战列舰"雾岛"号("金刚级")发生了正面交火。战斗结果,战舰更老、更少的日方悲剧,"雾岛"号被当场击沉,这也是太平洋战争中唯一一次战列舰之间的"单挑"。

目前为止最后一次双方都有战列舰参战的海战是1944年莱特湾大海战中的苏里高海战,这场发生在10月25日的海战同样是夜战。日本海军两艘老式战列舰"山城"号和"扶桑"号在西村祥治海军中将的指挥下,率领一艘重巡洋舰和四艘驱逐舰,一头撞进了美国海军第七舰队早已严阵以待的阵地中。迎战日本海军的美国舰队包括六艘在珍珠港事件中受损的老式战列舰,以及大量巡洋舰和驱逐舰。最要命的是,美国海军早就预见到了日军的来袭,已经在苏里高海峡内摆好了"T"字横头的队列。

西村舰队闯入苏里高海峡之后,首先受到了美军鱼雷艇和驱逐舰的好几波鱼雷"欢迎","扶桑"号战列舰挨了一条鱼雷后发生爆炸,很快断成两截。剩余的日军舰艇继续前进,随后遭到了美军从战列舰到巡洋舰的火炮猛烈"洗礼",美军驱逐舰和鱼雷艇也抽空发射鱼雷"补枪"。日军"山城"号战列舰在挨了数十发从406毫米到152毫米的炮弹,以及2条鱼雷后,也沉没在苏里高海峡内。

10月25日凌晨4时09分,美国海军"密西西比"号战列舰好不容易锁定目标并打出唯一的一次齐射,该舰的这次齐射就成了苏里高海战里美军战列舰最后一次向日军战列舰开火,也众所周知地成为了全世界最后一次向敌方战列舰开火的齐射。

消逝

第二次世界大战的实践表明,战列舰在面对来自空中的攻击时,基本处于被动挨打的状态,而且生存概率不高。尽管在战争中,各国战列舰都在拼命加强防空火力,日本的"大和"号战列舰最终阶段安装的高炮数量达到180门之多,但在该舰最后一次出击中,面对蜂拥而至的美军飞机,仍然迅速被击沉。

因此,二战结束后,各国海军迅速淘汰了自己的战列舰。美国海军虽然

> 对空火力全开的美国"衣阿华级"战列舰

保留了4艘"衣阿华级"战列舰一段时间，但主要也是打算用该舰406毫米的主炮来执行对地面目标的轰击，而并非准备拿它来打海战。为此，美国人甚至还在"衣阿华级"战列舰上加装了"战斧"巡航导弹发射器，进一步提升其对地攻击能力。

与"后起之秀"、新的海战主角航空母舰相比，战列舰确实在侦察、攻击、机动、防御等诸方面都全面处于劣势。凭借着舰载机，二战中的航空母舰就能够在一两百千米以外发现并攻击目标，而战列舰在这个距离上只能望尘莫及。对航空母舰来说，即使出现对自己不利的局面，远距离发现也能让自己有时间从容离开，战列舰则根本追都没办法追。

大名鼎鼎的中途岛海战中，美日双方的航空母舰展开拼死厮杀时，日本海军视为珍宝和重器的战列舰只能在几百千米外作壁上观，对战役的走向完

大浪淘沙：传奇武器的消逝

> 描绘"大和"号战列舰最后一战的绘画作品，可见空袭之猛烈

全没有任何帮助。这种干看着无能为力的感觉，想必每一个战列舰上的舰员都不好受。

二战之后，随着航空技术的进一步发展，舰载机的航程、速度、载弹量都进一步增大，航空母舰的作战能力也进一步提升，战列舰就更加没有生存之地了。

而到了二十世纪六十年代，反舰导弹的兴起，让中型乃至轻型军舰也拥有了强大的火力。苏联研制的SS-N-2"冥河"反舰导弹射程可以达到40千米，战斗部重量达到480千克，其威力和射程都不逊于二战期间的主力战列舰，但却可以装在排水量几十吨的小艇上。这样一来，战列舰就更没有生存空间了。

正因为航空母舰和反舰导弹的"双重打压"，战列舰最终彻底退出了历史舞台。

余音

战列舰消逝后的几十年来，不断有声音呼唤重新启用这种"战争巨兽"。四艘"衣阿华级"战列舰的经历就颇富代表性，它们在二战结束后3次重新服役，分别是朝鲜战争期间、美越战争期间以及20世纪80年代初美国提出"600艘舰艇海军"计划后。不过，每次重新服役，基本都是指望用它们406毫米的巨炮去轰击岸上目标。冷战结束后，由于军费减少、国际局势缓和，它们终于再次退役。

在美国以外，战列舰的概念也有时会被提及。比如，苏联时代末期建造的"基洛夫级"核动力巡洋舰，由于吨位巨大（2.4万吨），且搭载了威力巨大的20枚SS-N-19重型反舰导弹，具备超强的单舰作战能力，也被一些人称之为战列巡洋舰。当然，这只是非正式的称呼。

在军队之外，由于战列舰充满了钢铁时代的"暴力美感"，也成为诸多文化产品的主角，以战列舰为主角的影视作品和游戏层出不穷。比如，2012年美国大片《超级战舰》就是以"密苏里"号战列舰为主角；2015年中国拍摄的电视剧《铁甲舰上的男人们》则以北洋水师为主角，展现了那个年代战列舰上的生活与战斗。

> "基洛夫级"核动力巡洋舰，也称为战列巡洋舰

以战列舰为主角的游戏就更多了，从风帆战列舰时代为背景的《金银岛》，到一战背景的《日德兰海战》，再到以二战为背景的《战舰世界》《太平洋战争》，可谓比比皆是。

也许，正如网友所说，大舰巨炮反映出的，是男人们的浪漫。

09 鱼雷艇
"以小博大"的典范

如果回顾新中国初期的战争题材影片，尤其是海军题材影片，我们经常能看到鱼雷艇这一"海上轻骑"的身影。对于初创阶段的人民海军来说，鱼雷艇这种小型舰艇结构简单、威力巨大，不失为有效的"非对称作战"利器。事实上，从诞生之日开始，鱼雷艇就被作为"以小博大"的"杀手锏"，发挥了重要作用。

缘起

说到鱼雷艇，就不能不从鱼雷说起。

鱼雷的前身是诞生于19世纪初的"撑杆雷"，这种撑杆雷实际就是把水雷或者大号炸药包用一根长杆固定在小艇艇艏。作战时小艇冲向敌舰，用撑杆雷撞击敌舰，引爆以后摧毁敌人舰艇。装备撑杆雷的小艇一般被称为杆雷艇。

从这个工作原理就能看出来，这种攻击方式实际上是一种"自杀式攻击"。毕竟撑杆的长度不到10米，要想攻击敌人，就意味着杆雷艇必须一直冲到敌舰的眼皮子底下。虽然19世纪前半叶各国主要装备的还是风帆战舰，火力并没有后来的战舰那么犀利，但少说也有几十门火炮。面对这几十门炮冲锋,杆雷艇的艇员们无疑需要非同一般的勇气。

另外,由于水雷是在水中爆炸,由于水的不可压缩性,其威力比空气中爆炸的火药武器要大得多,雷杆的长度并不足以让杆雷艇摆脱水雷的杀伤范围。换句话说,就算杆雷艇攻击成功,多半自己也没办法全身而退。

虽然杆雷艇的风险很大,但毕竟是一种交换比很划算的"以小博大"的武器,因此在19世纪颇受青睐,尤其是对于那些海军并不算很强大的国家,比如法国。法国海军从1875年开始,先后建造了7种型号、19艘杆雷艇,这些杆雷艇的长度都大致是27米,排水量一般都只有几十吨。另一个对杆雷艇有兴趣的是洋务运动后开始发展海军的清朝政府,北洋水师就曾经装备过几艘德国建造的杆雷艇。

正因为杆雷艇使用起来难度大、风险高,在实战中,这种武器并没有多少值得一提的战果。1884年8月发生在福建马尾附近的中法马江海战是杆雷艇少有的实战战例,此战中,法国海军出动了45号和46号两艘杆雷艇,分别攻击福建水师

\> 简易杆雷艇

\> 杆雷艇的大概形式

\> 马江海战前夕的福建水师

\> 马江海战版画作品

的旗舰"扬武"号和木质炮舰"伏波"号。结果两艘杆雷艇都成功撞中目标，"扬武"号受重创后沉没，"伏波"号没有被撞到要害，得以逃脱至上游搁浅。这大概是杆雷艇不长的历史上最值得一提的战果。

杆雷艇的风险这么大，人们就开始想办法改进。1864 年，奥匈帝国海军的卢庇乌斯舰长想了个主意：把发动机装在撑杆雷上，利用高压容器中的压缩空气推动发动机活塞工作，带动螺旋桨使雷体在水中航行攻击敌舰。这样一来，就不用杆雷艇冒着生命危险去进行"自杀攻击"，自然皆大欢喜。但卢庇乌斯的发明毕竟只是"灵机一动"的结果，问题不少。比如，由于外形不合理、头重脚轻，加了发动机的杆雷航速很低、操控也很笨拙，而以压缩空气作为动力源，让这种杆雷的航程非常短，基本没有实用价值。

不过，卢庇乌斯的创意启发了很多人。比如，曾经参与过他的研制工作的英国工程师罗伯特·怀特黑德（Whitehead）。此公在卢庇乌斯的发明基础上进行了改进，改变了武器的外形，使之更加光顺，依然使用压缩空气发动机带动单螺旋桨推进，但增大了压缩气瓶的容量，还通过液压阀操纵鱼雷尾部的水平舵板，以控制鱼雷的航行深度。经过这些改进，怀特黑德于 1866 年成功地研制出新的武器，因其外形似鱼，而称之为"鱼雷"。

刚发明出来的鱼雷直径约 356 毫米，长 3.53 米，重 136 千克，装药 15 至 18 千克。但这种鱼雷的航速仅 6 节，约合 11 千米/小时，射程也只有 200 米左右，尚无控制鱼雷航向的装置。这种新型水中兵器根据发明者怀特黑德的名字（意译为"白色的头"），被命名为"白头鱼雷"。

此后几年时间里，怀特黑德一直在不断改进鱼雷，并且在奥匈帝国境内设立工厂，向各国推销自己的发明。到 1870 年，白头鱼雷的航速已经达到 7 节，最大射程提升到 700 码（约 640 米），性能有了较大提升，初步具备实战能力。但遗憾的是，由于鱼雷是一种新发明的武器，很多人对其存疑，包括奥匈帝国海军。因此，怀特黑德在奥匈帝国的工厂因为没有足够订单而黯然倒闭。但他并没有灰心，又重新成立了一家私人公司，专门推销鱼雷。他的公司很快被英国人收购，此后，怀特黑德就把自己的工作重心放到了英国。

鱼雷过关了，下一步就得找搭载鱼雷的平台。最开始，人们就在现有的军舰上装上鱼雷，但很快问题就出现了。由于鱼雷本身射程有限，如果装在

鱼雷艇 | "以小博大"的典范

> 发明鱼雷的怀特黑德

> 鱼雷的基本结构

> 怀特海德的早期鱼雷

> 早期的白头鱼雷

> "闪电"号——第一艘鱼雷艇

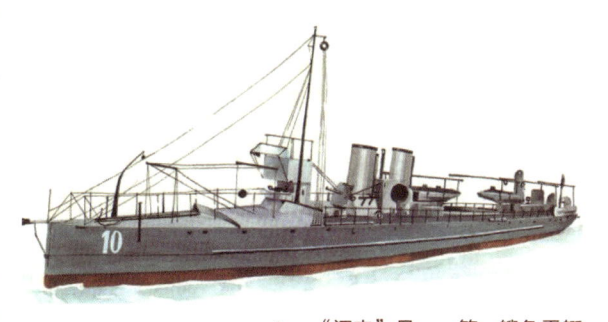

大型军舰上，为避免误伤，在实战中很难找到合适的发射机会。英国人想出了解决办法，1876年，英国海军服役了一艘专门使用鱼雷的小型舰艇——"闪电"号。这艘小艇排水量只有33吨，长25.76米，宽3.28米，装备2条356毫米白头鱼雷。

"闪电"号虽然小，但动力强劲，静水航速能跑到19节，这在19世纪70年代可是个不得了的速度。该艇携带的鱼雷性能也有了较大提升，最大航速达到18节，射程为580米。

用小艇携带鱼雷的好处很明显，因为目标小、速度快，这些小艇相对更容易接近敌

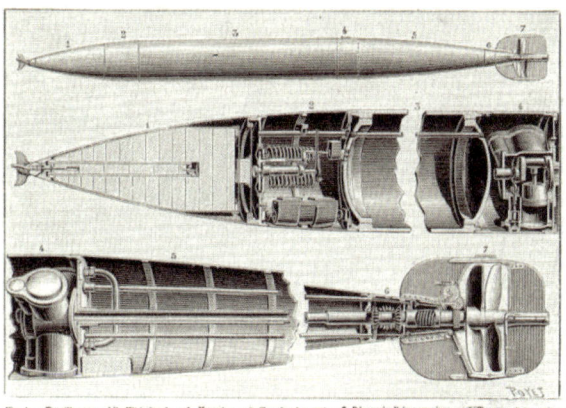

117

人目标发射鱼雷。同时，小艇的建造成本低，可以大量建造和使用，性价比更高。因此，在"闪电"号测试证明了其成功性之后，欧洲各国海军都开始学习先进经验，建造自己的鱼雷艇。"闪电"号也成为鱼雷艇的"开山鼻祖"。

就在"闪电"号服役后的第三年，也就是1878年的1月26日，正在激烈进行的俄土战争中，俄国鱼雷艇首次成功使用白头鱼雷，在70米距离上击沉了排水量2000吨的土耳其蒸汽动力炮舰"英蒂巴"号，创造了小艇打大舰的奇迹，使鱼雷艇进一步引起人们的重视。

发展

由于最初的鱼雷射程有限，早期鱼雷艇多少仍有一点"自杀式攻击"的感觉，但认识到这种小艇能够"以小博大"的巨大优点后，各国纷纷投入精力来改进。

首先是鱼雷性能的迅速提升，到19世纪的最后几年，怀特黑德通过持续的改进，已经把白头鱼雷的射程提升到7000码（约6400米），这个射程已经足以让鱼雷艇在相对安全的距离上对敌舰发起攻击了。而且，新型号鱼雷改进了稳定设备，让鱼雷的航向更稳定，命中率更高。

除了英国之外，怀特海德在19世纪70年代前后，把自己的发明卖给了很多国家，而这些国家也纷纷自己展开进一步的研究与开发。其中德国人在仿制过程中，有感于白头鱼雷钢制外壳不耐腐蚀，于是由刷茨考甫（SchwartzKopf）兵工厂进行改进，改为用磷铜制作外壳，大大减轻了腐蚀问题。由于刷茨考甫兵工厂名称的意译为"黑色的头"，这种鱼雷也被用兵工厂的名字命名为"黑头鱼雷"。

和白头鱼雷相比，黑头鱼雷更细一点，直径只有305毫米，但长度增至4.57米，重量增至275千克，装药量增至20千克，航速达22节，只是射程最初仅有400米。当然，后来经过改进，黑头鱼雷的射程也提升到了5000米以上，更具实用价值。

鱼雷和鱼雷艇的出现，让海战样式发生了重大的变化，战舰不再只有通过排成密集队列的互相炮轰来决一胜负，快速突击、以小博大成为可以实现的现实。由于水是不可压缩的，水下爆炸产生的冲击波将会最大程度地传递到战舰的舰体上，造成重大损害。因此，能够保护战列舰免于被炮弹击穿的装甲，也很难抵抗住水下的爆炸。所以，小小的鱼雷艇，对战列舰之类的大型舰艇的威胁，甚至比同等尺寸的大型战舰更大。

正是基于这样的技战术变化，以法国为代表的欧洲二等海军国家提出了一套新的海上战略，其主要核心就是放弃建造耗时耗力耗钱的大型主力舰，改为大量建造巡洋舰和鱼雷艇。在战时，将可以使用鱼雷艇来对付敌人的大型战舰，而巡洋舰则可以发挥其机动灵活的特点，攻击敌人的海上交通运输线，破坏对手的战争潜力。由于提出这一战略的是一批法国海军的青年军官，也被称为"青年学派"。

由于这一战略看起来能够让二等海军迅速具备和一流海军（如英国）对抗的能力，因此，在19世纪最后二十多年时间里，包括法国、德国、俄国在内的一大批欧洲国家都成为这一战略的拥趸，鱼雷艇也在这一段时间得到了长足的发展。在此期间，正在大力发展海军的清政府也受到这一战略的影响，李鸿章就是其中的代表。因此，北洋舰队在订购"定远""镇远"两大铁甲舰的同时，也订购了大量的鱼雷舰艇。

这一阶段，为了装载更多鱼雷，以及适应海上的风浪，鱼雷艇的体量不断加大，从最初几十吨的小船，逐步扩大到上百吨甚至几百吨。比如，1889年日本向德国订购的第22号型二等鱼雷艇排水量只有89吨，装备3条356毫米鱼雷；但1896年向英国订购的第39号型二等鱼雷艇排水量就增加到了110吨，同样携带3条356毫米鱼雷。

与此同时，鱼雷艇对主力战舰的威胁也让各国海军不得不正视。拥有最多主力战舰的英国海军仍然是最先反应的，他们于1894年建造服役了"浩劫"号鱼雷艇驱逐舰，该舰排水量275吨，装备1门76毫米炮和3门47毫米炮，以及3具450毫米鱼雷发射管，航速26节，专门用来对付神出鬼没的鱼雷艇。英国人随后批量建造了40多艘"浩劫"号的同级舰，对鱼雷艇威胁的重视可见一斑。

但有趣的是，鱼雷艇驱逐舰除了吨位稍大一点以外，和鱼雷艇在结构、武器和作战特点上却如出一辙，以至于有些国家直接把建造的大型鱼雷艇改成了鱼雷艇驱逐舰。而这个鱼雷艇驱逐舰就是后来成为各国海军主力的驱逐舰的前身。这种演变痕迹甚至延续到第二次世界大战，德国海军仍然把小型驱逐舰叫做"大型鱼雷艇"。比如，德国 1939 年建造的大型鱼雷艇，排水量达到 1300 吨，装备 4 座单管 105 毫米炮、2 座三联装 533 毫米鱼雷发射管，基本就是各国驱逐舰的水准。

因此，事实上，到了 19 世纪末，鱼雷艇的发展路线变成了两条：一条是大型化，装备也进一步增强。这个路线走下去，最终变成了在两次世界大战中发挥重要作用的驱逐舰；另一条发展路线则是保持小型化，但进一步提升机动性、缩小目标，变成主要用于近岸作战的防御性快艇。后来我们所说的鱼雷艇，一般指的就是后面这条发展路线的成果。

鱼雷艇在问世之初使用的发动机是往复式蒸汽机，这也是那个时代没有选择的结果。但无论是往复式蒸汽机还是后来的蒸汽轮机，都存在体积大、重量大、启动慢的问题，用在大型鱼雷艇/驱逐舰上倒问题不大，但如果想在几十吨的小艇上继续使用，并且进一步提高速度，就很难实现了。

时间进入到 20 世纪之后，人们注意到了戴姆勒和本茨发明的汽油机，这种发动机体积小、重量轻、启动快，虽然发明之初是装在汽车上的，但同样适用于小型快艇。第一次世界大战之前，以汽油机为代表的内燃机开始大量装在小型游艇和赛艇上，这些快艇的航速和灵活性都比此前的小型船艇有了较大的提升，海军设计师们发现，如果把鱼雷装到这些快艇上，就能让威力巨大的鱼雷拥有更加灵活好用的发射平台。

经过不断尝试，后来为人们所熟悉的鱼雷快艇的形象就在第一次世界大战前基本确定下来。这些鱼雷快艇的排水量一般只有几十吨甚至十几吨，航速可以达到 30 节以上。虽然由于吨位太小，只能在近岸活动，但作为近岸突击手段，却是非常好用的一种武器平台。

此后一直到第二次世界大战，鱼雷快艇的变化无非是换装更大功率的发动机、更大威力的鱼雷，以及加装一些电子设备。可以说，第一次世界大战前的鱼雷快艇，就已经是成熟的产品了。

第二次世界大战之后，随着水翼艇技术的发展成熟，又出现了水翼鱼雷艇，这大概是鱼雷艇在退场之前最后一次技术变革。

技术特点

发展成熟的鱼雷快艇一般排水量不过超过 50 吨,多采用尖舭滑行艇型或圆舭排水艇型,以提高航行速度。为了减轻重量,也为了降低造价,鱼雷快艇很多都采用木质材料建造。从外形上看,这些鱼雷艇一般都只有一个很小的上层建筑,由于尺寸限制,也很难搭载多少设备,大都只安装最简单的航海设备。

在武备上,鱼雷当然是这些快艇的主要武器,但在不同的快艇上,鱼雷的装备数量和发射方式却各不相同。一般来说,那些十几吨的小型鱼雷快艇大都只携带一条鱼雷,而四五十吨的稍大一点的鱼雷艇则多半携带两条鱼雷。再大一些的鱼雷艇,比如排水量达到 100 吨以上的,则可以携带四条鱼雷。不过,不管携带多少条鱼雷,鱼雷快艇一般都不会有再装填能力,所有携带的鱼雷都是可以随时发射的,打完了就该跑路了。

至于鱼雷的发射方式则各个国家都不一样。英国是最早研制鱼雷快艇的,他们在一战前后研制的摩托鱼雷艇一般只有十几吨,携带一条鱼雷。但鱼雷并不是摆在快艇的甲板上,而是在快艇的后部设置一个凹槽,鱼雷就放在凹槽中间。发射鱼雷时,实际上是把鱼雷向后"扔"出去,然后快艇赶快转向,鱼雷再启动发动机直扑目标。

不用说,这种发射方式其实还是有一定风险的,万一快艇转向不及时,说不定就会被自己的鱼雷给击中。同时,发射时还需要快艇具备一定的速度,不然也无法及时脱离。但好处也很明显,由于不需要设置发射装置,能够大大节省空间和排水量,很适合小型鱼雷快艇,甚至十几吨的快艇也能装上两条鱼雷,大大提升战斗力。1935 年,苏联著名飞机设计师图波列夫设计的 G-5 型鱼雷艇就是这种小艇的典范。这种鱼雷艇长 19.1 米,宽 3.3 米,吃水 1.2 米,排水量仅 17.8 吨,但却能在艇尾凹槽内携带两条 533 毫米重型鱼雷,战斗力可观。

意大利人也是较早是用鱼雷快艇的国家,但早期鱼雷艇 MAS 艇的发射方式就和英国人不一样。他们把鱼雷用金属环固定在快艇两侧,发射时打开这些环,鱼雷直接落入水中即可。这种设计对发射鱼雷时快艇的速度没有要求,静止时也能发射，鱼雷对本艇也没什么威胁。

到了第二次世界大战的时候，意大利鱼雷快艇就采取了两侧固定鱼雷发射管的方式。这种发射方式优点更明显：鱼雷指向性好，同时，储存在鱼雷管内的鱼雷，安全性和勤务性能也比露天摆放的要好得多。缺点嘛，自然就是比较占地方，需要甲板上专门留出这么一块地方，发射管及发射装置也需要占用空间和重量，不适用于太小的鱼雷艇。

比如说，同样是苏联海军的装备，按照意大利人这种方式设置鱼雷的 P-4 型鱼雷艇长 19.3 米，宽 3.7 米，吃水 1 米，标准排水量 19.3 吨；尺寸和 G-5 型相当，排水量略大，同样是携带两条鱼雷，P-4 型鱼雷艇的鱼雷就是 450 毫米的，比 G-5 型的鱼雷小一大截。

而作为后来者，美国海军到第二次世界大战才开始大量装备鱼雷快艇，但他们的快艇上鱼雷发射方式就更胜一筹。虽然美国鱼雷快艇也是采用鱼雷发射管发射，但他们的发射管却是可以转动的，虽然更加需要占用快艇的空间和排水量，但使用灵活性也随之大大提升。至少在瞄准目标时，不需要靠调整快艇的前进方向，只用旋转发射管即可。

> 二战美国海军的鱼雷艇

由于快艇的吨位和尺寸普遍偏小，因此，除了鱼雷之外，这些快艇大都没有太多其他武器，一般也就是安装几挺重机枪罢了。比如前面提到的 G-5 鱼雷艇，就只有 1 挺~2 挺 12.7 毫米机枪；P-4 鱼雷艇由于没有鱼雷凹槽占用甲板，所以安装了 2 座双联 14.5 毫米机枪，算是火力很猛的。

至于动力方面，由于鱼雷快艇躲避敌人攻击的主要手段就是小和快，动力强劲与否关系到快艇的生存。所以，各国鱼雷快艇普遍配备了超强的动力，比如 P-4 鱼雷艇的发动机功率就高达 2400 马力，最高航速达 46 节；1930 年，德国建造的 S1 型鱼雷快艇装了 3 台 900 马力的汽油发动机，可以让这种 39 吨的快艇跑到 34 节。

早期的鱼雷快艇大都将汽油机作为主机，但汽油机安全性较差，汽油本身易燃易挥发，在快艇这种狭窄空间里其实还是有比较大风险的。因此，二战期间，很多鱼雷艇改用柴油机作为主机。虽然柴油机的单位功率要略低于汽油机，但柴油本身的安全性和储存性都要更好，也成为二战后鱼雷艇的主要动力来源。

使用

由于鱼雷艇尺寸小、吨位轻，很难参与到主力舰队之间的交战。虽然在鱼雷艇诞生之初，很多大型军舰（如战列舰）会搭载小型鱼雷艇，试图在舰队交战中偷袭对手主力舰，但事实上，从来没有成功的案例。因此，在实战中，鱼雷艇一般都用来偷袭港口内的舰只，或者在狭窄海域对敌人舰队进行偷袭。

中日甲午战争期间，日本联合舰队就曾多次使用鱼雷艇偷袭北洋水师的锚地。在威海卫之战中，日军两次使用鱼雷艇趁夜冲进港内偷袭，击沉北洋水师"来远""靖远""威远""宝筏"4 舰，击伤"定远"号铁甲舰，为战争的最终结果加上了一块重重的砝码。

受到甲午战争中鱼雷艇成功突袭的鼓励，日本海军在 10 年后的日俄战争在再次故技重施。1904 年 2 月 8 日夜间，联合舰队派出 10 艘雷击舰（可以认为是大型鱼雷艇），突袭没有防备的旅顺港外停泊场，击伤 2 艘装甲舰和 1 艘巡洋舰，首开纪录。但此后的战争中，由于俄军加强了对港口的防备，日本鱼雷艇的偷袭再也没有成功。倒是在著名的对马海战中，战斗的最后阶段，日本鱼雷艇在打扫战场、消灭俄军剩余抵抗方面发挥了一定的作用。

第一次世界大战作为规模空前的大战，海上战场也往往以主力舰对决为主。在主要海上战场的北海方向，英、德双方都是训练有素、准备严密的队伍，自然不会给鱼雷艇偷袭的机会。但在地中海战场就不一样了，奥匈帝国的海军并不像英、德两军那么纪律严明、训练过关，在港口防御上存在诸多不足，这就给了意大利的鱼雷艇MAS艇发挥的机会。

1916年9月，意大利的MAS艇先后在奥匈帝国的港口内击沉了两艘汽船。但这只是序幕，1917年12月9日，意大利鱼雷艇MAS.9号和MAS.13号潜入的里雅斯特港，准备偷袭奥匈帝国的旧式战列舰"维也纳"号和"布达佩斯"号。意大利人悄悄靠近，然后剪断了用来保护战列舰的防护网，一直贴近到距离奥匈战列舰只有200米的地方，然后向两艘战列舰各发射了两条鱼雷。射向"布达佩斯"号的鱼雷没能命中，但射向"维也纳"号的两条鱼雷则全部命中，"维也纳"号在几分钟后就倾覆沉没。

Regia Marina, MAS 568, Garzuf (Yalta), Black Sea (Russia), Summer 1942.

Regia Marina, MAS 563, Mazara del Vallo, Italy 1943.

> 二战中的意大利鱼雷艇

但这次辉煌的胜利还不是高潮。1918年6月9日，奥匈帝国海军"圣伊斯特万"号和"特格特霍夫"号无畏舰在7艘驱逐舰的护卫下，试图穿越奥特朗托海峡协约国布下的雷区，冲入地中海大显身手。这两艘无畏舰都是奥匈帝国的新锐战舰，新任奥匈帝国海军总司令霍尔蒂上将对其寄予厚望。但悲剧发生了，6月10日凌晨，奥匈舰队来到奥特朗托海峡附近的雷区，不得不减速，以便安全通过。这个时候，两艘意大利鱼雷艇MAS.15号和MAS.21号正好在附近巡逻，发现奥匈舰队后，两艇立即对敌人发起进攻。MAS.21号的两条鱼雷都没能命中敌舰，但MAS.15号则成功穿越奥匈驱逐舰的警戒区，近距离发射的两条鱼雷全部命中"圣伊斯特万"号。结果，这艘奥匈无畏舰迅速开始大量进水，两个多小时后倾覆沉没。值得一提的是，指挥这两艘鱼雷艇组成的小编队的，正是半年前击沉"维也纳"号战列舰的那艘鱼雷艇的艇长。

虽然意大利人取得了令人惊讶的胜利，但这主要还是归因于奥匈帝国海军的低能。如果面对一个比较靠谱的对手，鱼雷艇就没那么好用了。比如，俄国十月革命后，英法对俄罗斯进行干涉，期间就曾经用鱼雷艇突袭过俄国海军的锚地。1918年8月，英国海军8艘鱼雷快艇突袭喀琅施塔得海军基地，试图攻击港内的俄国无畏舰，结果被严阵以待的红海军官兵给击退，英国鱼雷艇损失惨重。

意大利人在一战中的成功鼓励了很多国家，因此，两次大战之间，人们并没有放松鱼雷快艇的发展。但第二次世界大战毕竟是技术更加先进、参与规模更大的世界性战争，航空母舰、速射炮、雷达等新技术、新武器的诞生，让鱼雷艇更难突破到对手的跟前发射鱼雷。只有在狭窄海域，鱼雷艇才能在地形的掩护下进行一些偷袭。

二战中的英吉利海峡，海域有限，又处在英德双方空军的交叉控制下，大中型军舰基本无法在这里活动，反倒给了双方鱼雷艇发挥的机会。整个战争期间，各种鱼雷艇一直是英吉利海峡双方对抗的主角。德国的S型鱼雷艇由于吨位相对较大、火力较强，往往能占据一定的优势。

而对苏联人来说，由于战争主要在陆地上进行，海军主要执行的是掩护海上侧翼的任务，经常会帮助陆军实施一些短距离的登陆作战。但苏军缺乏

大浪淘沙：传奇武器的消逝

Торпедный катер Г-5 IV-серии. Краснознаменный Балтийский флот, 1943 г.

Торпедный катер Г-5 проект 213 «Московский ремесленник трудовых резервов». Черноморский флот, 2-я бригада торпедных катеров, 1944 г.

Торпедный катер Г-5 «Алтаец». Краснознаменный Балтийской флот, 1-й дивизион торпедных катеров, 1945 г.

> 苏联二战期间的 G-5 鱼雷艇

专用的登陆舰艇，大型舰艇也无法靠近登陆的海滩，吃水浅又灵活的鱼雷艇倒是经常客串登陆艇的角色。比如，二战末期，苏联红军登陆千岛群岛的战斗中，很大一部分苏军就是乘坐鱼雷艇冲上岛去的。

美国人虽然在二战中建造了最多数量的鱼雷艇，但这些鱼雷艇往往被用来在西南太平洋地区执行岛屿间的巡逻任务，营救落水飞行员是这些鱼雷艇干得最多的活儿。当然，也有参加大战的机会，比如1944年的莱特湾海战中，美军鱼雷艇编队就在苏里高海峡南口，对来袭的日本海军西村祥志舰队发动了第一波攻击，虽然没有战果，但却也有效地打乱了日本舰队的步伐。

第二次世界大战结束之后，美苏全球争霸格局形成，鱼雷艇这种近海防御利器的地位逐渐下降。倒是不少发展中国家看上了这种很适合自卫的平台，于是，诸多国家纷纷引进。

消逝

从20世纪70年代开始，人们开始逐渐停止设计和建造鱼雷艇。此前装备的鱼雷艇也陆续退役，或者改作他用。时至今日，各国海军的现役舰艇中，已经很难看到鱼雷艇的身影，说它退出了战场一点也不为过。

鱼雷艇的消逝，很大程度上应该是导弹的责任。

我们知道，鱼雷艇的优点主要有三个：首先是便宜。鱼雷艇本身就小，安装的各种设备也少，需要的人员也少，因此，无论建造成本还是维护成本都很低。建造一艘主力舰的价钱，造上100艘鱼雷艇绰绰有余。对于中小规模的海军来说，这就意味着能用比较少的经费，维持一定规模的舰队，性价比很高。

第二个优点是杀伤力够大。前面提到过，鱼雷本身的杀伤特点决定了，它的威力比同等炸药当量战斗部的炮弹或者炸弹更大。一条533毫米的鱼雷，就足以重创甚至击沉一艘3000吨级的战舰；一艘鱼雷艇携带的两条533毫米鱼雷，就足以让巡洋舰级别的战舰失去战斗力。正是"以小博大"的利器。

第三个优点就是机动灵活、隐蔽性强。鱼雷艇的轻、小、快虽然让它很难进行远海作战，但在近海时，却足以让鱼雷艇的生存能力大大加强。毕竟

大浪淘沙：传奇武器的消逝

> 鱼雷艇改造的导弹艇

这么一艘小艇，很容易隐蔽。同时，早期的雷达等电子设备对小型目标的探测能力很差，很难在远距离发现这些小艇，这就为鱼雷艇的突袭提供了诸多好机会。

但反舰导弹及导弹艇诞生后，鱼雷艇的很多优点就不再突出了。比如成本方面，导弹艇的尺寸重量并不比鱼雷艇更大，自然也不会贵到哪里去；同样，机动性和隐蔽性方面，导弹艇也不会逊于鱼雷艇。虽然鱼雷的杀伤力仍然比大部分导弹都大，但导弹更远的射程却是鱼雷艇所不具备的。

射程更远就意味着导弹艇能够在相对安全的地方发动进攻，而不用像鱼雷艇那样必须突进到比较近的距离才能发射。这样一来，导弹艇的生存能力，以及成功发射的概率，都会远远高于鱼雷艇。因此，综合考虑之下，导弹艇的作战效能显然更高，鱼雷艇也就只能黯然接受被淘汰的命运。

余音

在大部分海军强国眼里，鱼雷艇只是个打下手的"小兄弟"，既上不了主战场，也不会成为宣传的主角。因此，发达国家在文艺作品中体现鱼雷艇的着实不多。倒是一些发展中国家很长时间里都是以鱼雷艇为主力，对鱼雷艇也有着特殊的感情，反倒有不少展示鱼雷艇生活的东西。

1959年1月1日上映的老电影《海鹰》就是以鱼雷艇为主角的影片。该片反映的正是那个年代人民海军鱼雷艇上官兵的生活，以及常用的作战模式。也是在这一年，另一部电影《无名岛》同样把视线放在了鱼雷艇上。只不过这部电影中鱼雷艇的战斗更惨烈，最后靠撞击才消灭敌人。

虽然鱼雷艇在20世纪70年代以后逐渐退场，但也有很多鱼雷艇被改造成导弹艇，还有些导弹艇甚至就是在鱼雷艇的舰体基础上重新设计的。比如，世界上第一种导弹艇，苏联的"蚊子级"导弹艇，就是在当时现役的P-6型鱼雷艇的基础上，拆掉鱼雷发射管、加装导弹发射架以及必要的电子设备而来的。

而正是这种鱼雷艇改装来的导弹艇，1967年在埃及创造了反舰导弹的第一个战果——以色列海军的"埃拉特"号驱逐舰，推动世界海战进入了导弹时代。这也算是鱼雷艇为世界做的最后一个另类贡献吧。

10 撞击巡洋舰
闪耀一时的"歧路"

19世纪70年代到第一次世界大战前,是科技大发展的年代。这段时间里,人们尝试了无数种新技术、新概念,如今看来,其中的很多显得极其不可思议,海军舰艇也不例外。不过,如果要从五花八门的实验性舰艇中挑选出最复古、最另类的一种,撞击巡洋舰应该当之无愧。

缘起

其实如果追溯起来,撞击战术算得上是人类海军历史上最古老的战术之一,其历史可以追朔到公元前8世纪。雅典时代的酒器上最早描绘了带有撞角的战舰形象,稍晚一些,在亚述帝国辛那赫里布时期的宫廷浮雕上也出现过带有撞角的战舰,公元前7世纪,亚述国王萨尔贡二世墓上的铭文对战舰撞角也有所记载。

直到公元前3世纪,撞角一直是腓尼基、希腊和罗马战舰的"标配"。装备有撞角的人力划桨战舰曾经统治了整个地中海。人工推进的灵活性让战舰得以进行精确的撞击,并且在碰撞之后可以迅速地后退,以避免被受损的敌舰拖带着下沉。在第二次希波战争萨拉米斯海战中,雅典人即依靠其三列桨座战船搭配快速撞击的战

> 古代海战的撞击战术

> 古代的撞角战船

法，以劣势的兵力获得了对波斯舰队的决定性胜利，成为整个战争的转折点。

公元前3世纪后，罗马海军开始装备俗称"乌鸦吊桥"的接舷吊桥，接舷战成为那个时候海战的主旋律，冲撞战术渐渐淡出海战主流。不过，由于接舷战也还是近战，接舷的时候还是会撞上，有时突如其来的撞击反而会为后面的接舷战创造更好的态势。所以，虽然接舷肉搏成为了主流，但撞击作为一种备选，仍然在海战战术中有着一席之地。

但千年之后，发生在1571年的勒班陀海战，成为海战史上最后一场以桨帆船为主的大型海战。此后则开启了海战的"风帆时代"，随着火炮和帆船技术的发展，火炮成为最具威力的武器，射程达到1000米以上的火炮，足以让木制帆船在撞过来之前被打成废船。配备重炮的风帆战舰组成的战列线，让冲撞战术彻底失去了战术价值。

然而历史总是螺旋前进的，又过了200多年，当蒸汽机和铁甲舰问世以后，海军技术和战术的发展再次站在了十字路口。风帆战舰时代，大型船只的最大航速也只有10节左右，一般情况下甚至只有5节～6节。而蒸汽机船则可以轻轻松松跑到10节以上，还不受风力风向的影响，和风帆战舰相比，其灵活性堪称"翩若惊鸿，矫若游龙"。

到了19世纪50年代，配备铁制装甲的铁甲舰问世，给海军带来了更大的冲击。要知道，这个时候海军战舰用的火炮仍然是前膛装填、使用黑火药、发射球形实心弹的老式火炮。这些火炮打一打木制战舰问题不大，实心大铁球砸下去，即使不能砸穿战舰的木质甲板，也能让舰上碎片飞舞，杀伤有生力量。但面对铁甲，这些大铁球的杀伤力就迅速下降了，不但打不穿铁甲，

131

甚至连制造碎片的附加伤害都少很多。

一开始，人们对于新技术给海战带来的变化认识还不够深刻，但1866年的利萨海战终于迫使各国海军正视蒸汽机和铁甲舰带来的新问题。这场意大利与奥地利在地中海进行的海战中，双方都有大量铁甲舰和蒸汽机船参战，但实战表明，当时的火炮无法击穿铁甲舰的装甲。虽然最终意大利损失了两艘铁甲舰，但其中一艘是因为敌人炮弹引起的火灾引爆了弹药库，另一艘（"意大利"号）则是被奥地利海军的装甲舰"斐迪南大公"号撞击以后进水沉没。

> 利萨海战中的撞击战术

> 利萨海战的主角之一，"斐迪南·马克思大公"号铁甲舰

此战中，发生了多次战舰间的撞击，有些是主动，有些是意外，但和收效甚微的火炮攻击相比，撞击的战果却是相对稳定可控的。就算是木制船撞铁甲舰，也不是完全没有效果。比如，此战中奥地利5000吨的木制战舰"凯撒"号主动撞击意大利海军5600吨铁甲舰"迪波托加诺"号，虽然"凯撒"号自己受重伤，但"迪波托加诺"号也受到一定损伤。

利萨海战的结果，让很多人认为，撞击战术即将复兴。而且这些人的观点也是有理论依据的：由于火炮性能的限制，铁甲舰能免疫大部分炮弹，这

> 一段时间内，各国铁甲舰也都装上了冲角

就让此前战舰最有效的武器失去了作用。而蒸汽机的使用，让战舰的速度更快、操控更灵活，更容易对准目标撞上去。利萨海战的实践表明，几千吨的战舰撞击，造成的损伤比炮弹绝对要大得多，也致命得多。

因此，利萨海战之后，各国新设计和建造的军舰纷纷装上了冲角，为海战中的撞击做准备。更有甚者，以英国人为代表的一些设计师还设计了只配备有限的火炮和装甲，专门用来撞击敌人的撞击巡洋舰。

发展

撞击巡洋舰的"始作俑者"是英国著名的舰船设计师乔治·伦道尔（George Rendel）。因设计小船装大炮的蚊子船而声名鹊起的伦道尔，是性价比理论的坚信者，他坚持可以建造一种小而便宜的军舰去战胜和替代昂贵的铁甲舰，

这类小型军舰的重要特征是航速快、装有撞角、舰体外形简洁、隐蔽，能够利用其装备的撞角、大口径火炮对铁甲舰构成威胁。

当然，伦道尔倒也没把克敌制胜的希望完全放在撞击身上，所以，在他设计的撞击巡洋舰上，除了撞角之外，还安装了大口径的火炮，以便多一种对付铁甲舰的武器。根据设计，撞击巡洋舰在遇到对手时，可以先用大口径火炮攻击敌舰，构成初步的破坏，然后再用撞角给予决定性的一击。

这种设计也是和技术的发展分不开的。19世纪的后半叶，火炮技术发生了革命性的变化，后装线膛炮问世，发射的炮弹也从滑膛炮时期的圆形实心弹逐渐变成长形开花弹，火棉、硝化甘油、TNT、黄色炸药等新型炸药和发射药在这一段时间陆续被发明出来，并迅速应用到军事领域。火炮威力的提升，改变了利萨海战中无法击穿铁甲的尴尬局面，因此，火炮的作用重新受到重视。

不过，在利萨海战后的一段时间里，毕竟没有什么像样子的实际战例，所以，虽然大家都知道火炮的威力今非昔比，但谁也不敢保证就一定能靠火炮解决问题。所以，撞击战术仍然受到格外重视，甚至利萨海战中奥地利海军所采用的多个楔形小队组成的横队战术也成为很多国家海军的标准战术。

尽管伦道尔提出的撞击巡洋舰概念看起来很不错，但理论归理论，真正落实下来，对于这种完全放弃防护的"离经叛道"的设计，大家也还是不愿意轻易尝试。给现有的军舰装上撞角倒没问题，专门弄一种以撞击为主业的军舰，大家还是心里没底。就在这个时候，正好清政府因为和日本的矛盾，加紧发展海军，正在满世界求购新型军舰，就成了最好的实验对象。

1879年，中国海关驻伦敦办事处主任金登干了解到英国军火巨头阿姆斯特朗公司按照伦道尔的理论设计出新型撞击巡洋舰以后，向自己的老板——中国海关总税务司赫德（Sir Robert Hart）发去电报，极力推荐这种"足以穿透海上的任何铁甲舰……比现存各种巡洋舰优越"的新型战舰。

清末北洋水师的发展过程中，包括其最终决策者李鸿章在内，上上下下都非常重视新技术、新武器的发展和应用。从早期购买蚊子船，以及后来订造一等铁甲舰、穹甲巡洋舰、装甲巡洋舰，乃至自行设计建造潜水艇、舟桥船、全钢军舰皆是例子。这种对新技术的敏感性和发展海军的努力，在当时亚洲国家中遥遥领先，即使在世界来讲，也不稍逊色。

新锐的概念舰——撞击巡洋舰，通过赫德推荐、介绍后，李鸿章立刻产生了兴趣。当时，新生的中国海军迫切需要一种堪当重任、能出远海作战的新式军舰，但因为"经费太绌、议论不齐、将才太少"，中国购买一等铁甲舰作为海军主力的计划一拖再拖，使得主持此事的李鸿章备受责难。现在突然出现了一种价格低廉，且能"追赶碰坏极好之铁甲船"的巡洋舰，无异天赐的转圜良机。虽然当时的北洋水师买不起大型铁甲舰，但买上2艘小巡洋舰还是没问题的，而且还能暂时堵住反对派的嘴巴。

于是，经过详细查看图纸和咨询外国军官，1879年12月9日，李鸿章委托赫德向阿姆斯特朗公司洽谈订造2艘新式撞击巡洋舰。两天后，李鸿章正式向清政府作出汇报，值得注意的是，在强调购买巡洋舰的重要性同时，他在奏折中称，中国要巩固海防，"非购置铁甲等船练成数军决胜海上，不足臻以战为守之妙"，表示目前购买巡洋舰只不过是为他日的铁甲舰队做准备，实际并不十分认同赫德、金登干等人有关铁甲舰过时的论调。

中国订购的这两艘撞击巡洋舰也成为第一种真正意义上的撞击巡洋舰。这两艘战舰建成以后，分别被命名为"超勇"号和"扬威"号，加入了北洋水师。

在中国最终确定订购撞击巡洋舰之前，正在和秘鲁、玻利维亚大打"硝

> 在英国时期的"超勇"号撞击巡洋舰

大浪淘沙：传奇武器的消逝

> 正在船坞中舾装的"扬威"号撞击巡洋舰

石战争"的智利也看上了阿姆斯特朗公司的新产品，他们在 1879 年 10 月订购了 1 艘类似的军舰。不过，随着智利在"硝石战争"中获胜，便取消了撞击巡洋舰的订单。1883 年，正因为北洋水师装备撞击巡洋舰而不安的日本赶快买下了这艘撞击巡洋舰，并命名为"筑紫"号。

事实上，除了这三艘专门的撞击巡洋舰之外，包括法国、英国、美国在内的其他国家都没有采用这么极端的设置。这些国家海军中也有以撞击为主要作战方式的战舰，但大都会配备较厚的铁甲和重炮，从而变成撞击铁甲舰。

想想也可以理解，配备了铁甲以后，这种撞击舰无论生存力，还是撞击效果，都肯定比没有铁甲的撞击巡洋舰更好。但这也表明，撞击巡洋舰从问世之初就暴露出了无法解决的根本性问题，注定了其并不理想的结局。

结构

作为撞击巡洋舰的代表，北洋水师装备的"超勇""扬威"二舰的结构应该说是比较典型的。

"超勇级"撞击巡洋舰正常排水量为 1380 吨（一说 1350 吨），满载排水量 1542 吨，舰长 64 米，宽 9.75 米，吃水 4.57 米。主机采用的是两座卧式往复式蒸汽机，配备 6 座锅炉，双轴推进。设计功率 2600 匹马力，航速 16 节。舰上煤舱正常储量 250 吨，最大可以储存 300 吨，以 8 节航速航行时续航能力 5000 海里。除蒸汽动力外，"超勇级"军舰上还配置有风帆索具，能采用风帆动力航行。

其实，早于超勇级建造的智利撞击巡洋舰只有 4 座锅炉，但由于李鸿章在签订合同时专门提出要求，该舰最高航速必须大于 15 节。为满足这一需求，伦道尔在两艘中国军舰上做出了改进，将锅炉增加到 6 座。

"超勇级"军舰的舰体为金属结构，舰体材料主要采用的是 0.75 英寸（约合 19 毫米）厚的钢板，铆接在木质底板上。另外在水线下 3.5 英尺（约合 1.07 米）处有一段简化的装甲甲板，保护着机舱和弹药库等重要部位，但这层装甲甲板厚度仅为 0.375 英寸（约合 9.5 毫米），只能给水兵们一些心理安慰而已，并无太多实际价值。除此外，"超勇级"再无附加装甲，属于无防护巡洋舰，这样设计的主要目的是出于减轻军舰的吨位、提高航速，以及降低成本等需要。为增加军舰的生存力，伦道尔在军舰舷侧和机舱上方设置了多个煤舱，希望依靠煤堆来提供一些防护。

因为自身防护能力薄弱，而作战的主要手段又是极为冒险的撞击战术，超勇级军舰外形设计上别具特色。除双桅、单烟囱外，水线以上的舰体非常简洁、低矮。这样一来，既使对方难以瞄准，逃避敌方火力的打击，同时又能尽量隐蔽自己，不被敌方发现，以发挥撞击战术突然性的特点，其外形和设计思路非常类似今天的隐形军舰。

但这种设计却也造成了适航性差的恶果，该级军舰干舷极低，即使在风平浪静的情况下高速航行，首尾主甲板也可能被海水淹没，恶劣海况下的情况可想而知。为此，"超勇级"首尾的主甲板不作为水兵工作的主区域，通常布置在主甲板的吊锚杆也被安排到了前后主炮塔顶上，这样起锚作业时，水兵的工作环境相对安全。不过，由于吊锚杆位置过高，尽管按照赫德的要求安装了蒸汽起锚机，仍不可避免会影响起锚作业的时间。

"超勇级"军舰指挥系统的布置较有特色，在主炮塔后部、烟囱后部两处各设有一座装甲司令塔，但装甲厚度仅有 0.625 英寸（约合 15.875 毫米）。烟囱后部的装甲司令塔顶部设有露天飞桥，两翼安装航行灯。此外，在后主炮附近还有一个备用的露天指挥台，安装有 1 具标准罗经。

沿袭"蚊炮船"小船架大炮的设计思路，伦道尔给小小的"超勇级"军舰安排了 2 门大口径后膛火炮。这种由阿姆斯特朗公司生产的火炮口径 10 英寸（约合 254 毫米），炮弹重 400 磅，每门炮备弹 100 发，有效射程 8000 米，在极限射击仰角 15 度时，射程可达 1.2 万米。这型火炮的威力相当惊人，被认为是 1881 年代威力最大的火炮，3000 米距离上使用实心弹可以射穿 14 英寸（约合 356 毫米）厚的钢板，这可能是伦道尔向金登干许诺这种军舰可以战胜铁甲舰的信心所在。

由于这型火炮属于从地井炮发展而来的原始速射炮，因此射速较传统的架退式后膛炮为快，为 2.5 分钟 1 发。因为该型巡洋舰的吨位较小，没有采用笨重的船面旋台式炮塔，而是将 2 门火炮分装在军舰首尾的露炮塔里，火炮采用水压动力转动，每门炮配备 10 名炮手。为给炮手提供一个相对较好的工作环境，避免风浪的干扰，保持舰体外观连贯，避免突兀以增加隐蔽性，在露炮塔外安装了一个固定不能转动的炮廓，分别在火炮的正前方和两侧开有较大的炮门，主炮在正前方可以获得 44 度的射角，在左右两侧分别获得 70 度的射角。

由于"超勇级"军舰的干舷很低，高速航行时甲板容易上浪，为避免海水灌入炮台内，炮门上均装有挡板，平时关闭，作战时向上掀放到炮台顶上。

在主炮之外，超勇级军舰还装备了大量中小口径火炮，用来填补舰上的火力空白。其中，4 门阿姆斯特朗公司生产的 120 毫米火炮，被安装在上层建筑内的 4 个拐角上，通过舱壁上的炮门向外射击，射界 60 度。这种火炮同样属于由地井炮发展而来的原始速射炮，每门炮备弹 200 发，弹重 40 磅，有效射程 3000 米。和主炮一样，为防止海水灌入，120 毫米炮的炮门上也使用了挡板，作战时才向上打开。

"超勇级"后主炮附近安装了 2 门诺典费尔德式 4 管机关炮，中国史料称为"四门神机连珠炮"。这种由阿姆斯特朗公司生产的火炮，是当时世界与哈奇开斯、加特林齐名的优秀机关炮，原理是将多根枪管平行排列，通过转动把手，使各个枪管后的枪机依序击发，从而实现高速射击。火炮口径 25 毫米，射速每分钟 350 发，射程 2000 米，274 米距离上可击穿 24 毫米厚钢板。此外，舰上的小口径炮还有 4 门 10 管加特林机关炮，中国史料称"格林炮"。

作为撞击巡洋舰，"超勇级"必不可少的武器是撞角，据西文档案记载，撞角位于舰首水线下 11 英尺（约合 3.355 米）处。但在今天掌握的最早的一套"超勇级"军舰图纸上，却找不到一点有撞角的迹象。据推测是因为撞角的设置增大了舰首的兴波阻力，航速受到影响，所以被迫在舰首处加了一个修形舰艏，保持军舰在平时航行时的流线完好，在作战时再拆卸这个修形舰艏，露出锋利的撞角。

使用

由于专门的撞击巡洋舰主要用户就是中日两国，因此，实战中的使用经验也主要来自这两国。

1881 年 11 月 18 日，"超勇""扬威"二舰在中国舰员的操纵下，抵达天津大沽口，成为北洋水师的第一批主力舰。此后数年间，作为北洋水师最有战斗力的战舰，两舰一直奔忙于中国周边海域，朝鲜1882年"壬午兵变"和1884年"甲申政变"期间，两舰均作为中国海军的主力，为清军在朝鲜平定事态的行动提供了有力的支持。

中日甲午战争爆发时，已经服役十余年的两艘撞击巡洋舰因为高强度使用，以及保养维护条件不佳，舰体已经严重老化，甚至到了"一放炮，帮上直掉铁锈"的境地。此外，由于这十几年时间里，海军技术发展迅猛，"超勇级"两舰已经很难与后来建造的巡洋舰匹敌，更无法适应新的战场环境。但由于1890年以后，限于经费紧张，北洋海军未能再购一舰一炮，元老舰"超勇""扬威"也只得老当益壮，奔赴战场。

1894年9月16日凌晨，丁汝昌奉命率北洋海军主力护送陆军往大东沟登陆，"超勇""扬威"随队同行。17日中午10时30分，"镇远"舰前桅哨兵发现日本舰队，战斗警报响彻北洋各舰，海军提督丁汝昌下令起锚迎战。面对迎面而来的日本联合舰队，北洋水师采取了和利萨海战中奥地利海军类似的队形，以同型舰两两结队，整个舰队排成横队，以舰艏对敌，充分发挥舰艏的火力优势，同时准备混战和撞击作战。

"超勇""扬威"两舰被配置于阵形的右翼翼端，丁汝昌这一安排，可能是考虑以此保护这两艘无防护的老式巡洋舰。因为成纵队而来的日本舰队，如果要攻击处于右翼的"超勇""扬威"二舰，势必要从北洋舰队阵前航过，将侧面完全暴露在中国军舰舰首方向猛烈的火力下，正常思考的人是不会冒这个风险的。

但日军就是冒了这个险，由"吉野""高千穗""秋津洲""浪速"四艘较新较快的巡洋舰组成的日方第一游击队在北洋水师队形前面悍然左转，直扑战斗力最弱的北洋右翼"超勇""扬威"二舰。尽管北洋各舰抓住机会猛烈开火，但由于速射炮不足，火炮射速太慢，未能对日军造成关键打击，让日本第一游击队得以顺利通过最危险的北洋舰队正面，形成了对"超勇""扬威"二舰的集中攻击。

双方一交火，撞击巡洋舰的缺点就暴露无遗。"超勇"二舰的主炮射速很低，并且只能通过炮廓上几个固定的开口射击，无论射界还是射速都很不理想，面对装备了大量速射炮的日本巡洋舰，二舰几乎没有还手之力。更要命的是，由于基本没有装甲防护，虽然日军速射炮的口径并不算大，但却都能击穿"超勇"二舰的舰体，给中国军舰造成严重的损害。

在日舰速射炮的集中攻击下，"超勇"二舰很快燃起大火。14时23分，"超勇"号沉没；"扬威"号虽然没有马上沉没，但也伤痕累累、大火冲天，不得不冲向浅水区，试图搁浅。不幸的是，在行驶途中，"扬威"号被仓皇逃命的"济远"号撞沉。诞生时引起全世界关注的撞击巡洋舰至此彻底退场。

消逝

中日甲午黄海海战是铁甲舰时代最值得关注的一场海战，也是蒸汽铁甲舰时代最大规模的正面对抗。这场海战给全世界的海军留下了深刻的印象，也留下了值得总结的诸多经验教训。

此战中，不但撞击巡洋舰表现出了对战场的不适应，连撞击战术都完全没有用武之地。战斗中，受重创的北洋水师"致远"号巡洋舰曾经试图撞击日军"吉野"号巡洋舰，但最终并未成功。而"超勇"二舰甚至连发起撞击的机会都没有。

之所以会出现这种情况，首先是因为火炮的射速和威力都已经大幅提升，足以对巡洋舰一类的战舰造成致命伤害。再加上鱼雷的出现，更为战舰增添了一种威力巨大的"绝杀"武器，已经完全不必再用撞击作为终级攻击手段。

利萨海战中收到奇效的舰艏向敌的横排队形在此战中表现也不理想，由于火炮射速低，舰艏方向火炮数量又有限，北洋水师各舰在日本舰队阵前转弯的绝佳机会面前，却没有能打出足够数量的火力输出，也没能给日舰造成值得一提的损失。

黄海海战的实战表明，以铁甲舰为代表的主力舰在海军中的地位仍然不可动摇。能对主力舰造成威胁的，仍然只能是配备了大口径重炮的主力舰。撞击巡洋舰之类试图"不走寻常路"的解决方案，最终被证明只是一条歧途。

也正是吸取了中日甲午战争的经验教训，各国纷纷重新反思此前若干年的技战术发展路线。英国人很快确定了前无畏舰在舰队中的核心地位，而利萨海战后流行的横队战术很快被人们所抛弃，风帆战列舰时代的战列线战术重新回到人们的视野中。至于撞击战术和撞击巡洋舰，自然也被迅速抛弃，很多军舰上的撞角也被拆掉，以改善航海性能。

余音

尽管专门的撞击军舰消失在了历史的长河中，但撞击战术作为一种非常状态下的选择，却并没有被彻底遗忘。事实上，作为没有选择时候的选择，或者孤注一掷的手段，一直到近代，仍然时不时能看到撞击战术的实例。

日德兰海战中，德国的"拿骚"号战列舰就曾经在距离太近、无法开炮的情况下，试图撞击英国海军的"喷火"号驱逐舰。这次撞击并没有能够击沉英国驱逐舰，凭借较好的机动性，"喷火"号避开了"拿骚"号的直接撞击，虽然在擦碰中受损严重，但还是得以逃脱。这是有记载的最后一次大型战舰之间有意为之的冲撞作战。

> 当年撞击美舰的苏联导弹护卫舰

1940 年，英国海军的"萤火虫"号在遭遇入侵挪威的德国海军"希佩尔海军上将"号重巡洋舰时与之相撞，"萤火虫"号的舰艏被折断，最终沉没，成为最后一艘在战争中被撞沉的大型水面舰艇，不过根据当事人的证言，这次碰撞并非故意，也就很难被认作是撞击战术的应用了。二战中，还有不少水面舰艇撞击敌方潜艇，以及小型快艇之间互相撞击的战例，成为撞击战在海战中最后的绝唱。

和平年代，撞击有时候也能发挥意想不到的作用。1988 年 2 月 12 日，美国海军"提康德罗加级"导弹巡洋舰"约克城"号和"斯普鲁恩斯级"驱逐舰"卡伦"号抵近苏联在黑海的领海。苏军侦测到后立即派出"忘我"号护卫舰 SKR-6 号巡逻舰进行驱离。在美军军舰不予理睬的情况下，"忘我"号护卫舰向比自己排水量大两倍的"约克城"号巡洋舰发出了那句著名的"我舰奉命撞击你舰"的警告，并坚决执行了撞击命令；与此同时，SKR-6 号则撞向了"卡伦"号。虽然双方军舰都没有沉没或受重伤，但苏联舰艇大无畏的态度却吓坏了美国人，迫使美舰在无限惊恐中撤出了苏联领海，效果良好。

重巡洋舰
条约下的"怪胎"

在海军发展的历史上，一个舰种的出现一般都是为了应对特定的需求，或者适应新技术、新战术的发展。但 20 世纪 30 年代，却出现了一个意外。1930 年出现的重巡洋舰，既不是为了适应技术发展的需求，也不是为了满足什么需要，纯粹就是因为这一年签订的《伦敦海军条约》而生造出来的舰种。

缘起

巡洋舰是海军中历史比较悠久的舰种之一。十七世

> 风帆时代的巡洋舰

纪时，装备火炮的风帆战舰成为各国海军的主力装备。为了区分不同级别的战舰，各国按照火炮的数量对战舰进行了分级。其中，拥有最强大海军的英国的分级方式比较典型。

英国海军把能够参与舰队作战的战舰分成了六级，其中拥有双层以上火炮甲板、装备64门以上火炮的一、二、三级战舰是主力舰，被称为"战列舰"；而只有单层火炮甲板、装备24到40门火炮的五级和六级战舰就被称为"巡航舰"，即后来出现的巡洋舰。至于装备火炮数量不到24门的，则被作为辅助船，不列入作战舰艇的统计。

由于巡洋舰比战列舰更轻便、航速更快，因此适用于袭击商船，或者在主力舰队外围担负侦察搜索和警戒掩护任务。考虑到巡洋舰造价更低，使用更灵活，对港口的要求也更低，比较适合长期在海外活动，荷兰海军从17世纪开始增加巡洋舰的数量和配置，以保护自己的海外利益和商船队。英国海军以及晚些时候的法国和西班牙海军也很快赶上这个潮流。为了保护国会中的商业利益，英国颁布法令——开始将海军的注意力放在用巡洋舰进行商业保护和搜捕海盗或者对手的袭击舰上。

> 德国海军"沙恩霍斯特"号装甲巡洋舰，准主力舰范儿十足

大浪淘沙：传奇武器的消逝

> 世界最老现役军舰，美国的"宪法"号其实就是一艘风帆巡洋舰

到了蒸汽机时代，虽然分级标准不再是火炮数量，而与火炮口径、舰艇吨位、装甲防护水平有关，但巡洋舰的定位并没有发生太多变化，仍然在海军中承担着巡逻、警戒、搜索、护航、驱赶小型船只等任务。

经过19世纪60年代到80年代的海军技战术的大发展与大混乱，巡洋舰的发展也出现了两条路线：一条是重型化的路线，即装上厚重的装甲防护和较大口径的火炮，配合战列舰作战，或者驱赶和消灭对手的巡洋舰。这种巡洋舰被称为"装甲巡洋舰"，虽然它们的装甲不如战列舰厚实，火炮的口径和威力也逊于战列舰，但也能对战列舰构成一定的威胁。因此，有些二等海军国家往往会在舰队实力不足的时候，把装甲巡洋舰也编入战列舰队，弥补数量差距，日俄战争中的日本海军就这么干过。装甲巡洋舰发展到极致，就是第一次世界大战前出现的战列巡洋舰。

重巡洋舰 | 条约下的"怪胎"

> 美国海军"布鲁克林级"装甲巡洋舰

另一条发展路线则是轻型化的路线。这种巡洋舰一般只在关键部位设置一些装甲防护，大部分舰体都没有装甲，在火力上也只配置中小口径火炮，一般在 150 毫米以下。这种巡洋舰被称为"轻巡洋舰"。从功能上来说，轻巡洋舰才是风帆时代巡航舰的直接继承者，在舰队中承担了多样化的辅助角色。

第一次世界大战结束以后，被战争搞得筋疲力尽的列强们开始讨论限制军备的问题。海军方面的讨论结果，就是美、英、日、法、意五个海军强国于 1922 年在美国首都华盛顿签订的《限制海军军备条约》，又称《华盛顿海军条约》。

> 签订《华盛顿海军协定》的现场

147

这个条约中，虽然没有对巡洋舰做出明确的限定，但却规定"签约各国在此条约生效之后建造的战斗舰艇，除主力舰外不得装备口径超过8英寸（203毫米）的舰炮"，以及"各签约国不得建造、获取、或为本条约其它签约国建造超过10000吨（10160公吨）的作战舰艇，主力舰和航空母舰除外"。这两条规定限定了包括巡洋舰在内的作战舰艇最大吨位不能超过10160吨，主炮口径最多不能超过203毫米，这也基本上就是巡洋舰的上限。

条约签订以后，人们很快发现，这里面的条文并不完善，还有很多漏洞。于是，1930年，5个签约国再次聚到一起，在伦敦开会讨论如何细化各项规定，以及加强监管。讨论的结果，就是1930年4月22日签订的《限制和削减海军军备条约》，又称《伦敦海军条约》。由于对条约内容不满，意大利和法国并未在条约上签字。

由于此前《华盛顿海军条约》中对各国巡洋舰的数量、吨位、定义都没有做出规定，留下了很大的漏洞。因此，《伦敦海军条约》中最重要的变化就是对巡洋舰做出了详细而明确的规定。除了重申巡洋舰单舰吨位上限不能超过10160吨以外，条约中还规定，巡洋舰是"除了主力舰和航空母舰之外的水面作战舰船，排水量超过1850吨（1880公吨），或者主炮口径超过5.1英寸（130毫米）"。

条约中还规定，"巡洋舰分类又分为以下两级：（a）主炮口径超过6.1英寸（155毫米）的巡洋舰；（b）主炮口径不超过6.1英寸（155毫米）的巡洋舰"。这其中的a类巡洋舰，由于火炮较重，后来就被称为重巡洋舰，一个新的舰种就此从条约中产生。而b类巡洋舰则被称为轻巡洋舰。这两种符合条约规定的巡洋舰，都被称为"条约型巡洋舰"。《伦敦海军条约》中，还对签约各国的两类巡洋舰的数量都做出了规定，比《华盛顿海军条约》可是严密了太多。

发展

无论《华盛顿海军条约》还是《伦敦海军条约》，其实缔约国对于其内容都各有不满意的地方。比如日本就对其中各国主力舰的比例极为不满，认为自己在这个限额上吃了亏。签订《华盛顿海军条约》的日本海军大臣加藤友三郎回国后甚至还引咎辞职。而后来的《伦敦海军条约》，意大利和法国甚至压根就没签字。

正因为对条约内容有种种不满，所以各国从签订条约的时候，就开始琢磨怎么在条约限定的范围内尽可能地钻空子、抠字眼。比如，日本就钻了《华盛顿海军条约》中规定航空母舰的排水量在10160吨以上的空子，建造了标准排水量只有9800吨的"龙骧"号轻型航母，试图避开条约对航空母舰吨位的限制。某种意义上说，《伦敦海军条约》正是对各种钻空子行为的补救，是给《华盛顿海军条约》打的补丁。但即使这样也挡不住日本的钻空子行为，最典型的行为是"最上级"巡洋舰。这种巡洋舰在建造时安装了5座三联装155毫米主炮，看起来是一种轻巡洋舰，但实际上该级舰从设计上就准备好随时可以把三联装155毫米主炮换成双联装203毫米炮，这样一来，轻巡洋舰就能摇身一变成为重巡洋舰。事实上，《伦敦海军条约》失效以后，日本人正是这么干的。

《伦敦海军条约》给出了重巡洋舰的定义，但却并没有更详细的规定，因此，各国依据各自的海军战略和国防态势的不同，也对重巡洋舰的定位和作用有了各自的思路，并拿出了不同的设计方案。值得一提的是，虽然意大利和法国没有签署这个条约，但两国设计建造的巡洋舰却也大体遵循了该条约的相关规定。

> 日本海军"最上级"重巡洋舰，最开始打着轻巡洋舰的旗号建造，后来一换炮就成了重巡洋舰

日本海军一贯重视攻击性，他们设计的重巡洋舰也一直是强调火力第一。火炮口径受到限制的情况下，数量一向比其他国家的重巡洋舰更多。更重要的是，日本重巡洋舰还格外注意强化鱼雷攻击能力。由于二战前日本开发出了威力巨大的610毫米九三式氧气鱼雷，并将其作为决战决胜的秘密武器，装备到除了战列舰和航空母舰以外的各种作战舰艇上。因此，日本的重巡洋舰也普遍装了8到12具发射这种鱼雷的发射管，进一步增强其火力。

在"火力第一"之外，日本重巡洋舰也很重视航速。《伦敦海军条约》后设计建造的重巡洋舰航速都在35节以上，这也是为了配合日军当时强调鱼雷攻击的战术而定的，航速更快、操控更灵活的话，战舰就更容易占据有利的鱼雷发射阵位。

不过，在吨位受限的情况下，自然不可能所有性能都优秀。突出了火力，又强调了航速，日本重巡洋舰就只能在防护能力上做出牺牲。大部分日本重巡洋舰的装甲都只能抵抗轻巡洋舰级别的155毫米炮弹攻击，因此经常被戏称为"薄皮大馅"的饺子。后来的高雄级防护倒是加强了，但结果是超重，全靠各种弄虚作假糊弄检查的外国海军人员，才勉强蒙混过关。

而美国的重巡洋舰设计思路则完全不同，他们更重视性能的均衡，而且不强调鱼雷攻击能力。因此，美国的"条约型重巡洋舰"基本都不装鱼雷，航速也没有日本重巡洋舰那么极端，大都在30节～33节之间。但美国巡洋舰的防御力和损管能力则要大大优于日本重巡洋舰，后续升级的空间也更大。

另外值得一提的是，日美两国轻巡洋舰的区别比重巡洋舰更大，日本的轻巡洋舰一般吨位较小，以鱼雷为主要装备，作为驱逐舰队的领舰，带领驱逐舰一起实施鱼雷攻击；而美国的轻巡洋舰吨位往往和重巡洋舰不相上下，除了火炮口径不一样以外，美国轻巡洋舰和重巡洋舰的区别并不大。

相比之下，由于在第一次世界大战中元气大伤，英国已经没有足够的实力建设超强的海军。在保证主力舰队的实力之余，对于重巡洋舰就只能采取比较保守的态度。因此，英国的"条约型重巡洋舰"无论火力还是机动性都不突出，唯一值得一提的大概只有续航力和舒适度，毕竟英国有遍布世界的殖民地，需要巡洋舰来巡视。

重巡洋舰 | 条约下的"怪胎"

> 美国海军"威奇塔"号重巡洋舰

> 美国海军"印第安纳波利斯"号重巡洋舰，曾经运送过原子弹，后被击沉

大浪淘沙：传奇武器的消逝

不过，意大利人的重巡洋舰倒是让人惊艳。由于没有签署《伦敦海军条约》，意大利人虽然大体上也遵循条约规定，但却并没有严格遵守。他们建造的"扎拉级"重巡洋舰拥有同时代最强的防护和够用的火力，除了航速稍低以外，堪称二战前最完美的重巡洋舰。

> 意大利海军"博尔扎诺级"重巡洋舰

> 意大利海军"扎拉级"重巡洋舰

虽然有着种种钻空子的办法，但条约的限制毕竟让人不爽。因此，到了1936年，《华盛顿海军条约》和《伦敦海军条约》到期的时候，随着战争的阴云在全世界都越来越浓密，除了国力不济的英国之外，各国都不愿再受条约的限制。于是，英国人期望签署的第二次《伦敦海军条约》无人响应，世界最终进入了无条约时代。

虽然没有条约限制了，但十几年的惯性也没那么容易消除。1936年之后，各国设计和建造的巡洋舰仍然延续了重巡洋舰和轻巡洋舰的分类。这大概是因为203毫米和152毫米这两个口径的火炮比较适合这两种巡洋舰的定位，在性能、重量和数量上能达到比较好的平衡。

但没有了吨位的限制，各国的重巡洋舰就可以加装各种设备和装甲提升性能。其中最优秀的代表当属美国在二战后期建造的末代重巡洋舰"得梅因级"，该级巡洋舰最为人称道的就是射速高达每分钟10发的203毫米主炮，其单位时间弹药投送量为13.5吨/分钟，堪称当时的世界第一，以至于其主炮被人称之为"8英寸机关枪"。

技术特点

如前面所说，由于各国重巡洋舰的设计指导思想不同，技术特点也完全不一样。对日本来说，重巡洋舰以其航速快、巡航半径大、准主力舰的资格，可遂行各种战斗任务。既能充当舰艇编队旗舰，又能在海战中支援、掩护主力舰，摧毁敌舰，还能保护己方海上运输线，破坏敌海上交通线。

1923年开工的"妙高级"重巡洋舰是日本重巡洋舰的设计样本。其特点就是重火力、高航速、弱防御。该级舰为了追求高航速舰体采用了较大长宽比，舰艏是日本海军特有的双曲线型，舰艏有明显的舷弧，两舷侧明显外张，以提高耐波性能。

该舰装备5座双联装203毫米主炮，舰艏3座炮塔呈金字塔形布置，中间的二号炮塔安装在高出其前后炮塔的位置上；舰尾的2座炮塔则呈背负式布置，这种炮塔布置方式也是此后日本重巡洋舰的标准布置方式。10门203毫米主炮的数量也让日本重巡洋舰拥有最强的主炮火力。

> 日本海军"妙高级"重巡洋舰

作为秘密武器的九三式鱼雷在"妙高级"上有6座双联发射管,条约过期后,日本人把鱼雷发射管改为4座四联装,进一步加强其鱼雷攻击能力。"妙高级"上的这种鱼雷攻击能力甚至远超绝大部分轻巡洋舰和驱逐舰,也成为日本重巡洋舰的一大特点。

为了拥有35节以上的高航速,"妙高级"配备了12座锅炉和4座蒸汽轮机,总功率达13万马力。但这样一来,动力设备和武器系统就占用了大量的空间和重量,该级舰的防护只能因此牺牲,其主装甲厚度只有102毫米,仅仅能抵抗152毫米炮弹,碰到同级别重巡洋舰的203毫米主炮,基本没有太大抵抗能力。

此后建造的"高雄级"和钻空子的"最上级"和"妙高级"也大同小异,但由于国力所限,等到太平洋战争开始以后,日本已经无力再设计和建造新的重巡洋舰了。所以,可以说,日本的重巡洋舰发展就停步于偷袭珍珠港之前。

而美国重巡洋舰的技术特点则是一个变化的过程。早期建造的重巡洋舰如"彭萨科拉级"和"北安普顿级",由于经验不足,没有在有限吨位内平衡好各项性能,造成其防护能力格外薄弱。比如,"彭萨科拉级"的主装甲带厚度只有76毫米,比日本重巡洋舰还薄,连轻巡洋舰的152/155毫米炮都挡不住,只能抵挡驱逐舰的127毫米炮的攻击。虽然该级舰也有10门203毫米主炮，但却没有鱼雷，航速更只有 32.5 节，总体性能不如日本同期的"妙高级"。

但吸取了"彭萨科拉级"的经验和教训之后，美国海军后续重巡洋舰的性能不断提升。到了比较成熟的"新奥尔良级"，在各方面性能上达到了比较好的平衡，此前为人诟病的防护能力也得到了提升，足以抵挡 203 毫米炮弹的攻击。

等到了条约过期以后，美国摆脱了吨位的限制，开始设计更大、更强的重巡洋舰。二战开始以后才设计和建造的"巴尔的摩级"和"得梅因级"也因此成为空前强大的战舰，这两种重巡洋舰的标准排水量分别是 1.45 万吨和 1.75 万吨，甚至接近了某些老式战列舰的标准。如前面提到的，"得梅因级"的最大亮点是它的主炮，但两型舰的其他性能也有大幅提升，主装甲带的厚度高达 152 毫米，其他部位的装甲也大大增强。

> 终极重巡洋舰——美国的"得梅因级"

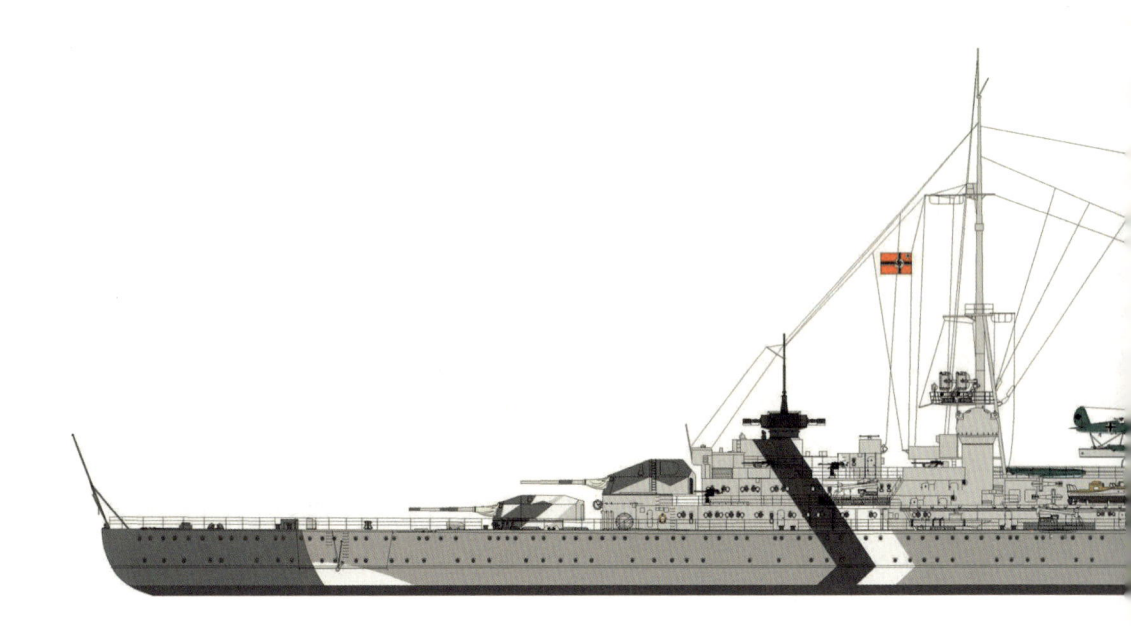

应该说，日本和美国的重巡洋舰是条约时期最典型的两个类别。和这两个国家相比，英国重巡洋舰就平庸的多。他们的"肯特级"和"伦敦级"重巡洋舰装了 4 座双联装 203 毫米主炮，也有鱼雷，装甲防护则介于美国和日本重巡洋舰之间，航速则和美国巡洋舰相当。最大的亮点是续航力，两型重巡洋舰的最大续航力都超过 1.2 万海里，居住舒适性也更强。

而其他国家中，意大利和法国的重巡洋舰则摇摆于轻装甲高速重巡洋舰和重装甲低速重巡洋舰之间，最后算是每样都有几艘。而德国则不一样，由于德国开始重建海军后不久就到了 1936 年，已经无所谓条约的限制，所以德国重巡洋舰从一开始就没有吨位方面的担心，唯一的一型重巡洋舰"希佩尔上将级"排水量高达 1.4 万吨，也因此具备了比较均衡的性能，在二战德国海军的各种舰艇中，算是比较成功的设计。

使用

第二次世界大战的海上战场很大程度上是从空中主宰的，但重巡洋舰作为比较灵活的多面手，也有不少表现的机会。

> 德国海军"希佩尔海军上将级"重巡洋舰

1941年5月,英国海军拦截德国"俾斯麦"号战列舰的丹麦海峡海战,双方的重巡洋舰就发挥了重要的作用。当时,就是负责丹麦海峡巡逻的英国重巡洋舰"诺福克"号和"萨福克"号首先发现了试图从这里偷偷南下的德国战舰,并一直保持跟踪,为后续赶来的"威尔士亲王"号战列舰和"胡德"号战列巡洋舰提供了足够的目标指示。而到了交战时,伴随"俾斯麦"号的德国重巡洋舰"欧根亲王"号则表现出色,该舰由于外形布局和"俾斯麦"号类似,一开始的时候被英国舰队指挥官霍兰中将当成了"俾斯麦"号,替德国战列舰吸引了两轮火力。随后,"欧根亲王"号和"俾斯麦"号一起对英国战舰开火,先后多次命中"胡德"号和"威尔士亲王"号,虽然由于火炮威力有限,没能给"胡德"号致命一击,但也有效地协助了"俾斯麦"号。

但在面对战列舰时,重巡洋舰终究还是性能上略逊一筹。1941年3月,英国海军与意大利海军在地中海进行的马塔潘角海战就证明了这一点。此战中,意大利海军出动了1艘战列舰和6艘重巡洋舰为核心的编队,英国海军的力量则包括了1艘航空母舰、3艘战列舰和若干艘巡洋舰。在夜间的炮战中,射程更远、火炮威力更大的英国战列舰在雷达的帮助下占尽优势,一举击沉3艘意大利重巡洋舰,给意大利海军以沉重打击,让意大利海军甚至很长时间

> 德国海军"欧根亲王"号重巡洋舰,被称为"不死鸟"

内都不敢出击,影响到后来地中海战局。

以大规模舰队作战为主的太平洋上,重巡洋舰的表现更加活跃。比如,由于珍珠港事件中损失了绝大部分战列舰,美国太平洋舰队在很长时间里只能依靠航空母舰和重巡洋舰作战,其中重巡洋舰成为航空母舰最主要的护卫力量。

被誉为太平洋战场转折点的中途岛海战中,美国航母编队护航力量的核心就是7艘重巡洋舰,分别属于"彭萨科拉级""北安普顿级"和"新奥尔良级"。日本方面,重巡洋舰的作用就更重要。与美国海军由航母舰载机执行搜索任务不同,日本联合舰队中,执行搜索任务的一般是巡洋舰上搭载的水上飞机。中途岛海战中,执行搜索任务,但却发回迟到又不准确信息的,就是来自"利根"号重巡洋舰的一架水上飞机。某种程度上可以认为,正是"利根"号的水上飞机,影响了中途岛海战的走向。

如果说中途岛海战中,重巡洋舰还只是配角的话,几个月后开始的瓜达尔卡纳尔战役中,重巡洋舰则多次走到了舞台的正中央。由于瓜岛附近海域

重巡洋舰 | 条约下的"怪胎"

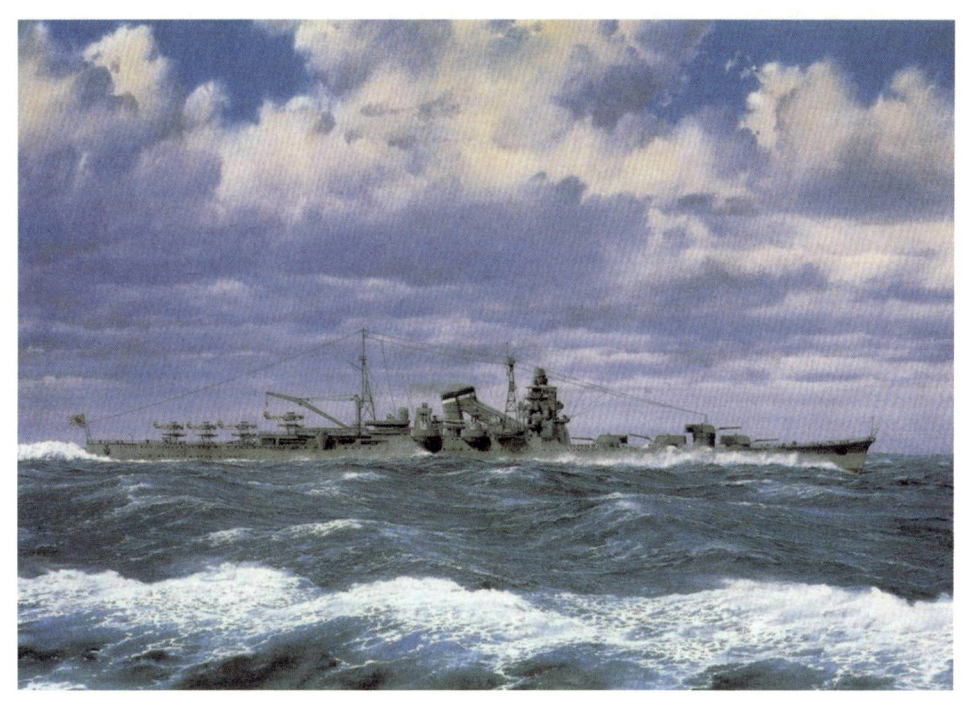

> 日本海军"利根级"重巡洋舰是个怪胎，属于载机重巡洋舰

面积有限，且周边岛屿众多，航空母舰自然不会到这里冒险，于是，瓜岛周边海域就成了双方水面战舰艇活跃的天堂，这其中，重巡洋舰就是最活跃的角色之一。

1942年8月8日的萨沃岛海战中，日军5艘重巡洋舰、2艘轻巡洋舰和1艘驱逐舰在三川军一中将的指挥下，对瓜岛登陆场附近的美军舰队发动夜袭。面对美军8艘巡洋舰和10余艘驱逐舰的优势兵力，日军充分发挥了兵员素质上的优势，避开警戒，突袭成功。凭借威力巨大的九三式鱼雷和精准的舰炮射击，一举击沉美方4艘重巡洋舰，而日方只有1艘重巡洋舰在撤离时被美军潜艇击沉，可谓大获全胜。

2个月后的埃斯帕恩斯角海战中，美军重巡洋舰则还以颜色。10月11日晚，美军第64特混编队与日军第6巡洋舰战队遭遇，美军包括3艘重巡洋舰、1艘轻巡洋舰和5艘驱逐舰，日军则有3艘重巡洋舰和2艘驱逐舰。此战中，美军发挥了自己雷达的优势，精确地攻击了日本舰队，击沉日本重巡洋舰和驱逐舰各1艘，自己则只损失了1艘驱逐舰。

在持续半年的瓜岛战役中，美日双方的重巡洋舰极其活跃，也损失惨重。但对于美国人来说，有强大的生产能力作为后盾，损失再多也能补充回来，甚至还能装备更多。而对于日本人来说，孱弱的国力和生产能力使得重巡洋舰这样的大舰几乎无从补充，损失一艘就少一艘。此消彼长之下，到了战争后期，已经很难看到重巡洋舰之间的对决了。在战争末期的登陆战中，重巡洋舰主要执行的是沿岸炮轰及为航母护航等任务。

消逝

第二次世界大战结束之后，除了美国以外，各国都深受战争创伤，国力大减。那些传统的海军强国大都无力维持规模庞大的海军，纷纷裁军。作为二等主力舰的重巡洋舰自然也在裁撤之列。因此，二战之后，除了美国还保留了大量二战末期建造的"巴尔的摩级"和"得梅因级"重巡洋舰之外，其他各国已经鲜见这个级别的战舰了。

不过，到了二十世纪六十年代，随着导弹武器的发展成熟，火炮的地位作用逐渐下降。连装备更大口径巨炮的战列舰都难以避免被淘汰的命运，更不用说小一号的重巡洋舰了。在导弹时代即将到来的时候，重巡洋舰的用途看起来只剩下了对岸轰击。而等到美越战争这种需要对岸轰击的战争结束后，重巡洋舰们终于迎来了谢幕。

1970年代，最后的重巡洋舰"得梅因级"陆续退役，标志着一个时代的结束。

余音

在重巡洋舰纷纷退役的时候，也不是没有例外的幸运儿。比如，"巴尔的摩级"重巡洋舰的"堪培拉"号和"波士顿"号就在1956年被改装成了导弹巡洋舰，"俄勒冈城级"重巡洋舰"奥尔巴尼"号、"哥伦布"号和"芝加哥"号也在50年代被改造成了导弹巡洋舰。

改造以后的这两种导弹巡洋舰拆掉了203毫米主炮，改装上"黄铜骑士"和"鞑靼人"型防空导弹，以及相应的雷达和指挥控制系统，成为最早的防

> 改装成导弹巡洋舰以后的美国重巡洋舰

空导弹巡洋舰,执行的任务倒是和以前一样——为航母舰队提供防空火力支援。除了防空导弹以外,奥尔巴尼级还另外装有发射"阿斯洛克"反潜导弹的八联装发射架,作战能力更胜一筹。

这些导弹巡洋舰中,只拆掉了尾主炮的"堪培拉"号和"波士顿"号在1970年就退役了,而"奥尔巴尼"号和"芝加哥"号则一直服役到1980年。3年后,"提康德罗加级"导弹巡洋舰服役,也算是延续了美国常规动力巡洋舰的血脉。

12 多炮塔坦克
不实用的"陆地战舰"

作为"陆战之王",我们现在所看到的坦克在外形上基本上大同小异。但是你可知道,在一段时间里,坦克却并不是现在这样,而是更加高大威猛——多个炮塔、机枪塔并存,林立的炮管和枪管,让坦克颇有点"陆地战舰"的味道。

缘起

也许很多人不知道,坦克最早不是陆军研究出来的,而是英国海军部的项目。

1914年,第一次世界大战经过最初几个月的机动作战,在马恩河战役之后,西线的战线逐渐稳定下来。协约国和同盟国双方都纷纷用堑壕、铁丝网、机枪加火炮构筑自己的防御阵地。经过几次尝试之后,双方都痛苦地发现,依靠现有的步兵武器和步兵战术,很难突破这样的严密防御阵地,大战就此陷入了"堑壕战"的泥潭。

为了解决这一问题,各国各界都开动脑筋。英国人E·D·斯文顿想到,拖拉机宽大的履带能够克服铁丝网和较窄的堑壕,如果给拖拉机再装上装甲和机枪,那么就既能抵御敌人机枪的攻击,又能克服各种障碍,集装甲、火力与机动性于一身，不就成了应对堑壕战的利器了吗？

斯文顿兴冲冲地拿着这个想法去找英国陆军部，然而陆军部对这个想法毫无兴趣。在他们看来，打仗就是靠火炮轰击和步兵冲锋来完成的，其他稀奇古怪的东西都是异端邪说。陆军部不感兴趣，但一贯喜好各种标新立异玩意儿的英国海军大臣丘吉尔（后来的英国首相）却看上了这个新东西。他下令组建"陆地战舰委员会"，亲自领导"陆地战舰"的研制工作。正因为如此，说坦克从诞生之初就有着海军的血统也是没错的。

既然目标是"陆地战舰"，就总要有点战舰的样子。众所周知，作为战舰的一大特色，多个炮塔显然是其战斗力发挥的重要因素之一。于是，在"陆地战舰"上装上多个炮塔自然也成为早期坦克设计师的梦想之一。

事实上，最早的坦克确实也能算是"多炮塔坦克"。比如英国最早投入使用的MK-I型坦克，就在巨大的菱形车体左右各设置了一门57毫米火炮。当然，安装这门炮的"炮塔"和我们习惯看到的炮塔确实不太一样，它既不是独立空间、也不能转动，只有炮本身能在射击孔范围内小幅度转动。如果套用军舰上的术语，这两门炮更准确地描述应该叫"炮廓炮"。

当然，作为一种全新的武器，一开始大家都是在摸索各种可能，有种种奇怪的设计也不稀奇。而由于技术上的限制，早期的坦克其实就是英国MK-I型坦克的各种变形，火炮、机枪等武器也大都直接安装在车体上。直到法国的FT-17轻型坦克问世，才有了后来坦克炮塔的雏形和基本形态，从这个时候开始，装在坦克上的才算是真正的炮塔，人们也开始正儿八经地考虑如何在坦克上装上很多个炮塔。

当然，由于技术水平的限制，第一次世界大战期间的坦克还无法承担这样的梦想。要知道，那个时候的炮塔既没有助力传动，也没有独立吊篮，转动全靠人手动。所以FT-17的炮塔才那么小，因为大了实在转不动啊。再加上那个时候坦克的动力也很有限，想往坦克里面塞太多的东西也不可能，有一个能360度转动的炮塔就已经是很了不得的突破了。

一战结束之后，许多技术人员仍然对"陆地战舰"的概念念念不忘。正好，两次世界大战期间，工业技术迎来了一波高速大发展，包括飞机、战舰在内，诸多新型装备都在这一阶段迎来了突破，坦克也不例外。

> 多炮塔坦克的"开山祖师",英国 A1E1 重型坦克

1925 年,坦克的发源地英国终于推出了第一种多炮塔坦克 A1E1,这种坦克拥有 1 个装 47 毫米主炮的炮塔和 4 个装 7.7 毫米机枪的机枪塔。这型维克斯公司的产品重 31.5 吨,在 1920 年代堪称重型坦克。虽然 A1E1 坦克因为价格的问题没有被英国陆军接收,但却拉开了此后各国纷纷发展多炮塔坦克的探索序幕。

结构特点

不得不承认,英国人在创新武器装备方面还是颇有天赋的。除了发明坦克,他们推出的 A1E1 坦克也在某种程度上确定了多炮塔坦克的基本模式,即一个主炮塔,配备主要武器;再加多个副炮塔,装备机枪、小口径火炮等辅助武器。后来大名鼎鼎的苏联多炮塔坦克 T-35、T-28 都是如此,其中 T-35 坦克在主炮塔上装了一门 76.2 毫米火炮,4 个副炮塔分别装 2 门 45 毫米加农炮和机枪;

而 T-28 则在主炮塔上装一门 45 毫米加农炮，2 个副炮塔都装 7.62 毫米机枪。从这个意义上看，多炮塔坦克与战舰还颇有点相似之处，都是主炮塔与副炮塔的组合。

当然也有另类的，有的多炮塔坦克没有主副炮塔之分，都装一样的武器。比如二战前热卖全球的英国维克斯 6 吨坦克，就有一个版本是装了 2 个炮塔，每个炮塔装 1 挺 7.7 毫米机枪。苏联的复刻版 6 吨坦克 T-26 也是如此，同样有配备 2 个炮塔，都装 7.62 毫米机枪的版本。

> 双炮塔版的 T-26 轻型坦克

但和战舰不同的是，由于坦克的体积和空间都有限，这些炮塔自然不可能布置得和军舰上那么宽裕。人们为了在坦克上塞下多个炮塔，同时还要保证其射击不受影响，也是费尽了脑筋。最终落实的方案有两种，最常用的是多层布置方式，也就是说不同的炮塔分成若干层（一般是两层），射击起来互不干扰。一般主炮塔在中间上层、小一点的副炮塔在周边下层，A1E1、T-35、T-28 都是这么布置。比较少见的布置方式是水平并列，比如维克斯 6 吨坦克双炮塔版和 T-26 轻型坦克双炮塔版，两个炮塔紧挨在一起布置在车体中部，转的时候得一起转，这样倒也互不影响射击。

165

还有更罕见的版本，一些重型的多炮塔坦克，仗着自己车体够大够长，在车头和车尾各设计一个炮塔，其中车首的是主炮塔，车尾是小一点的副炮塔。比如二战前法国 ARL 公司设计的"ARL 拖拉机 C"方案，就在车体前后各有一个炮塔。

比较小的坦克还有另外一种布置方式，那就是苏联的 T-24 中型坦克。这种坦克采取的是"叠罗汉"的布置方式：主炮塔装 1 门 45 毫米坦克炮和 2 挺 7.62 毫米机枪，主炮塔的"头顶上"还顶着一个装 1 挺 7.62 毫米机枪的小炮塔，最神奇的是，这个小炮塔还能独立于主炮塔旋转！

> 奇特的苏联 T-24 坦克

另外一个比较"另类"的坦克是美国的 M3 中型坦克，这种坦克在车体上有一门类似于早期坦克"炮廓炮"的 75 毫米榴弹炮，车体顶部还有一个装了 37 毫米加农炮的旋转炮塔。M3 中型坦克到底算不算多炮塔坦克恐怕还有争议，但这种"个性"的布置也算是独一无二了。

多炮塔坦克的炮塔数量也各不相同，从最少的 2 个到最多的 5 个，不一而足。其中 2 个～3 个炮塔的最多，甚至有一些后来大名鼎鼎的单炮塔坦克，在早期都有多炮塔版本。比如二战中大名鼎鼎的英国"十字军"巡洋坦克，在最早的 MK-I 版本中，就有车体前部装两个小机枪塔的型号。最多的当然是 A1E1 和 T-35 的 5 个炮塔，而且看来看去也只有这两种坦克装 5 个炮塔。

多炮塔坦克 | 不实用的"陆地战舰"

> 美国的 M3 中型坦克

当然，这里说的是最终生产出来实车的，那些停留在设计图纸上或者木制模型阶段的不能算。因为这些"图纸坦克"很多压根就不可能造出来，反正就是怎么夸张怎么来，最典型的要数二战中德国计划的 P-1000"巨鼠"超重型坦克，这种坦克重达 1000 吨，装 2 门 280 毫米舰炮、1 门 128 毫米坦克炮、8 门 20 毫米机关炮和 2 挺 15 毫米机枪，算起来至少得有 7 个炮塔才够用，不过这东西也根本就造不出来。

除了炮塔更多以外，多炮塔坦克的其他特点与同时代别的坦克没有太大区别。但同样水平的动力、同样水平的底盘，要装更多的炮塔、更多的武器、更多的成员，带来的结果就是更重的负担。为了不至于让坦克跑都跑不动，多炮塔坦克一般只能在装甲上做出妥协。所以，别看那些多炮塔坦克一个个"人高马大"，但装甲却一般都不厚。

以大名鼎鼎的 T-35 重型多炮塔坦克为例，生产型的 T-35 全长 9.72 米，宽 3.2 米，高 3.43 米，可谓庞然大物。其总体布置方式为典型的发动机后置，包括 5 个炮塔的庞大战斗室位于车体中部，驾驶员则位于前部。这种坦克重

167

量高达50吨，但车体装甲最厚部分只有30毫米，炮塔装甲厚度也只有20毫米，全车装甲最薄的地方更是只有10毫米。别说反坦克炮，连反坦克枪都能打穿。

T-35坦克安装了一台500马力的航空水冷汽油机，相对于其重量而言不算突出，但也能让T-35跑到每小时30千米的最大公路速度，越野最大速度则为每小时19千米，对于那个年代的重型坦克而言，已经不算慢了。不过，正因为T-35坦克的重量给发动机带来的负担太大，T-35的最大行驶距离只有150千米。

作为其最大的亮点，T-35坦克的火力在当时堪称世界第一。苏联人在分两层设置的5个炮塔中一共安装了3门火炮、5挺机枪。其中主炮塔位于中央的最上层，装一门76.2毫米榴弹炮，身管长度为16.5倍口径，主要发射各种榴弹，用来攻击敌人暴露目标和工事，备弹96发。此外，主炮塔上还装有一挺7.62毫米DT型并列机枪。主炮塔旋转机构为电动，可以360度旋转，主炮的射角则为-7度~23度。

4个副炮塔比主炮塔要低一层，分布在主炮塔的四角。其中右前方和左后方的副炮塔中各安装一门20K型45毫米坦克炮和一挺7.62毫米DT型并列机枪，而左前方和右后方的副炮塔则各安装一挺7.62毫米DT型机枪。由于装45毫米火炮的炮塔与仅装有机枪的炮塔重量相差很大，这种布置方式能够让坦克的整体重量分布比较均衡。

20K型45毫米坦克炮是30年代苏军最主要的坦克与装甲车用火炮，没有之一。这种火炮被广泛使用在T-26、BT-5、BT-7、T-50、T-70、T-80轻型坦克和BA-3、BA-6、BA-10、BA-11装甲车上作为主炮，部分T-28中型坦克也使用这种火炮作为主炮。其改型甚至还被装到苏联海军的军舰上作为防空炮使用。20K型坦克炮在发射穿甲弹时，100米距离上最大穿深可达94毫米，在1000米距离上也仍然有40毫米的最大穿深。在二战初期，这个威力足以对付绝大多数坦克的正面装甲，即使到了战争中后期，也能击穿大部分坦克的侧面和后方装甲。T-35坦克中，两门45毫米炮的备弹一共226发。但由于布置方式的限制，4个副炮塔的旋转范围都有一定限制，基本只有165度~235度的方向射界。

由于炮塔众多，T-35坦克的乘员也很多。其中主炮塔内有3名乘员，分

> 英国的维克斯三炮塔坦克

别是车长、炮长和装填手；两个装有 45 毫米炮的副炮塔内各有 2 名乘员，分别是炮手和装填手；两个仅安装机枪的副炮塔内则各只有 1 名乘员。再加上车体前部的驾驶员和无线电员，T-35 全车共有 11 名乘员，乘员数量仅次于一战中德国 A7V 坦克的 18 人，比世界上第一种坦克——英国的 MK-I 坦克上的 8 名成员还多。

看完这种最典型的多炮塔重型坦克的特点，也许你就能理解，为什么大家最终都放弃了这种看起来威风凛凛的坦克了吧。

发展

从 A1E1 多炮塔坦克问世之后，各国坦克设计师们仿佛发现了新大陆，立即开始投身于这个领域，也随之诞生了一大批多炮塔坦克的设计。

首先开始"放飞自我"的还是维克斯公司。他们在 A1E1 的基础上，后来又按照英国陆军的不同要求，先后推出了 A6 和 MK Ⅲ 中型坦克，分别安装了 1 个主炮塔和 2 个机枪塔。这一构型甚至一直延续到 1936 年维克斯公司推出的第一种巡洋坦克 A9E1。此外，维克斯公司在 1928 年设计的 MK.E 坦克，也就是出口到多个国家、大名鼎鼎的维克斯 6 吨坦克，同样有一种型号是安装了 2 个机枪塔，各装一挺 7.7 毫米机枪。

此外，法国、德国、美国、日本等主要的坦克设计与生产国家也在 20 世纪 30 年代设计并测试过不同型号的多炮塔坦克。其中，法国人的热情最高，除了前文提到过的 ARL 公司的拖拉机 C 方案，还有 FCM 公司的 F1 超重型坦克。只不过后来 ARL 拖拉机 C 方案演变成

> 法国的 FCMF1 坦克

了中规中矩的单炮塔方案，而 F1 坦克则保持了多炮塔本色，采用前后布置的两个炮塔，分别装 75 毫米火炮和 47 毫米火炮。

但最夸张的方案当属法国将军让·巴蒂斯特·埃蒂安纳的"陆地巡洋舰"方案，这种超出人们想像的"巨无霸"预定配备 12 门 16 英寸舰炮，32 门 8 英寸火炮，载有上千名士兵，完全是有履带的巡洋舰。法国人打算用这种"陆地巡洋舰"来巡视马奇诺防线，必要时可提供强大的火力支援。当然，上述这些方案最终基本都没有投入批量生产。

德国在早期也设计制造过多炮塔坦克，例如最初以拖拉机名义制造的几辆早期试验车不少都采用了首尾双炮塔设计。1933 年到 1934 年，德国研发过一款名为"新结构"（Neubaufahrzeug，缩写为 NbFz）的多炮塔坦克，拥有一个主炮塔和两个辅助机枪塔。作为非常热衷于研发坦克的小国，波兰也在二战前设计了 25TP 多炮塔坦克，其外形与德国的 NbFz 坦克类似，都是一个主炮塔搭配前面的两个小机枪塔。可惜由于德国的入侵，25TP 坦克未能完成定型。

除了前文提到过的 M3 中型坦克以外，受英国维克斯 6 吨坦克的影响，美国在二战前研发的 M2 轻型坦克也采用了并列双炮塔的布局，各装备 1 挺 7.62

> 德国 NbFz 多炮塔坦克模型

毫米机枪。

不过，要说到多炮塔坦克的"大腕"，还是得看苏联。他们研发的多炮塔坦克型号最多、生产数量最多，也是参战次数最多、规模最大的。

苏联坦克的起点并不算高。虽然一战期间沙俄也曾经研制过"大轮战车"，但说到真正的坦克，无论苏联还是后来的俄罗斯都只能算是个后来者。苏联红军的第一批坦克是 1919 年反对外国武装干涉期间缴获的法国 FT-17 坦克和英国"赛犬"坦克，对于当年的红军来说，FT-17 轻型坦克就已经算得上是"庞然大物"、军国利器了。于是，苏联人把 FT-17 作为自己的第一个仿制目标。1920 年，举全国之力仿制 FT-17 而成的 KC 坦克成为苏联自行生产的第一种坦克。

此后，在实战中认识到坦克作用的苏联人开始追踪世界最新的技术发展，英国人在 20 年代推出的一系列多炮塔坦克自然也进入了苏联人的视野。20 世纪 20 至 30 年代，苏联红军认识到了坦克的重要意义，但同时也面临一个现实的困扰：在苏联人看来，坦克有两个方面的任务，一个是支援步兵突破敌人的防线，另一个摧毁敌人的坦克。支援步兵需要坦克有厚重的装甲以及能支援步兵的较大口径火炮，而与敌人坦克交战则需要高初速的加农炮。而在当时的技术条件下,能同时满足这两种要求、还能装进坦克炮塔的火炮还不存在。那个时候的大口径加农炮尺寸和后坐力都相当可观,能装进坦克炮塔的只有小口径加农炮或者大口径短身管的榴弹炮。

于是,那个年度甚嚣尘上的"陆地战舰"思想不可避免地影响到了苏联红军,既然不能用一种火炮同时满足不同的需求,那干脆就在坦克上把每种火炮都装上,再外带大量的机枪。也许,在苏联人看来,这种拥有大量枪炮的重型坦克必然能像海军里的战列舰一样,成为陆地战斗的中坚力量。

1930年,苏联人同时研制了两种多炮塔重型坦克。其中伏罗希洛夫工厂的苏联技术人员设计的坦克代号为T30,计划装2门76毫米火炮和5挺机枪;而来自德国的专家则在列宁格勒工厂设计了TG重型坦克,这种坦克装备1门37毫米炮、1门76毫米炮和5挺机枪,基本符合红军的想法和要求。1931年,TG坦克接受了测试,虽然总体性能还不错,但问题是实在太贵。10月4日,苏联特别委员会研究认为,TG坦克造价高达150万卢布,而同期的BT-2轻型坦克才6万卢布。与此同时,设计TG坦克的德国设计师也被德国政府要求回国,终止与苏联合作,TG坦克方案自然无疾而终。

> 阅兵式上的T-28坦克

多炮塔坦克 | 不实用的"陆地战舰"

> 芬兰博物馆内的 T-28 中型坦克，副炮塔的机枪已被拆除

在此情况下，苏联人开始从更实际的方案着手。继任德国专家的苏联设计师 N·V·巴雷科夫带领设计小组在 TG 坦克的基础上，拿出了两种新型号的多炮塔坦克。其中一种是缩小版的 T-28 中型坦克。T-28 坦克只有一个装 45 毫米加农炮的主炮塔和两个装 7.62 毫米 DT 机枪的小炮塔，重量仅有 16 吨，这种方案显然更实际，更有操作性。另一种型号则是比 TG 坦克进一步加强和放大的重型坦克，这种型号的坦克将安装 5 个炮塔！其中一个主炮塔装 76.2 毫米火炮、两个小炮塔装 45 毫米加农炮、两个小炮塔装 7.62 毫米机枪。这种大号的重型坦克战斗全重达 50 吨，就是 T-35 重型坦克。

也许，在设计师的设想中，这两种多炮塔坦克搭配起来，以价格较高、火力更强但数量较少的 T-35 为核心，火力较弱，但更便宜、更轻也更多的 T-28 配合，就能够解决性价比的问题。这一思路倒是与 40 多年以后各国空军战斗机"高低搭配"的原则有异曲同工之妙。

作为世界上唯一一种投入量产并参加了实战的五炮塔坦克，T-35 从一开

大浪淘沙：传奇武器的消逝

> 苏联 T-35 重型坦克

始就吸引了世界的目光。很多研究者（尤其是西方历史学家）不相信这是苏联独立设计的坦克，热衷于为它找"原型"，最主要的有两个：英国维克斯公司的 A1E1 "独立"多炮塔坦克，和此前德国设计师的作品 TG 坦克。

但事实上，T-35 与这两种坦克的区别都非常大。与 A1E1 坦克相比，虽然都是 5 个炮塔，但 A1E1 有 4 个炮塔装的都是机枪，而 T-35 有 2 个安装了 45 毫米加农炮的副炮塔，火力远远强于 A1E1。此外，两种坦克的车体外形、炮塔形状、总体布置均相差甚远，严格来说，两者之间最大的共同点也许就是炮塔数量。至于 TG 坦克，与 T-35 的区别就更大了，两种坦克几乎毫无相似之处。因此，T-35 算得上是苏联真正独立设计的重型坦克。

虽然巴雷科夫在设计 T-35 时尽量采用成熟技术，不过分提高技术难度，以尽量控制造价，避免重蹈 TG 坦克的覆辙。但这家伙毕竟有这么大的体量，因此，最后的单价仍然高达 52.5 万卢布。这也成为制约 T-35 大量装备的重要因素之一。

1938 年，苏军曾经考虑和 T-28 同步，给 T-35 换装身管长度增加到 24 倍口径的 L-10 型 76.2 毫米主炮，这种火炮的穿甲能力更强。但考虑到对于 T-35

的任务来说，KT-28 的威力就足够了，因此最终没有更换主炮。

1936 年，苏军也认识到 T-35 的装甲实在太薄弱，把车体前部的装甲厚度增加到了 50 毫米，侧裙板装甲厚度也增加了 10 毫米。1938 年，苏军再次加厚装甲，把车体前面的装甲厚度增加到 70 毫米，炮塔装甲也增加到 25 毫米。尽管这一变化仍然不足以抵挡德军的火力，但却使 T-35 的战斗全重增加到了 54 吨，与此同时带来的是机动性的恶化。因此，T-35 的装甲此后没有再做进一步加强。

经过一段时间的使用，苏联人也认识到，坦克炮塔太多、结构太复杂会带来很多问题，5 个炮塔的设计显然太夸张了，尤其是只装机枪的炮塔，其实并没有太大的必要，这些机枪直接装在车体上也完全没问题。再加上西班牙内战带来的经验，让苏联人意识到反坦克炮阵地的威胁。要消灭反坦克炮，射程有限的机枪肯定不够看，还是得依靠更厚的装甲和更多的火炮。

于是，1937 年，苏联人开始研究 T-35 的后续型号时，果断减少了炮塔的数量，取消了只装机枪的炮塔。1938 年确定的两种新的多炮塔坦克方案都是重型坦克，其中著名坦克设计师科京主持的 SMK 坦克只有 2 个炮塔，采用

> 苏联 T-100 重型坦克

大浪淘沙：传奇武器的消逝

> 苏联 SMK 重型坦克效果图

前后背负式安装。位于车体中部较高位置的主炮塔装 1 门 76.2 毫米长身管坦克炮，这种坦克炮后来也被装在 T-34 坦克上；前部较低位置的副炮塔则和 T-35 一样，装 1 门 45 毫米坦克炮。另一种多炮塔坦克 T-100 外形与 SMK 近似，炮塔布置方式也类似，不同之处在于，T-100 坦克的副炮塔有 2 个，分别装 1 门 45 毫米炮。这两种坦克的最大装甲厚度都达到 60 毫米，在当时已经相当可观了，但带来的问题就是坦克重量都超过 55 吨，已经接近极限。

苏联人给这两种坦克的定位是"突破坦克"，指望它们来突破敌人有反坦克炮防守的阵地。但坦克还在研制过程中，二战就爆发了。战局的发展出乎所有人意外，谁也没想到，SMK 重型坦克和 T-100 重型坦克竟然成了多炮塔坦克的绝响。

使用

从生产的时候开始，多炮塔坦克就表现出各种问题。以 T-35 为例，由于结构太过复杂，重量和体积也太大，从 1933 年到 1939 年，全部 T-35 的产量仅有 61 辆而已。小一点也简单一点的 T-28 产量略高，从 1933 年到 1941 年共生产了 503 辆。但同期的 T-26 轻型坦克产量超过 1 万辆，差距显著。在生产过程中，生产厂家哈尔科夫蒸汽机车厂还不断发现 T-35 坦克各种各样的小毛病，并一一进行调整和改进，以至于最终装备部队以后，苏军戏称每一辆 T-35

多炮塔坦克 | 不实用的"陆地战舰"

> 苏联 T-35 重型坦克模型

都是不一样的。

交付部队以后，多炮塔坦克的麻烦更多。过重和过于复杂带来的另一个问题是可靠性和机动性极其糟糕。相对较小、较轻的T-28的问题还少一点，庞大又笨重的T-35简直就是个悲剧：由于发动机功率只是勉强够用，而苏联人还没有设计过如此复杂和用于如此重量坦克的传动设备，再加上车体过长导致转向困难，结果就是T-35只有直线行驶的时候勉强能维持，如果要转个弯就会状况百出、故障不断，而且还造成发动机寿命大幅下降，某些极端的情况下一台发动机的寿命甚至只有46个摩托小时。一位T-35坦克的指挥员曾经在报告中如此描述其糟糕的机动性："坦克仅仅能过去一个17度的斜坡……它甚至不能穿越一个大水坑。"

虽然问题多多，但T-35的外形毕竟高大威猛。在阅兵式中，如此庞然大物轰隆隆地从面前开过时，其震撼力还是颇为强烈的。苏联人通过这种如小山般的重型装备，向世界展示了自己强大的工业设计与生产能力，也大大提升了苏联国民对国家的自信心和荣誉感。正因为如此，从1935年到1940年，所有的T-35都服役于驻扎在莫斯科的第5独立重型坦克旅，主要承担阅兵任务，成为苏联专门的"阅兵仪仗队"。至于实战……还是算了吧。

多炮塔坦克的首次亮相是在1939年~1940年的苏芬冬季战争中，苏军在"曼纳海姆防线"正面投入了装备T-28中型坦克的第20坦克旅，但10毫米~30毫米的装甲实在不足以抵御芬兰军队的反坦克火力，在芬兰军队博福斯37毫米反坦克炮和法制哈奇开斯25毫米反坦克炮的打击下，在中等作战距离（500米以下）内，T-28坦克显得不堪一击，被击毁或击伤的T-28坦克达155辆次。为此，苏军紧急在T-28的车体和炮塔上加装20毫米~30毫米厚的附加装甲。这些加厚装甲的T-28在最终突破"曼纳海姆防线"时发挥了重要作用。

糟糕的悬挂是另一个问题，它使得T-28经常陷在芬兰的沼泽中动弹不得，同时还很容易受到地雷的破坏。触雷和被爆炸物击毁和击伤的达77辆次；火灾损失30辆次；沉没在沼泽地21辆；因机械故障损失197辆次。以上共计损失480辆次。

苏芬战争中投入作战的多炮塔坦克还不止T-28，正在研制中的SMK重型

> 战斗中被摧毁的 T-28 坦克

坦克和 T-100 重型坦克的样车也被投入前线,以验证其设计思路是否实用。这两种重型坦克和另一种单炮塔重型坦克 KV 一起被编入第 20 坦克旅的第 91 坦克营,用来支援步兵突破芬兰防线。

没有对比就没有伤害,与最大装甲厚度达 75 毫米的单炮塔坦克 KV 相比,SMK 和 T-100 暴露出了操作复杂、可靠性低、战场通行能力差、装甲薄弱、太过高大导致目标明显等一系列问题。更麻烦的是,由于太重、太复杂,这两种坦克的装甲厚度已经很难再增加了。

甚至与小一点的 T-28 相比,SMK 和 T-100 也颇有不如,至少重量不到 30 吨的 T-28 在战场上的机动性要远远强于重型坦克。加装附加装甲之后,T-28 的装甲厚度甚至还要超过 SMK 和 T-100。于是,苏芬战争也成了多炮塔坦克的丧钟。

苏芬战争结束一个月以后,德国发动了对挪威的入侵。平心而论,这一仗除了大规模使用空运部队是个亮点以外,其他基本乏善可陈。总的来说,就是表现混乱的德军碰上了没头苍蝇一样的挪威人,结果是挪威人以失败告终。但此战中有一个值得一体的插曲,那就是德国多炮塔坦克 NbFz 的样车也

179

参加了这次战役。

有3辆NbFz坦克被编入了入侵挪威的部队，但其实主要是为了展示德国的工业技术。虽然没有什么实际的战斗，但NbFz坦克仍然遭受了损失。一辆坦克在翁达尔斯内斯附近陷入了沼泽，无法抢救，以至于德国工程师不得不自己引爆这辆坦克。此战之后，NbFz坦克就彻底销声匿迹，再也没了下文，算是走完了德国多炮塔坦克的短暂一生。

消亡

苏芬战争暴露了多炮塔坦克的诸多不足，而斯大林也充分认识到了这一点。他在参观SMK多炮塔重型坦克模型时曾经说过一句："你们这是要在坦克上开百货店吗？"这一句话算是彻底否定了多炮塔坦克的前途。

到了1940年，苏联研制的新型坦克已经全部都是单炮塔坦克。但随着新型坦克的陆续定型与生产，这些已经装备部队的多炮塔坦克怎么处置就成了问题。有人建议把它们都改造成自行火炮，也有人建议干脆都转交给军校做教学。但由于这个时候正好赶上苏军大量组建机械化军，需要大量坦克，面

> 被击毁的T-35坦克

临数量缺口的苏军自然不可能把这些还可以用的"大家伙"投闲置散。于是，苏联人最后决定还是把这些多炮塔坦克都配发到战斗部队去，至少能发挥一下余热。

最终，所有可用的T-35被配置给了第8机械化军下属第34坦克师的第67、68坦克团团，而第8机械化军则隶属基辅特别军区。至于T-28坦克，在1941年的时候还有411辆，它们分别被编入第1、第2、第5和第10坦克师和第4机械化军。

卫国战争爆发时，所有的多炮塔坦克都面临同样的问题：由于苏联已经将生产重点转到了T-34和KV-1，已经不再生产这些多炮塔坦克的零件，导致这些坦克的完好率和可靠性进一步降低。战争开始后，第34坦克师迅速投入战斗，T-35糟糕的可靠性和机动性成为最大的困扰。在向前线行军的途中，一辆接一辆T-35坦克抛锚被丢弃。事后统计，第34坦克师损失的T-35中，90%都是因为机械故障或者翻到路外动弹不得而被放弃，这些故障中的大部分又是出在传动系统。而即使是赶到了战场的T-35，在面对德军进攻时，其庞大的身躯、缓慢的速度和可怜的防护能力，又使它成为最好的靶子。拉瓦罗斯卡亚筑垒地域阻击战后，第34坦克师基本损失殆尽，仅存的几辆T-35也被送往后方，承担训练任务——这种坦克确实已经不适合战场了。

T-28的遭遇与T-35类似，大量的T-28因为机械故障而被驾驶员们抛弃，完好地落入了德军的手里，剩下的一部分也被优势的德军击毁，只有少量的T-28留到了1943年，但它们的角色更多的是作为炮兵牵引车使用。不过，在战争中，T-28的坦克手们却表现出了非凡的勇气和战斗力，使德军坦克遭到一定损失，一些苏军坦克兵获得了"英雄坦克手"的称号。

功勋车长D·马利克就是其中的代表。德军在占领白俄罗斯首都明斯克之后，正在明斯克的家中休养的马利克军士长急忙赶到最近的坦克仓库——里面排满了整整齐齐的T-28中型坦克，但他身边一个帮手都没有。好在每辆坦克的燃料都是加满了的，于是马利克直接开着一辆T-28破门而出的。几分钟以后，一群德国摩托化步兵占领了仓库，剩下的T-28都成了德国人的战利品。

由于坦克中只有马利克一人，没有炮手和机枪手，马利克只能掉头冲入明斯克城,用撞击的方式摧毁德军车辆。但马利克也是幸运的,当时由于快速推进的需要,没有一辆德军坦克或者反坦克炮进入明斯克,进城的主要是德军步兵和摩托化步兵。于是进入城中的德国官兵和城中的苏联老百姓都目瞪口呆地看着这辆 T-28 以每小时 40 千米的速度,在明斯克的大街上狂奔,见到德军军车、牵引车就撞,见到德军士兵和德国人的掩体就直接碾过去。此时 T-28 优异的公路行驶能力凸显出来,400 马力的发动机载着 T-28 中型坦克 27 吨的车体和马利克军士长的最后一线希望冲出明斯克城——此时他的身后已经留下了 30 多辆被撞毁的德国军车和牵引车,还有几十具被撞死碾死的德国官兵尸体。

遗憾的是,这辆 T-28 坦克在开出明斯克城外后被德军的坦克和反坦克炮共同击毁,身负重伤的马利克军士长举枪自决殉国。经历过这次事件的德军官兵无不诚惶诚恐地称 T-28 中型坦克为"城市怪物"。战后,马利克军士长被授一级卫国战争勋章。

其实,多炮塔坦克诞生的初衷就错了。军舰之所以有多个炮塔,是因为军舰足够大且交战距离比坦克要远得多,必须依靠更多的火炮齐射来实现覆盖与命中。坦克的最佳交战距离最远不过 2000 米,二战期间更是只有 1000 米以内。这个距离上的射击基本不需要靠多门火炮的覆盖,单炮足以精确命中。同时,也是最重要的,军舰有足够的吨位和空间来安置诸多炮塔,以及保证机动性的动力。

余音

虽然多炮塔坦克在战争中被证实了远没有看上去那么能打,但它庞大的身躯、密布的炮塔、林立的炮管……无不展现出一种钢铁暴力美学。事实上,苏联人在二战前也主要把 T-35 多炮塔坦克作为展示自己力量的"形象代言人"。

有趣的是,天性热爱机械的德国人对于 T-35 这种庞然大物倒是颇有兴趣。他们把损坏的 T-35 拼凑出一辆完整的坦克,运回国内进行各种测试。

2018 年 5 月 9 日,俄罗斯照常举行了胜利日阅兵。不过与莫斯科红场上

> "复刻版"的 T-35 亮相胜利日阅兵

规模宏大却亮点不多的阅兵相比，位于叶卡捷琳堡近郊的上佩什马举行的一场小规模"胜利日阅兵"却吸引了很多军迷的注意。原因无它，这次阅兵上，出现了当年堪称"苏维埃仪仗兵"的 T-35 多炮塔重型坦克。这是上佩什马军事装备博物馆根据原始设计图纸和照片复建的坦克。

2016 年 1 月，乌拉尔矿业与冶金公司宣布将重新建造一辆 T-35 坦克。由于资料短缺，以及本身结构复杂，这辆"重生"的 T-35 直到 2018 年才完成，也就是那辆参加胜利日阅兵的坦克。这也算是对多炮塔坦克的另一种纪念吧。

超轻型坦克
陆地战场上的"萌萌哒"

在人们的印象中,坦克就是一种高大威猛、威风凛凛的钢铁巨兽,它们承担了陆地战场的主战角色,自然也有着与这种角色相对应的中流砥柱的形象。但你们也许不知道,在一段时间里,坦克一样可以是很"萌"、很"可爱"的形象,这就是两次世界大战之间一度大行其道的超轻型坦克。

缘起

超轻型坦克的思路最早应该追溯到一代名车——第一次世界大战后期法国雷诺公司研制的FT-17坦克。这种坦克虽然因为首次配备了可以360度旋转射击的炮塔,确立了后来坦克的基本形制,但在当时,它倒是一种"反潮流"的离经叛道的设计。

第一次世界大战期间,自从英国人发明了坦克,法德等国纷纷群起仿效。但包括英国自己在内,各国仿制和发展坦克的思路基本上都是希望做得更大、更重、更有威力。但法国人却在这个时候敏锐地意识到,坦克的用途是多样的,突破敌人阵地只是其中之一。除此之外,坦克还应该能够追击敌人、消灭步兵、扩大突破口、快速反应等等，而干这些活用巨大的突破坦克未免有些浪费。

另外，越来越大、越来越重的坦克也让工业体系难以承受。法国在一战中装备的"圣沙蒙"突破坦克已经长达 8.83 米，重达 23.4 吨；德国的主力坦克 A7V 更是重达 30 吨。如此巨大的战车，不但让那个年代只有不到 100 马力功率的发动机难以承受，工厂生产起来也特别费劲。在战场上，这些大型坦克每一次损坏或被击毁也都是巨大的损失。

这些问题很多人都注意到了，因此，英国人研制了"赛犬"中型坦克，德国人也着手研制 LK 轻型坦克，但法国人却干得最有革命性。最终的产品 FT-17 坦克可以说是一战中最轻、最小的量产作战坦克，其重量仅有 7 吨，长度也只有 4.2 米。FT-17 的旋转炮塔上装了 1 门 37 毫米炮和 1 挺 8 毫米机枪，用来执行对步兵和野战工事的攻击绰绰有余。由于其炮塔射界广、视野好，在突破阵地以后扩展胜利时，反而可以更加灵活。

此外，由于又轻又小，FT-17 不但节省材料，生产起来也很快，因此迅速积累了相当多的数量。从 1917 年 9 月开始量产，到一战结束，短短一年多一点的时间内，一共生产了 3187 辆。这个数量即使放到第二次世界大战中，也是相当可观的，更不用说一战。要知道，生产持续时间差不多的德国 A7V 坦克产量只有 22 辆；而从 1915 年开始生产法国"圣沙蒙"坦克产量也只有 400 辆；英国产量最大的 Mark IV 型坦克，从 1917 年 4 月到 1918 年底也只生产了 1220 辆。

> FT-17 坦克

大浪淘沙：传奇武器的消逝

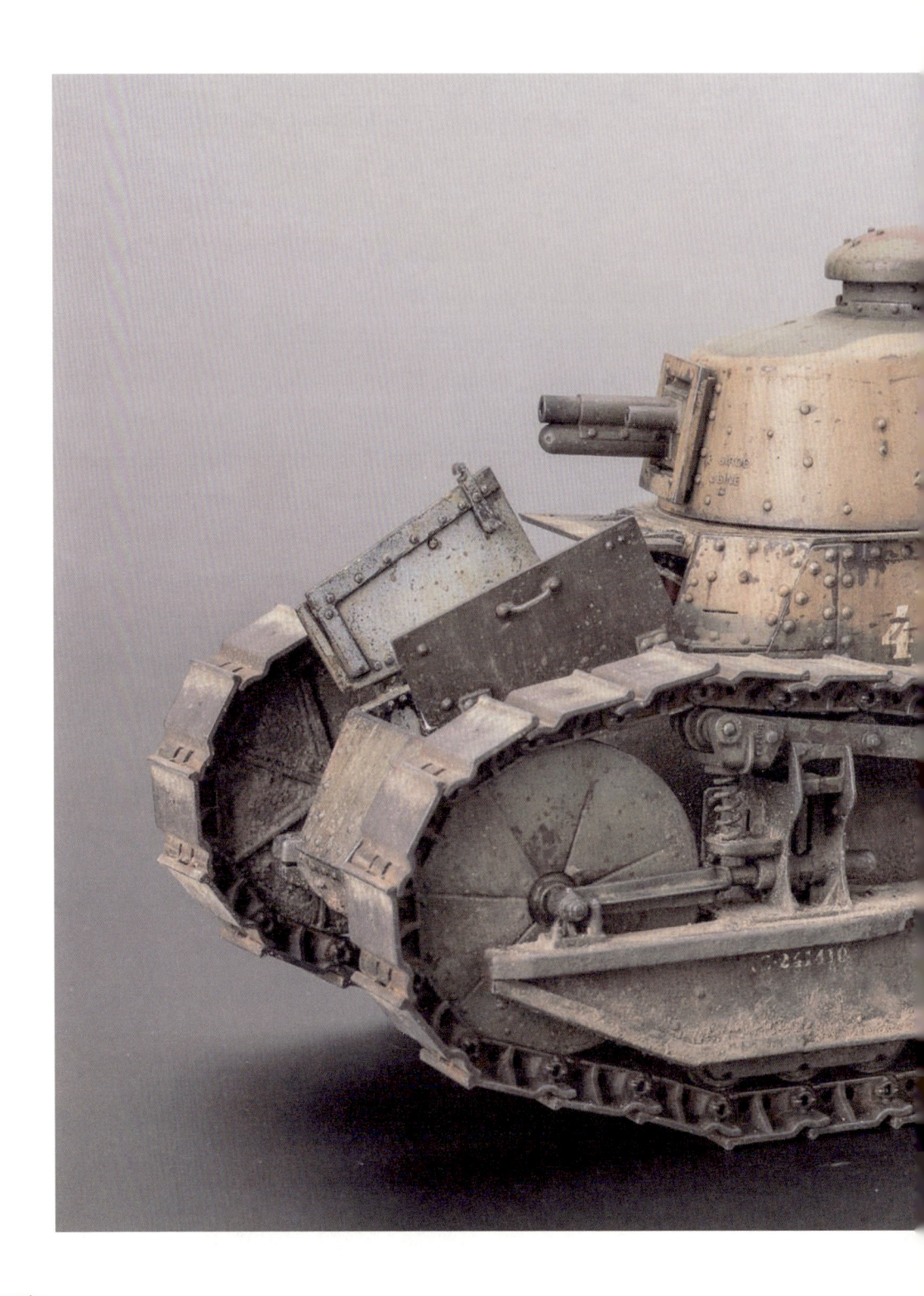

超轻型坦克 | 陆地战场上的"萌萌哒"

> FT-17 坦克模型

大浪淘沙：传奇武器的消逝

第一次世界大战结束后，欧洲反战风潮兴起，各国军备研究一度也陷入"刀枪入库、马放南山"的境地。但军事理论的研究却格外兴盛起来，一战中出现的新装备坦克自然成为人们热议的焦点。各国军事家对坦克在未来战争中的运用方式提出了不同的推测，其中一派认为，未来应该以坦克全面取代其他兵种，把坦克部队视同海军舰队，由大型的主力舰与小型的护航舰组成，而轻小型坦克正是负责"护航舰"的角色。

这个"护航舰"该有多大？人们莫衷一是。英国人约翰·瓦伦丁·卡登和维维安·洛依德可能认为，既然是"护航舰"，就意味着需要较大的数量，同时还应该经得起消耗。因此，这种轻小型的坦克应该尽可能地小。1920年代中期，两人开始共同设计超轻型坦克，之后二人合伙创立的卡登－洛依德拖拉机公司连同其坦克设计一起被维克斯·阿姆斯特朗公司收购，二人也成为该公司的设计师。

卡登和洛依德在1925年就设计出了第一版小型坦克，经过不断改进，到了1927年的第六版，才最终比较完善，并获得量产。这种坦克也因此被命名为"卡登－洛依德"Ⅵ型坦克。这种坦克简直小得出奇，其长度只有2.46米，高度更是只有1.22米，这个尺寸大概也就和咱们现在的人力三轮车差不多大。全车重量也只有1.5吨，装备1挺7.7毫米重机枪，装甲厚9毫米，乘员也只有2人——一个负责开车、一个负责开枪。

> 拖着火炮炮架的卡登－洛依德

"卡登－洛依德"的坦克实在太离经叛道，简直颠覆了传统对于坦克的认识，但你还不能说它不是坦克。毕竟人家有履带、有装甲、有武器，符合当时对坦克的一切标准。至于没有炮？那都不是事儿，FT-17 坦克还有只装机枪的版本呢。但把这么个小东西跟其他传统意义上的坦克相提并论，人们又有点不甘心，于是干脆为"卡登－洛依德"坦克创造出了一个新名词——"Tankette"。

　　这个词是由"tank"这个词根加上"-ette"这个后缀组合而成，"tank"是啥意思大家都知道，"-ette"这个后缀的意思是"小东西"，合在一起的字面意思就是"小坦克"，但人们一般称之为超轻型坦克。

> 基本型"卡登－洛依德"坦克　　　　　> 卡登－洛依德 M1931 型两栖坦克

　　虽然"卡登－洛依德"超轻型坦克战斗力有限，但在战后经济大萧条的背景下，各国皆无力建立大规模装甲部队，超轻型坦克则被视为正规坦克的廉价代替品，对于经费不足却又想要组建一定装甲战力的国家来说，乍看之下是最佳方案，因此，"卡登－洛依德"坦克一经面世，迅速受到世界各国的关注和欢迎。到 1935 年停产为止，"卡登－洛依德"超轻型坦克共生产了 450 辆，还被出口到欧美亚十几个国家。很多国家不但购买维克斯公司的现成产品，还自己进行仿制和改进。

　　整个 20 世纪 30 年代，世界各国对"卡登－洛依德"坦克的学习堪称无处不在：意大利人仿制出了 CV29/CV33 超轻型坦克，苏联仿制的产品是 T-27 轻型坦克，日本仿制出了九四式坦克，波兰仿制出了 TK/TKS 坦克，捷克仿制出了 Vz.33 坦克……而德国则在"卡登－洛依德"坦克的基础上进行放大，研制了自己的第一种坦克：Ⅰ号坦克。

　　可以说，整个欧洲，乃至全世界的 Tankette，全都是"卡登－洛依德"超轻型坦克的衍生产品或者后代。

大浪淘沙：传奇武器的消逝

> 现代复原的"卡登－洛依德"坦克，加了顶盖

技术特点

"卡登－洛依德"超轻型坦克的外形类似于一个方形铁皮盒子，在两边加了两条小履带。整体来有点像二战中美军大量使用的"威利斯"吉普车的缩小版，然后把车轮换成履带。最为人诟病的是，这个铁皮盒子还没有顶，是完全敞开式的。这种结构虽然能减轻重量，视野也很好，但顶部防护力完全没有，别说用在战场上令人堪忧，就算下场雨，乘员的感受也十分够呛。

该坦克一共2名乘员，并排坐在车体前部。由于坦克实在太矮，又没有车顶，乘员坐下来之后，头还露在车体外面，颇有点敞篷汽车的感觉，只不过前面没有挡风玻璃。2名乘员中，驾驶员在左边，车长在右边，车长面前架了一挺7.7毫米重机枪，这就是该坦克的主要武器。

"卡登－洛依德"坦克的装甲厚度只有6至9毫米，而且全部是垂直装甲。这个装甲厚度大概只能挡一挡普通步枪子弹和炮弹的碎片，7.62毫米穿甲弹都挡不住。考虑到该坦克顶部还是敞开的，所以其防护能力相当薄弱，基本不适合在一线作战。正因为防护差、火力也弱，有些国家引进这种坦克以后将其命名为"机枪装甲车"。而这个敞开式车顶也成为其他各个国家仿制和改进这种坦克时最先着手改动的地方。

前面说的都是缺点，那么这种坦克有没有优点呢？也有。首先就是机动性特别好。"卡登－洛依德"坦克尺寸很小，全重也只有1.5吨，比现在很多家用小汽车还轻，复杂地形下的通过能力自然比那些人高马大的坦克好得多。体型小的另外一个好处是在战场上目标小，1.2米高的一个小东西在战场上很容易找到掩蔽，隐蔽性相当不错。

该坦克装了一台39马力的福特T型4缸汽油机，公路最大速度可以达到每小时48千米，越野速度也有每小时30千米。这个速度虽然现在看起来很不起眼，但考虑到那个年代大部分新研制坦克的公路行驶速度也只有每小时30千米左右，一些老一点的坦克最高时速甚至还不到20千米，相比之下，"卡登－洛依德"坦克简直堪称"风驰电掣"了。再加上该车采用了卡登设计的新型悬挂系统，不仅通过复杂地形时"健步如飞"，而且转弯半径比同期的任何其他同类车辆都小。

> 坐上人的"卡登－洛依德"超轻型坦克，感受下它的大小

目标小、隐蔽性好、跑得快,这三点结合在一起,让"卡登－洛依德"坦克成为侦察车的良好选择。事实上,很多国家确实用它作为机动侦察工具。另外,由于该车动力相对还算充沛,也经常被用来当轻型牵引车,拖动一些轻型火炮、轻型运载车之类的东西。

发展

英国人的"卡登－洛依德"坦克一共只生产了几百辆,但它的变形车和改进型号的产量就大了。仅仅意大利的仿制改进产品 CV33 的产量就超过 1300 辆,苏联的仿制改进型 T-27 坦克产量更是超过 3000 辆。如果再加上苏联的 T-37、波兰的 TKS 等深度改进型号,以及英国人后来自己推出的"机枪运载车","卡登－洛依德"超轻型坦克"家族"的总产量超过 7 万辆,可谓相当惊人。或者换个更准确的说法,"卡登－洛依德"坦克的精华全在改进型号上了。

苏联的 T-27 坦克是"卡登－洛依德"坦克在其他国家最早,也是产量最大的改进型号。

1926 年,苏联红军副总参谋长特里安达菲洛夫首次提出了大纵深作战理论。1930 年代初,苏军加强了对大纵深战役理论的研究。人们特别强调使用摩托化部队以及航空兵来发展战役机动的可能性,认为战役学面临的是"正面对正面"的任务,因此,"深远突破和摧毁正面的行动在全纵深实施"。按照新理论的要求,快速机械化部队将在未来的战争发挥重要作用,所以,苏联红军开始加强快速机械化部队的建设。

但问题也就来了,1930 年代的苏联才刚开始第一个五年计划不久,国民经济并不富裕,工业体系也还在建设当中,根本无法承担建设太复杂或者太贵的机械化部队。这个时候,简单、轻巧、便宜的"卡登－洛依德"坦克就进入了苏联人的视线。1930 年,苏联从英国购买了 26 辆早期型"卡登－洛依德"Mk-Ⅳ超轻型坦克。同时,苏联政府也购买了许可证用于大规模生产。

虽然苏联引进"卡登－洛依德"坦克不算最早的,但由于目标明确、思路清晰,知道自己要什么样的产品,所以苏联人反倒是各国中最早改进这种坦克的。

最大的改进当然就是"卡登-洛依德"坦克最为人诟病的敞开式车顶，苏联设计师给坦克车体加上了一个金字塔型凸起的车顶，顶部削平设置两个方形舱门，整车高度也增加到 1.44 米。这样就让整辆坦克的车体密闭起来，防护能力大大提升，同时还具备了一定的涉水和潜渡能力。为了增大涉水深度，T-27 所有的装甲板接缝处都用帆布垫片进行了密封，避免漏水。

T-27 的主要武器换成了苏联自己的 DTM1929 型 7.62 毫米机枪，由于车体全部密闭起来，机枪也终于有了防盾，射击安全性大大提高。发动机换成了仿制福特 AA 型发动机的 GAZ-AA 型四缸水冷汽油机，其性能指标与原型相仿，最大功率可达 40 千瓦。除了这些变化以外，T-27 其他的指标都与"卡登-洛依德"坦克相仿，车体也同样由轧制的装甲板铆接而成，部分为焊接，但由于新增了顶部结构，全车重量增加到 2.7 吨，最大公路行驶速度也下降为每小时 42 千米。

1931 年 2 月，T-27 定型并开始投产。由于结构简单、价格便宜，T-27 的生产速度很快，到了 1932 年末，苏联红军共成立了 65 个超轻型坦克营，每个营有 50 辆超轻型坦克，总数超过 3000 辆。不过，虽然 T-27 使用简单、操作方便，但还是太轻太小，再加上使用的是窄履带，不能有效的在沼泽和

> 从左至右分别是 T-27 轻型坦克和 T-37A、T-38 水陆坦克

193

大浪淘沙：传奇武器的消逝

> 苏联 T-27 轻型坦克的两栖型号

> 苏联的 T-27 轻型坦克

雪地使用，所以用来过渡尚可，当成主战装备就有点不够看了。后来，随着 T-26、BT 等更新型坦克陆续研制成功投产，T-27 很快就"退居二线"，主要承担侦察和火炮牵引的工作。

虽然"退居二线"，但毕竟苏联有那么多，于是苏联人开始种种对 T-27 "废物利用"的创意。例如，1932 年，一辆 T-27 安装了一个火焰喷射器进行测试，喷射距离为 25 米，实验结果尚可，于是便投入改装。到了 1935 年，一共制造了 164 辆超轻型喷火坦克。

1933 年，布尔什维克工厂生产了一批安装哈奇开斯 37 毫米炮的自行火炮，该自行火炮以 T-27 的底盘为基础，一些车辆还加装了一挺 DT 机枪。因为车辆太小，所以弹药被分开放置在车辆后部拖拽的履带拖车内；1933 年 ~ 1934 年，又有设计局研制了一种新的自行火炮，在 T-27 的底盘上安装 KT-28 型 76.2 毫米炮。由于 T-27 太小，而 76.2 毫米火炮太大，这种自行火炮系统需要两辆车构成一套火力单元，其中火炮被安装在一辆车上，乘员和弹药被安置在另一辆车上。然而，由于底盘超载、发动机很快过热，所以新型车辆不能全速行进，不久研制工作就被终止。

T-27 最神奇的改型应该要数"飞行坦克"。1930 年，苏联成立空降兵部队。最初，部队装备的是 MS-1 轻型坦克，后来换装为 T-27 超轻型坦克，部队由 4 个营组成。1933 年，每个营都包括有一个连的 T-27 超轻型坦克。1935 年的一次军事演习中，T-27 由 TB-1 和 TB-3 轰炸机进行空中运输，超轻型坦克被一个专用的机械装置吊悬在机体的下面，让这种坦克真的飞上了天。

除了这些五花八门、"不务正业"的改进以外，苏联还对 T-27 做了真正的大改。苏联设计师放大了 T-27 的车体，然后加装一个小型炮塔，把 7.62 毫米机枪移到了炮塔里面。车体的悬挂系统也改成取自 1933 年法国 AMR 轻型坦克的平衡式弹簧悬挂装置。此外，新坦克还增强了密封性，加装用于水上行驶的螺旋桨式水上推进器，从而变成了一辆水陆两栖坦克。

新坦克于 1933 年通过验收，并定名为 T-37 水陆两栖坦克。该坦克战斗全重 3.2 吨，乘员 2 人，车长 3.75 米，车宽 2 米，车高 1.68 米，比 T-27 大了不少，发动机和装甲厚度都与 T-27 相当，仍然算得上是一款小巧玲珑的超轻型水陆坦克。T-37 和改进型 T-38 两栖坦克的总产量超过 1200 辆，是当时全世界产量最大的水陆坦克。

在苏联的成功经验之后，意大利、波兰、日本等国也纷纷开始了自己的改装之路。

1933 年，意大利拿出了自己的改装版"卡登-洛依德"——CV33 轻型坦克。这种坦克主要的变化是加长了车体，主要武器也换成一挺双联装 8 毫米布雷达 38 型机枪，火力大大增强。值得一提的是，CV33 的机枪装在车体的左侧，和初始版"卡登-洛依德"正好相反。

> 战场上被击毁的 T-27 坦克

> 苏联的 T-37 两栖坦克

> 美军在伊拉克缴获的意大利 cv33 超轻型坦克

大浪淘沙：传奇武器的消逝

> 意大利 CV33 超轻型坦克

> 装上火炮的 CV33

> 意大利阅兵式上的 CV33

和 T-27 的改进类似，CV33 也给坦克加上了顶盖。但与 T-27 不同的是，CV33 的顶部结构是个方盒子。早期的 CV33 都采用焊接结构，但很快，意大利人发现自己的焊接技术实在不过关，于是，从 1935 年开始，又改回相对老旧的铆接式结构。相应的，铆接型的坦克型号也改为 CV35。1938 年开始，坦克的主要武器更换为一挺 13.2 毫米贝雷塔 M31 型重机枪，同时履带和悬挂也进行改进，定型后的型号变更为 CV38。

也许是认识到火力的不足，意大利人对 CV33 系列最后一种改型是把主武器换成瑞士索罗通 S-1100 型 20 毫米反坦克炮！除了炮盾稍作修改，其他部分仍与原车相同。这样一来既保持了战车原有的机动性，又将火力大为增强。这种火力升级版坦克被称作 L35/C，但实际上以二战的标准来看，这种坦克也许叫自行反坦克炮更为准确。

波兰也引进了"卡登－洛依德"坦克并自己生产，他们

超轻型坦克 | 陆地战场上的"萌萌哒"

的型号叫 TK 坦克。1933 年，波兰人决定升级这种坦克，于是研制出了 TKS 轻型坦克。这种坦克的主要变化是把装甲厚度从 8 毫米增加到 10 毫米，换装自己生产的 46 马力菲亚特 –122 汽油发动机，最大行程增加到 200 千米。TKS 坦克重 2.6 吨，

> 装备 20 毫米炮的波兰 TKS 坦克

> 装备机枪的波兰 TKS 坦克

> 波兰 TKS 坦克，机枪已拆除

197

大浪淘沙：传奇武器的消逝

> 日本九四式坦克部队

> 诺门坎战役中被摧毁的日军九四式坦克

> 苏军缴获的日本九四式坦克

长 2.58 米，宽 1.78 米，高 1.32 米，乘员 2 人，主要武器为一挺 7.92 毫米 wz.25 型机枪，备弹 2000 发。

到了 1939 年，意识到 TKS 坦克火力不足的波兰陆军开始给它换装 20 毫米炮，但仅仅换装了 24 辆之后，二战爆发打断了这一进程。

日本也改进过"卡登－洛依德"坦克。1933 年～1934 年间，由日野汽车公司以"卡登－洛依德"Ⅵ型为基础研制了九四式超轻型坦克。其改造方式与苏联的 T-37 坦克类似，都是密封车体以后加装了一个可以 360 度旋转的炮塔，装一挺 6.5 毫米或 7.7 毫米机枪。九四式超轻型坦克长 3.08 米，宽 1.62 米，高 1.62 米。自重 3.2 吨，战斗全重 3.45 吨。发动机换用了日本自己的产品，功率仅有 32 马力，车辆最大速度每小时 40 千米，最大行程 208 千米。车内乘员仍为 2 人。

九四式超轻型坦克由于太小，在日本陆军本来就不算大的坦克队列里都只能算"小字号"，所以也被戏称为"豆战车"，形容其大小就像一个豆子一样。

最后还得说说英国自己的改进型"卡登－洛依德"，按照现在的说法，这应该算是"官方改进版"。

英国陆军对于"卡登－洛依德"坦克的机动性能很满意，对于其结构简单、价格低廉、多用能力强也很感兴趣，但不满意的地方在于——太小了。于是要求维克斯公司继续改进，拿出更好的车型。维克斯公司心领神会，很快拿出了放大版的车型。新车长3.6米，宽2.1米，高1.6米，虽然还是比较"袖珍"，但比原版已经大了一大圈。

放大之后的新车车体由4面装甲板构成，顶部仍然完全敞开，装甲厚4毫米~10毫米，底部装甲厚3毫米。不过新车终于区分出了前部的乘员舱和后部的运载舱，乘员舱中，按照英国的驾驶习惯，驾驶员在右，机枪手在左。新车型装备一台85马力的福特V8水冷汽油机，最大公路速度每小时48千米，最大行程225千米。原型车自重3.75吨，后来增至4.5吨。

新车无论车内空间还是动力性能都有了大幅提升，英国陆军对此表示满意，1935年12月将其定名为"机枪运载车"MK-I型，并投入生产。生产型的"机枪运载车"MK-I把车体正面装甲厚度进一步提升为12毫米，主要武器也从维克斯的7.7毫米机枪换成从"捷克造"机枪仿制改进而来的布伦轻机枪。因此，"机枪运载车"这个名字也往往被称为"布伦机枪车"，后面这个名字流传的幅度甚至更为广泛。

> 升级以后的"机枪运载车"，也就是"布伦机枪车"

> 到现在仍然保存得不错的"布伦机枪车"

> 布伦机枪车的模型，可见其内部构造

"机枪运载车"本身的战斗力并不值得一提，但由于通用性好，英国人也拿它改出了不少衍生型号。包括迫击炮运载车、炮兵观测车、侦察车、牵引车、中型机枪运载车、火焰喷射器运载车、六联装防空机枪车等等。如果说美国陆军的"驮马"是"威利斯"吉普车的话，英国和英联邦陆军的"驮马"应该就算是"机枪运载车"了。

使用

超轻型坦克在各国军队体系里面一般被用来执行侦察、巡逻等任务，二战前的一些地区冲突中，由于后来大放异彩的那些知名坦克还没有诞生，超轻型坦克也曾经风光了一阵，但由于基础性能有限，也曾闹出过不少笑话。

1935年，意大利入侵埃塞俄比亚，CV33在面对只装备大刀和长矛的埃塞俄比亚土著人时，最开始还表现出了一定优势，毕竟埃塞俄比亚人很少有见过装甲战车的。但是过了初期的恐惧以后,人们逐渐了解这家伙不过虚张声势。于是,埃塞俄比亚人将它引到狭窄地域,而后从四面八方蜂拥而上,一起动手将只有3吨重的坦克掀翻在地。

西班牙内战中,意大利也派出了CV33系列坦克参战,并组建了3个轻型坦克营。然而他们的对手却装备了苏联提供的T-26轻型坦克,面对装备37毫米炮的T-26坦克,CV33的表现实在难以称道。

第二次世界大战爆发时,很多国家的超轻型坦克都"退居二线"了,但也有一些国家由于工业实力薄弱,仍然占据着重要的地位。比如波兰,1939年战争爆发时,总数575辆的TK和TKS构成了波兰装甲部队的主力。但这些坦克在面对德国坦克部队时根本无法抗衡,更不用说德国人还有空军助阵,因此损失严重。华沙保卫战结束后,参战的100余辆TKS只剩下不到20辆,这些坦克最终撤入了爱沙尼亚和克罗地亚。

不过,德军在缴获TKS之后,认为该车的底盘对各种环境的适应性很好,于是将其中一部分TKS的主武器取下,改为火炮牵引车,并一直用到1943年。还有一些则交给二线部队,主要作为训练、保安用车。部分坦克后来还被卖给克罗地亚的傀儡政权。

意大利人是另一个还在把超轻型坦克当主力的国家,战争初期,CV33系列坦克在北非战场的表现相当活跃。但面对英军大量装备的"玛蒂尔达"步兵坦克和"十字军"巡洋坦克,CV33陷入了打不过也跑不过的尴尬局面。要知道,即使是英国人的老式A9和A10巡洋坦克,也装备了40毫米炮,装甲厚达30毫米。CV33的机枪压根拿人家一点办法都没有,自己挨打的时候倒是一炮一个,不费吹灰之力。虽然后来意大利人改造了装20毫米炮的L35/C型坦克出来,但不过是杯水车薪,仍然毫无胜算。

1940年12月至1941年1月,北非战场上的"罗盘行动"中,英军一举击败意大利军队,CV33此战中损失惨重。北非意军装备的324辆CV33系列坦克中,经此一战就损了300辆,近乎全军覆没。自此以后,CV33在北非战场上就只承担一些侦察、巡逻、牵引火炮之类的任务。

苏德战争爆发的时候,苏联红军中的超轻型坦克已经不多了。1941年1月1日统计,仍有2157辆T-27在服役,但主要用作步兵师的侦察车或者营属火炮的牵引车。战斗中,这些"小不点"面对德军基本上很难发挥什么作用,使用T-27最后的一个有记载的战斗是在莫斯科战役期间:1941年12月1日,一些T-27支援第71海军陆战旅在亚赫罗马地区附近作战。

至于T-37和T-38两栖坦克,其实本来不是用来作为主战坦克正面对战的,但在苏德战争初期兵败如山倒的局面下,一切能用的坦克都被送上了第一线。T-37和T-38也不得不加入到与德国装甲部队的正面对抗中去,结果自然是损失惨重。到了1941年底,这些坦克基本损失殆尽,仅存的少数几辆也被送往后方执行训练教学任务。

真正在二战中大规模使用的还是英国的"机枪运载车",当然,并不是以坦克的身份出现。二战爆发时,这种车是英军皇家骑兵团和步兵团的标准装备,编为独立运载车营,每营9排,每排有10辆,其中1辆为排长座车。

北非战场上,"机枪运载车"广泛装备到包括澳大利亚、新西兰、印度等国在内的多国部队。开始大家对这种小车一直不太重视,直到1942年的阿拉曼战役,新西兰军队才对它的优异性能进行了生动的诠释。

此战中,新西兰第19装甲营的3辆"机枪运载车"在一次武装侦察中遭遇到优势敌军,一番英勇作战后只有1辆逃回基地。就在大家悼念战友之际,友邻的英国部队却打来电报:"贵部的两辆运载车开到我们这儿来啦。"原来,两辆"机枪运载车"一路上与"轴心国"坦克和俯冲轰炸机疯狂玩着追逐游戏,居然毫发无损地返回,只不过慌乱中误把英军阵地当成了自己的老窝。更让人吃惊的是,其中一辆的发动机已经失灵,是由另一辆拖着死里逃生的。此后"布伦机枪车"成了北非战场上的"万能运载车",该车最大额定载重量660千克,但每次运输任务都会超载。而英军装甲团的侦察连嫌它的装甲太薄、火力太弱,于是干脆拆下M3"斯图亚特"轻型坦克的炮塔直接装到了车上!

战后,这种简单、方便的装甲车依然被很多国家继续使用。1948年英军开始启用新的车辆编号体系,赫然发现仍有数百辆布伦车在役;1956年3月英国政府向德国赠送了约100辆布伦车;在爱尔兰,200多辆布伦车一直服役到上个世纪60年代。

消亡

事实上，从坦克的角度来说，超轻型坦克在二战爆发后不久就已经死亡了。无论是波兰战役还是北非战场，实战已经证明，这些超轻型坦克无论怎么改，由于其先天的劣势——太小、太轻，都不可能与真正的坦克相抗衡——哪怕对手仅仅是轻型坦克。

实战证明，坦克的防护、火力、机动性三大性能要想达到一定的平衡，是需要一定的体量作为基础的。超轻型坦克这种主要从经济性考虑出发的设计，实在无法完成坦克的基本任务。因此，1941年以后，各主要国家坦克部队的序列中已经没有了超轻型坦克的身影。即使是1942年上半年，苏联坦克部队仍然极度紧缺的时候，苏联人加紧生产的也是T-60之类的轻型坦克，而从没想过重启生产速度更快的T-27/T-37超轻型坦克。

而用的时间最长的英国人，则把超轻型坦克的定位做了修正。"机枪运载车"从命名上就已经脱离了坦克的范畴，变成了一种勤务车辆。从英军装备体系中，"机枪运载车"被编成运载车营，就能看出英军的思路。

二战结束以后，"布伦机枪车"作为运载车的使命也慢慢终结，主要原因是有了更专业的运载车，比如以M113为代表的装甲人员输送车，以及以BMp-1为代表的步兵战车。两种新的车型无论装载量、防护力还是通过性、机动能力，都远远强于"机枪运载车"，步兵战车甚至还能伴随坦克直接在一线冲锋陷阵。

究其根本，超轻型坦克也好，"机枪运载车"也好，最终消亡的原罪就是太小了。小小的"萌物"在和平年代或者作为玩具倒是不错，但在强调实用性的战场上，面临生死存亡的时候，大家需要的只会是更强、更硬、更快。

余音

虽然超轻型坦克早已经消失于历史的长河中，但近年来，一些新的轻型战斗车辆却又重新兴起。这其中包括了特种部队常用的轻型快速突击车，也

大浪淘沙：传奇武器的消逝

超轻型坦克 ｜ 陆地战场上的"萌萌哒"

> 装 20 毫米炮的"鼬鼠"

包括了轻装部队常用的轻型全地形运载车。

其中，轻型快速突击车大都采用管式车体、无车身结构的沙丘车作为基础，装上大功率发动机和大型越野轮胎，再装上机枪、榴弹发射器等武器，基本放弃防护能力，但是跑得飞快。这种突击车在大规模正面作战中也许活不过三秒，但在特种作战、渗透潜伏等非常规小规模战斗中却很好用，某种程度上继承了超轻型坦克的一些设计思路。

而轻型全地形运载车则一般采用6X6或者8X8轮式驱动，车体小巧，但承载能力、通过能力都超强，虽然装载能力不如更大的装甲输送车，但通过能力则反而更强。再加上车体小巧，能够装进直升机和中小型运输机，战略机动性也相当强。当然，指望这东西上一线冲锋陷阵有难度，但用于运输、巡逻、侦察、警戒还是比较好用的。从某种意义上说，这种全地形车也许承接了"机枪运载车"的一些理念。

> 如今的快速突击车，多少有点超轻型坦克的影子

> 装反坦克导弹的"鼬鼠"

另外，德国 20 世纪 70 至 80 年代研制的的"鼬鼠"伞兵战车某种程度上也可以算当代的"超轻型坦克"。这种战车长 3.47 米，宽 1.82 米，高 1.79 米，全重 2.57 吨，乘员 2 人～3 人，比"卡登-洛依德"大不了多少。不过这种战车可以装一门 20 毫米机关炮，或者 1 具"陶"式反坦克导弹发射器，火力比"卡登-洛依德"强了可不是一点半点。另外，"鼬鼠"最大公路速度每小时 80 千米，续航力 300 千米，同样相当可观。

14 装甲列车
奔驰在俄罗斯大地上的"猛兽"

火车作为重要的交通工具，是大家司空见惯的东西。然而，当你坐在火车上奔赴目的地的时候，也许并不知道，几十年前，这种交通工具也曾被作为作战平台，发挥过重大的作用，堪称真正的"陆地巡洋舰"。

缘起

我们常说，坦克是完美结合了火力、防护与机动性的地面主战平台。但事实上，人类有战争以来，就一直在追求把这三个要素完美结合。冷兵器时代，重骑兵也许算是把三大要素整合得相对较好的兵种，但由于马力和人力的限制，也只是一个较低水平上的结合。

19世纪上半叶，蒸汽机的发明，让人类掌握的力量发生了一个巨大的飞跃。随后诞生的铁路与火车，则让人们在机动能力和运载能力上都有了长足的进步。按照人类历史的一般规律，新技术的产生往往会被首先应用到军事领域，火车自然也不例外。

最开始，人们对于火车的利用思路还仅限于其运输能力，希望通过火车和铁路，迅速把军队从一个地方投送到另一个地方。正是基于这一思路，德国人在自己的国内修建了密密麻麻的铁路,其铁路密度至今仍然是世界第一。英国学者约翰·基根在其著作《战争论》中写道:"早在1880年,德国首相俾斯麦就将私营铁路全部收归国有。'德国政府把铁路视为国防的关键因素',1866年,普鲁士每天动用12列火车运兵,一个星期内就把近卫军团从柏林部署到普奥边界前线。"这充分表明了德国人对铁路的运用思路。

但很快,人们就不再满足于仅仅用铁路和火车来运输。19世纪50年代英国出版的宣传手册《国防》中首次提出了装甲列车的构想。1860年,俄国的一位物理学家也提出在火车上搭载臼炮的方案。但理论毕竟是理论,要想变成实物需要什么?当然是战争实践。

1861年开始的美国南北战争是铁路首次成规模应用的战争。南北战争前,美国拥有近5万千米的铁路线路,铁路连起了各大城市和主要工业区。战争中,南北双方都大量使用铁路来运输军队和物资。其中,北方由于拥有更多的铁路线路(超过3.5万千米),而且铁路标准更加统一,在军事行动中更多受益于铁路。

1862年的第二次奔牛溪战役之后,遭受失败的北军损失严重,为了补充部队,林肯总统亲自调度,通过铁路运输,2.5万名补充兵在7天之内被送到了1200英里(约合1920千米)以外的南方。而在没有铁路之前,这样的调动可能需要2个月才能完成。到了1864年,通过铁路运输线,北军每天能得到20万发子弹的补给,而铁路运输较差的南军士兵甚至饭都吃不饱。

正因为关注到了铁路的重要性,南北双方都围绕着铁路动了不少脑筋。很多重要的战役围绕着铁路枢纽展开自不待言,在正规交战之外,南军还组织了不少小分队去破坏北军的铁路以及火车站。1861年,位于美国北部格雷斯港至巴尔的摩铁路线上的大量桥梁被南军的小股游击部队所炸毁,于是北军让"PW&B铁路公司"在一列蒸汽机车的车厢上装上装甲护板,并在车厢内放置一门大口径火炮,可以利用前方和侧面两边的窗口向三个方向射击,这成为了美国的第一列装甲列车,也是世界上第一列实用的装甲列车,之后这辆铁路炮车便在这条铁路线上进行巡防警戒任务。

也许是受了北军的启发,1862年6月,当南方首都里士满面临北军进攻时,南军司令罗伯特·李将军也下令制造铁路炮车来对付北军。于是南军海军便

大浪淘沙：传奇武器的消逝

> 美国南北战争期间南方使用的轨道炮台，车身用木头制作，没有动力，可以算作装甲列车的鼻祖，照片拍摄于 1864 年 6 月和 1865 年 3 月围困里奇蒙－圣彼得堡战役期间

> 美国南北战争期间出现的用列车拖拽的轨道臼炮

将一门32磅炮放在一辆4轴铁路平板车上,然后在平板车四面装上倾斜式"钢轨墙"作为防护。这辆简易的装甲炮车随即参加了6月25日对北军进攻的防守作战,这场战斗后来被作为"七日战役"的一部分而存留于史册。

战争中间的启发往往是相互的,北军的巡逻用装甲列车启发了南军的装甲炮车,而南军的装甲炮车参与防守同样也启发了北军。1864年的彼得斯堡战役期间,南军在城市周围建立了数座配置重炮的要塞,作为保卫城市的屏障。对付这些坚固要塞,轻型野战炮是无能为力的,只有使用重炮。虽然一般来说,重炮的机动性都很差,但好在彼得斯堡周边铁路密布,为北军提供了极大的便利。

为了提升炮击的灵活性和效率,北军还学习南军2年前的做法,把重炮直接装在铁路平板车上进行射击,并用条形木料铆接制成挡板作为防护。北军在此战中使用了多种型号的列车炮,其中以绰号"独裁者"的13英寸巨型臼炮最为有名。此炮重7765千克,在45度仰角发射91千克重的炮弹时,射程可达3872米。"独裁者"在詹姆斯河沿岸的港口卸下,然后沿铁路前往彼

> 1882年英埃战争期间,英国军队的装甲列车在埃及

得斯堡前线，发射阵地设在南军无法看到的地点，炮车和轨道都经过特别加固，以承受"独裁者"发射时的巨大后坐力。这些"列车炮"为攻克彼得斯堡立下了汗马功劳。

1870年～1871年的普法战争和1882年的英埃战争中，装甲列车再次粉墨登场。不过这两场战争中的装甲列车与南北战争时期一样，基本上都是拿铁路平板车临时改造的"救急产品"，而且主要用于保护自己的运输列车。

到了1899年爆发的布尔战争期间，情况终于开始变化。由于当时还是英国殖民地的南非地区在运输上主要依靠铁路，受到此前几次战争中装甲列车作用的启发，英国人早在布尔战争开始之前，就有预见性地命令位于开普敦、塔拉尔和罗德西亚三地的铁路局制造了13辆铁路装甲列车。与此前临时改装的装甲列车不同，这些列车都是专门设计和建造，不再是拿平板车凑合。这些装甲列车一般有两节以上的装甲车厢作为步兵载车，车厢装甲板上多开有供车厢内士兵进行火枪射击的射孔，另有一节或两节的炮兵载车，搭载维克斯式7磅机关炮及海军用中口径舰炮。

由于装甲列车铁路线仍然具有良好的巡防战力，所以装甲列车的数量在布尔战争中一直持续扩张，最多时达到20多列同时使用。这次战争之后，"真正"的装甲列车终于登上历史舞台。

技术特点

首先需要说明的是，我们这里说到的装甲列车指的是作战专用列车，那种在货运或者客运列车上加一两节运兵车或者保护车的不算。

一般来说，装甲列车包括两大部分，战斗列车和基地列车。其中基地列车指的是动力机车、煤水车、载人车厢等，为整辆列车提供动力来源和后勤服务；战斗列车则包括装甲车厢以及搭载其他武器和战斗兵员的平板车或者敞篷车。

不同的装甲列车，基地列车和战斗列车的数量也不同。一般情况下，一列装甲列车会有一台蒸汽机车，少数情况下，为了提供更强的动力，有的列车也会配备两台蒸汽机车。煤水车则根据蒸汽机车数量来，一般是一比一配置。

至于载人车厢也是根据情况来看，人多则多，人少则少。当然，有的时候为了安全起见，装甲列车还会加挂要员列车，顺便执行保护任务。

由于要承担战斗任务，作为整列火车的动力核心，蒸汽机车毫无疑问应该受到重点保护，因此，装甲列车的蒸汽机车不会像普通列车那样放在整列车的最前面，一般放在中部。虽然这样一来驾驶的视野受到影响，但考虑到装甲列车本来也不追求开得多快，再加上最前方战斗列车上有人提供瞭望，影响也不大。另外，为了保证安全，蒸汽机车也会加装装甲板，避免被人直接给"斩首"了。

战斗列车的构成则复杂得多。一般来说,战斗列车包括专门建造的战斗车、搭载其他武器的平板车和搭载步兵作战的车厢三大类。

早期的战斗车相对简单，一般就是在普通客车车厢的基础上改造。具体项目包括把整节车厢用装甲板包起来，装甲板上只开小尺寸的观察窗和射击孔；截取一部分车厢的上部设施，加装装甲炮塔，炮塔中的火炮以中口径和小口径火炮为主，这样的炮塔一节车厢上可能装 1 个，也可能装多个，取决于车厢的承载能力和作战需要；其余部分的装甲车厢内加装若干机枪，作为辅助火力。这么改造出来的战斗车就像一个大号的坦克，只不过行动装置变成了火车底盘，而不是履带。到了第二次世界大战期间，由于来自空中的威胁增大，战斗车中就多了一种防空车，其特点是用防空炮取代了普通战斗车上的炮塔。当然，也有的战斗车混装对地攻击的火炮和防空炮。

根据各国的不同喜好、不同需求，不同的战斗车外形、武器配备各异。比如二战中德国的 Bp42 型战斗列车，就在车厢前端装了一座八角锥台形的炮塔，里面装一门缴获的苏联 76.2 毫米榴弹炮。不过也有的 Bp42 的炮塔里装的是缴获的波兰 100 毫米榴弹炮，或者德国人自己的 105 毫米榴弹炮。二战中，由于各国大量装备坦克，很多装甲列车干脆不另外设计炮塔，而是直接把坦克炮塔"移植"到装甲列车上，倒也简单省事。比如苏联的装甲列车山就经常可以看到 T-34、KV-2 等坦克的炮塔。

当然，还有更省事的，有的国家直接把坦克或者装甲车辆拿来，拆掉履带，然后装上能在铁轨上行驶的车轮和制动装置，也是战斗车的一种。不过，由于坦克的体型和重量与列车车厢相去甚远，这种改装只能作为辅助的轻型

大浪淘沙：传奇武器的消逝

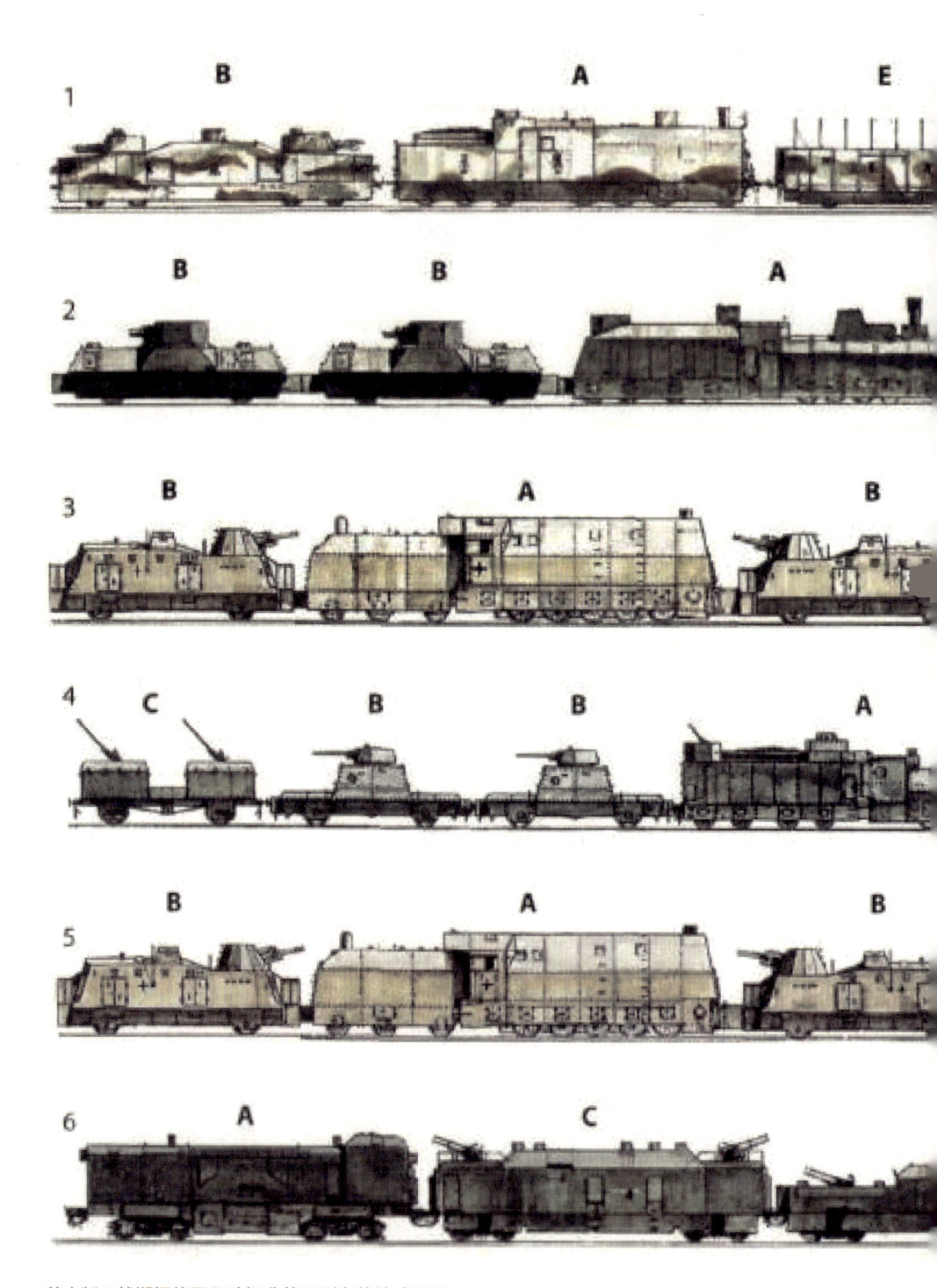

> 英文版二战期间德国几种标准装甲列车的编成图示

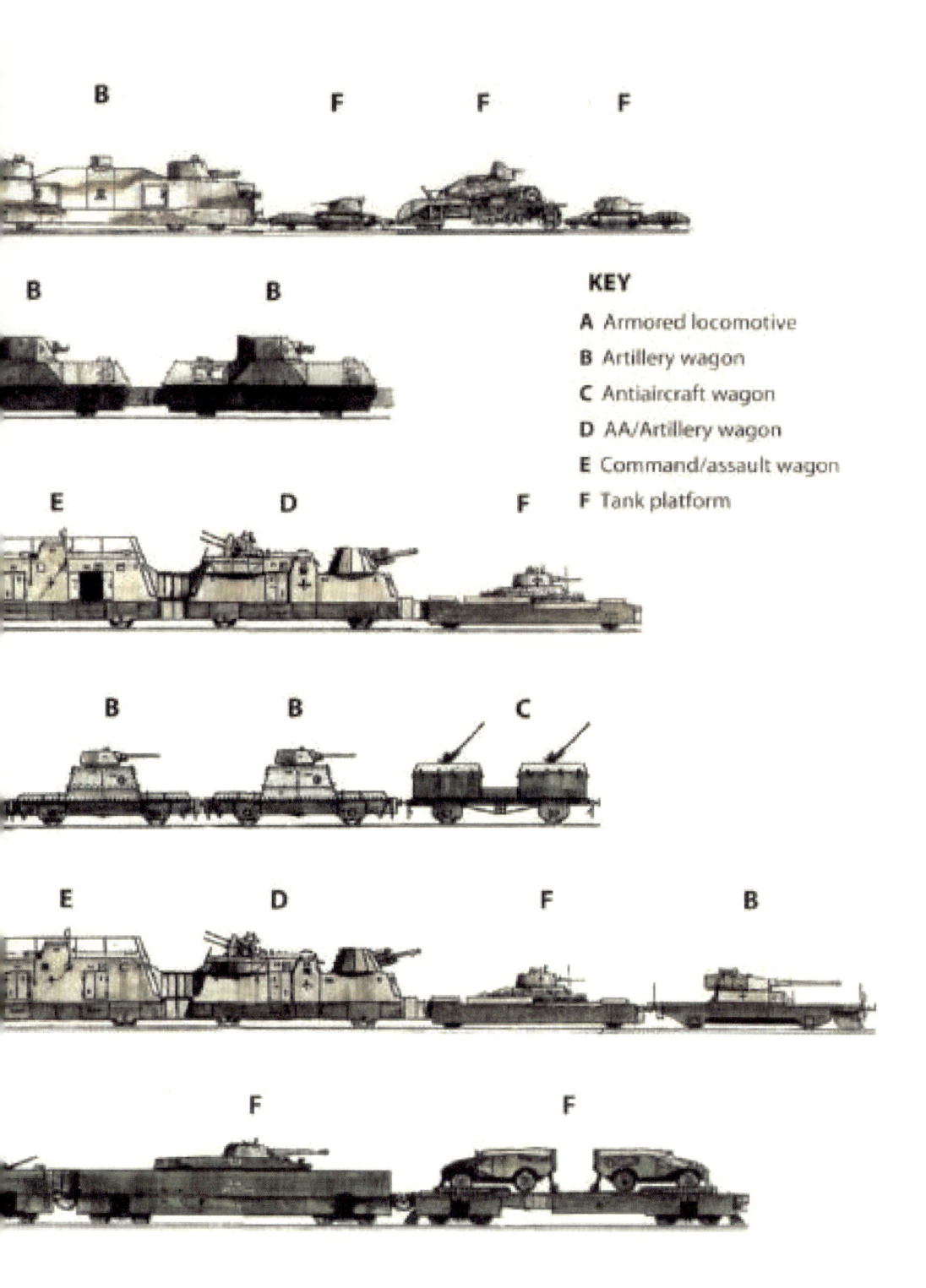

装甲列车 | 奔驰在俄罗斯大地上的"猛兽"

KEY

A Armored locomotive
B Artillery wagon
C Antiaircraft wagon
D AA/Artillery wagon
E Command/assault wagon
F Tank platform

215

战斗车,跟专用的不可同日而语。

专门建造的战斗车毕竟造价比较高,而且造起来费时费力,还要占用工厂生产其他列车的时间和工位,所以产量必定有限。为了弥补战力的不足,人们常常会在装甲列车上加几节平板车,然后把坦克、火炮等装备固定在上面,作为补充战斗力量。

这种平板车的防护能力和战斗力肯定不能和专用战斗车相比,但胜在操作简单、搭配灵活。因为这些平板车并不是专用列车,和运货的平板车并无不同,拿来就能用。同时,根据作战需求的不同,平板车上能装坦克对地攻击,也能装防空炮打飞机,还能装上压制火炮进行远程攻击,相当方便。

最后一种战斗列车就是以搭载步兵战斗为主的车厢。这种车厢就更简单了,一般就是把普通的"闷罐子车"四面装上钢板,然后在钢板上开若干个射击孔即可。里面搭载的步兵既能通过射击孔在车上作战,必要的时候也能下车作战,功能和现代的步兵战车类似。

所以,如果要类比的话,二战中的装甲列车相当于是坦克、自行火炮、防空高炮、步兵战车和运输车的综合体,其战斗力还是相当可观的。这些车辆的编组也遵循一定的规律,一般来说两头摆的都是专门的战斗车,战斗力最强,还会配备清障器;蒸汽机车配备在最中间,机车与战斗车之间则搭配煤水车、平板车、载人车等。

以二战中德国 Bp42 系列装甲列车为例,第一节车厢为 Bp44 型战斗车,上面安装德国四号坦克或者俘获的 T34/76 坦克的炮塔,前部装有清理铲,用于清除铁路上的杂物或者是布置的障碍;如果在地雷较多的地区,还会在此节车厢之前再加挂一节平板车,用于诱爆地雷。第二节车厢为坦克搭载车,一般搭载退居二线的坦克,比如在 42 年和 43 年已经落伍的 38(t)或者是缴获其他国家的装甲车辆,该节车皮的用途是使用搭载的坦克进行清剿作战;第三节车厢为 Bp42 防空/火力支援车,装备有缴获苏联或者是波兰的 76 毫米榴弹炮,或者使用德国自己的 105 毫米轻型榴炮,后部则是 4 联装 FLAK38 型 20 毫米防空炮;第四节车厢为载员车厢,主要是搭载随车步兵以及其使用的装备;第五节车厢是火力支援车,一般搭载一门缴获的 76 毫米口径以上的火炮或者是德国的 105 毫米轻型榴弹炮;第六节为动力车头,是驱动整列装甲列车前进的核心，一般为覆盖着装甲的 BR57 型蒸汽机车。后面的车皮顺序将前面所述的倒过来即可。

至于列车炮的结构就不一样了。由于列车炮一般都在相对安全的后方执行任务，不用担心遭遇敌人的问题，所以，它们的全部任务就是为车上装的那门巨型火炮服务。这些大炮尺寸特别大，往往一个炮管就要占据一节车厢，所以炮弹、发射装置、维护工具、配套设备等等都得有专门的车厢来安排，相应的炮组和工作人员还得有车厢来搭载。因此，列车炮其实除了发射的那节车厢以外，其他的基本都是服务车厢。

> 二战德国 Bp42 系列第 61 号装甲列车

> 二战德国 Bp42／Bp44 装甲列车

> 一战德国 SKL／40 240 毫米列车炮

大浪淘沙：传奇武器的消逝

> 一战德国 SKL／40 240 毫米列车炮

发展

布尔战争时期的装甲列车还相对简单，并没有专门的战斗车。主要的作战车厢就是把普通货运敞篷车厢四周装上钢板而成，而且这些钢板还不是全密封的，顶部仍然敞开。好在这个时候没有空军，不用担心来自空中的威胁，敞篷也没什么影响。至于搭载火炮的车厢，干脆就是把野战炮直接连炮带轮子全搬到平板车上，然后固定一下就行。

到了第一次世界大战，吸取了此前几次战争的丰富经验，装甲列车进一步正规化，开始出现了专门制造的战斗车。由于已经有了空军，这些战斗车不再是敞篷车，统统加了装甲车顶。同时，战斗车上也开始装上了专门设计制造的炮塔。

由于第一次世界大战的西线战场在很长时间里都是以堑壕战为主，东线战场虽然进退幅度较大，但也有比较完整的战线，因此，铁路线和铁路设施一般都位于战线保护之后。即使有位于双方争夺线上的铁路，实战表明，看起来很强的的装甲列车一样扛不住密集的炮兵火力轰击。所以，第一次世界大战期间的装甲列车分化出了两个分支，其中一个是相对"标准"的装甲列车，用于保护铁路线和铁路设施，对付零散袭击的敌人游击队或破坏分队；另一个就是曾在南北战争时期发挥作用的"火车炮"。

第一次世界大战期间，重炮堪称决定性的力量。尤其在西线战场，历次战役几乎都是以大量重炮的长时间轰击拉开序幕，有时候这种炮战的结果甚至能决定战役的走向。和南北战争时期碰到的问题一样，一战的重炮一样机动性很差，尤其是那些超大口径的火炮（200毫米以上），构筑固定阵地可能需要几个月的时间。而如果战线发生变化，要转移阵地，此前修筑的阵地又全部浪费了。所以，人们干脆把这些超大口径的火炮装到火车上，既免了建设固定阵地的麻烦，又可以随时转移阵地。

这些列车炮在一战期间发挥了重大作用，以至于协约国在战后拟定的《凡尔赛条约》中列明德国禁止使用列车炮等重型武器。

第一次世界大战结束后，俄罗斯先是面临外国干涉军的联合干涉，接着

大浪淘沙：传奇武器的消逝

> 1915年拍摄的俄罗斯"Hunhuz"装甲列车

又陷入长达数年的内战。这些战争的特点是没有相对固定的战线，双方都以机动作战为主。这种环境下，铁路线和铁路设施面临的威胁骤然升高。同时，由于机动作战的部队不可能携带太多重武器，对装甲列车的威胁也有限。因此，这段时间里，在俄罗斯大地上，装甲列车的重要性急剧提高。红军和白军双方经常把装甲列车作为战斗支点和火力堡垒，打出了很多精彩的战斗。

到了第二次世界大战，虽然欧洲战场仍然是以连续的战线作战为主，但几个因素让装甲列车再次受到重视。首先是来自空中的威胁，这就让铁路线不再如以前那样相对安全，必须随时注意对空防御；其次则是游击队和别动队的大量出现。在法西斯控制区，当地人组织的游击队和盟军派出的别动队此起彼伏，规模大的如南斯拉夫，甚至能和德国正规军掰掰腕子。这些游击队和别动队的行动神出鬼没，作用显著，但防护起来又相对困难的铁路线自然成为首选的目标之一。

为了防空，也为了保护铁路线，德国和苏联都装备了不少装甲列车。不过，由于装甲列车的装备数量毕竟有限，再加上它们要对付的也不是重装的正规部队，所以，这些装甲列车上的武器往往以缴获武器和被淘汰的过时武器为主，其中尤其以德国为甚。德国装甲列车上的装备堪称五花八门，最老的甚至还有一战中的法制FT-17轻型坦克。

苏联的装甲列车则略有不同，除了防空，它们有时候还要与渗透或者突破防线的小股德军作战，或者为附近的作战部队提供支援。因此，苏联装甲列车往往使用现役的装备。比如，生产数量巨大的T-34和KV坦克的炮塔就是苏联装甲列车最常见的装备。

> 二战期间苏联的装甲列车，装备多门 T-34-76 坦克使用的火炮

使用

布尔战争中，英国装甲列车刚刚上路，就遭遇了一场很有代表性的战斗。

1899 年 11 月 15 日，英国第二"皇家都柏林"火枪团派遣了一列装甲列车沿纳塔尔铁路线侦察南非布尔民军南移的动向。布尔人指挥官路易斯·波特命令民兵在佛利尔附近伏击这列装甲列车。布尔人特遣队从列车后方发动了奇袭，英国装甲列车试图强行往回撤退时，慌乱中撞上了布尔人事先在铁轨上放置的大石块。一节运兵车当即翻滚出轨，装甲列车也受到布尔人的猛烈攻击，列车上的维克斯"砰砰"炮遭受到了布尔人同型机炮的攻击而被毁，只有蒸汽机车最终冲过障碍成功逃脱，其余车厢则都被留在了原地。

此战中，布尔特遣队俘虏了车内的 50 名英军，以及当时在《英国晨邮报》担任记者的青年丘吉尔（丘吉尔后来成功越狱）。佛利尔一战暴露了装甲列车只能依托轨道使用和难以防范伏击的致命弱点，并且无论装甲列车的武装和作战技术如何发展，还是必须要有骑兵作为其侦察哨兵伴随作战。

一战中，标准的装甲列车没有太多表现机会，倒是列车炮大放异彩。

一战爆发后，特别是前线进入静态对峙状态后，为了弥补重型火炮的不足，德军将海军舰炮转用于陆战，并使用铁路运载平台解决重型舰炮在陆地的机动和射击问题，由此开始大量装备列车炮，而作为德国主要舰炮生产商的克虏伯公司自然承担了列车炮的设计和制造任务。在一战期间，克虏伯公司推出了多种型号的列车炮，其口径在 150 毫米到 380 毫米之间，它们利用铁路网在战线各处调动，为德军的进攻和防御提供强有力的火力支援。

英法不甘示弱，也积极把自己的海军火炮装到火车上，以轰击德国防线。1915年，英国开始寻求列车炮的可行性设计。承担制造任务的有埃尔斯维克和维克斯两家公司。翌年，埃尔斯维克公司将"爱德华国王级"战列舰上的舰炮安装在旋转炮架上，再一起装在铁道车上，构成了MK10式234毫米列车炮。以后该公司新设计了MK13式234毫米列车炮，由于耳轴后移，有更大的射角。一战中，埃尔斯维克公司还制造了MK1、MK3、MK9（V）和MK9（E）式305毫米，MK3式356毫米列车炮。

苏联和俄罗斯反对干涉军之战和内战中，由于俄罗斯大地辽阔，道路条件差，铁路线成为各方争夺的焦点，装甲列车自然发挥了重要的作用，红军尤其重视装甲列车的生产。1918年的时候，红军还只有23列装甲列车，到内战结束时，这个数字已经超过了100列。

根据苏联官方记载，装甲列车首次参加战斗是1917年11月20日，在斯坦尼察什洛宾以北15千米处的一次战斗。此战中，红军的装甲列车用火炮和机枪支援了步兵和水兵的冲锋，这也成为苏联和俄罗斯内战中最常见的作战方式。在1918年保卫察里津的战斗中，红军和白卫军都是用了装甲列车，其中

> 1918年8月，法国杜埃，参加第一次世界大战的英军BL14英寸（356毫米）列车炮

红军的装甲列车表现尤为出色,它们不但用火炮和机枪有力地支援步兵的战斗,还承担了大量的运输任务,为保卫战的胜利立下了汗马功劳。

第二次世界大战的光辉自然是属于坦克机械化部队的,但装甲列车同样发挥了不小的作用,其中用的最多的还是苏联和德国。

苏德战争第一阶段,苏联装甲列车在保卫铁路枢纽的战斗中起了重要的作用。其中特别值得一提的是:第56号列车曾将来势汹汹的德军坦克和摩托化步兵阻挡于基辅城外,第72号列车曾辗转于明斯克、布里扬斯克、莫斯科、列宁格勒、斯大林格勒等多处作战。面对德国人的空中优势,苏军还改造了不少特种防空装甲列车,苏联陆军《红星报》曾报道,"布尔什维克"号防空装甲列车,从1942年1月到战争结束共行驶了1.3万千米,击落德机30架,这辆装甲列车既装有轻型和中型加农炮,还装有用于防空的超重型高射炮。

德国也生产了不少标准制式的装甲列车,大量用于铁路沿线的反游击作战。到1944年初,德军装备的装甲列车达到30列,其中北方集团军群2列,中央集团军群8列,南方集团军群9列,巴尔干地区4列,法国3列,另外4列在国内维修。除了标准制式列车,德军还使用缴获的装备拼接成装甲列车,如FT-17、S-35、苏联波兰的装甲列车、缴获的各型火炮都被德军挪为己用。

1941年,在进攻南斯拉夫的战斗中,德国第23、24号装甲列车被投入作战。战争很快以德国

> 苏联Bp-52装甲列车

> 在伏罗希洛夫格勒(卢甘斯克)被德军击毁的苏联"为了祖国"号装甲列车

的胜利而告结束，但两辆装甲列车并没开离开，仍停留在南斯拉夫，参加了1941年冬至1942年镇压塞尔维亚游击队的战斗。在这之后，德国的装甲列车经常行驶在萨格勒布至贝尔格莱德之间的铁路上，这条铁路沿线成了装甲列车的主要战场。此后，德国每年都派数辆装甲列车到巴尔干半岛来镇压游击队，到了1944年冬全德国几乎一半以上的装甲列车都被派到了这儿参加战斗。

至于列车炮的使用就更为广泛。第二次世界大战间，德国制造了很多不同种类的列车炮，如重型古斯塔夫、K5E列车炮、K12E等。这些列车炮的口径比较大，由150毫米至800毫米不等，其炮管也较相对长，射程可达数十千米。

1940年，2门K5列车炮被秘密运到法国多佛尔海峡沿岸，向海峡对岸的英国本土射击。对岸的英国虽然也有超过300毫米的列车炮和海岸炮，但是射程根本够不着K5，只能干挨打，没有任何办法。1944年的意大利安齐奥战役也是K5列车炮发威的一仗，2门K5火炮在安齐奥的铁路隧道里躲避轰炸，轰炸过后就跑出来攻击正在登陆的盟军士兵和装备，给盟军士兵带来了极大的伤亡和恐慌，这一战给K5带来了另一个

> 第二次世界大战期间英国在窄轨铁路上使用的轻型装甲巡逻列车，装备一挺13.9毫米博伊斯反坦克枪，一挺刘易斯机枪。

> 二战期间在康沃尔到苏格兰北部海岸巡逻的英军装甲列车

绰号："安齐奥特快"。

消亡

虽然装甲列车在两次世界大战期间都发挥了重要的作用，但二战以后，这些装甲列车都迅速销声匿迹。此后的历次局部战争或者地区冲突，也几乎没有再看到它们的身影。究其原因，还是因为装甲列车有着与生俱来难以克服的缺点。

首先也是最大的问题当然是局限于铁路线，无法离开铁轨作战。所以，像德国那种铁路密布的地方倒还好说，换一个地方试试？只要战斗不在铁路线附近进行，装甲列车就只能徒呼奈何。另外，由于铁轨的限制，只要铁轨有一点小的损坏就能使列车失去机动能力，停在那里挨打。而铁路线本身绵延数百甚至数千千米，不可能处处布防，在战时被破坏的可能性实在太大了，这也必将制约装甲列车的作战能力。

同时，与其他武器相比，装甲列车对后勤支援的依赖性要大得多。列车要不断加水，每天都要补充煤，而且还必须要清理锅

> 德国 Bp42 列车

> 德军第 28 号装甲列车，车上停放一辆缴获的法制 S35 坦克

> 德国 PzTrWg16（PT16）装甲列车，建于 1942 年，在 1945 年 5 月被红军缴获，战后被转移到波兰军队，并作为波兰装甲列车的一部分

炉。列车上搭载的大量武器带来的除了强大的战斗力，还有巨大的物资需求。

此外，尽管后来的装甲列车装载了不少防空武器，但毕竟体量有限，能装的防空武器数量也有限，在空袭面前生存能力低下。要知道，二战期间，以"大和"号战列舰多达100门以上的高炮尚且无法应对美军的空袭，最多只能装十几门高炮的装甲列车又如何能够幸免？

最后，也是最重要的就是，装甲列车所能发挥的作用，目前完全可以由其他各种武器来完成。比如直升机、装甲车、无人机等，都能完成铁路线的巡逻和保卫工作。

余音

作为人类战争史上数得着的"钢铁巨兽"，装甲列车其实倒也不是彻底销声匿迹，在现代战争中仍有使用。现代的装甲列车装备了机枪、高射炮、火箭弹巢、迫击炮等等混搭武器组合，其中甚至还包括二战时期美国M18"地狱猫"坦克歼击车的炮塔，曾在90年代的欧洲冲突中使用。到2002年年底，俄军已经有3列装甲列车，分别命名为"丘比特""贝加尔"和"捷列克"，还有一列临时拼凑的装甲列车"科兹·玛米宁"号。

根据任务，装甲列车的组成一般是：1节~2节配备SU-23-2型23毫米高炮的防空车厢，1节~2节BMp-2步兵战车车厢，1节~2节T-62坦克车厢，安装了AGS-17自动榴弹发射器和重机枪的步兵战斗车厢，有装甲保护的人员宿营车厢，后勤/弹药车厢，1节~2节装满沙袋或其他重物的前车（用来引爆铁道上的地雷），1节~2节通讯/指挥车厢，2节柴油牵引车（一节牵引，一节备用，同时保障全车用电）。

由于俄政府军费拮据，这些装甲列车并不完全是制式装备，有相当一部分使用民用车厢改装而来，其中很大一部分还是部队自行改装的，使用的材料也是五花八门。在北高加索的军事行动中，装甲列车完成了3.2万千米的巡逻任务，安全护送了超过100列军用列车，执行各类抢修任务。

除了传统的装甲列车，苏联时期还研制了装在火车上的洲际导弹。某种意义上也可以认为，这种"导弹列车"是列车炮的终极拓展版吧。

装甲列车 | 奔驰在俄罗斯大地上的"猛兽"

> 俄罗斯装甲列车

俯冲轰炸机
二战初期的"空中噩梦"（上）

在各种消逝的传奇兵器中，要说到最像流星的，当属俯冲轰炸机这种武器了。俯冲轰炸机从诞生到消亡，不过短短二十几年的时间，但却在第二次世界大战初期，成为最耀眼的明星，甚至一度成为德国"闪电战"的帮凶之一。这种武器的职业生涯，真可以称得上是短暂而绚烂。

诞生

从诞生之初，飞机就被军人们盯上了，并很快用于实战。当然，一开始，各国军队只是用它来进行侦察和对火炮进行校射，简单地说，比较类似于气球的作用。

> 意土战争中的飞机

那个时候，各国飞行员在空中碰到了，大都互相打个招呼就走，互不影响，颇有骑士风范。

不过，这段时间注定不可能长久。很快，飞行员们就不满足于当地面厮杀正酣的时候，自己只能在空中当看客的角色了。参与！必须参与进去。1911年底，意大利和土耳其为争夺北非的黎波里地区激战正酣，意大利的飞机每天都会去侦察土耳其人的阵地情况。11月1日，意大利陆军少尉加沃蒂如往常一样，驾驶自己的"鸽"式单翼机前往塔吉拉绿洲和艾因扎拉地区上空侦察，但不一样的地方是，这次任务，加沃蒂少尉偷偷带了4颗2千克重的手榴弹上飞机，准备大干一场。

在目标上空，加沃蒂扔下了所有的手榴弹，这也成为人类历史上第一次空中轰炸，这个时候距离莱特兄弟试飞首架飞机不过8年而已。但遗憾的是，这次轰炸并不算成功，加沃蒂少尉扔下的手榴弹没能命中土军阵地，倒是砸到了一所医院的头上。为此，土耳其趁机指责意大利犯下了轰炸医院的罪行。

之所以出现这种尴尬局面也很正常，这个时候的飞机以及与飞机相关的所有技术和设备都还处于发展的最初阶段，自然不可能完善。就说对地轰炸吧，1910年代，世界上没有任何制导技术，大家能从飞机上扔的只有各种榴弹或者炸弹。至于轰炸瞄准设备……很抱歉，也没有。所以，这个阶段的空中轰炸，全靠飞行员目视估计距离和方位，然后人工估计需要的提前量。这种轰炸方式，自然谈不上任何精确度，全靠运气。事实上，这些问题一直到第一次世界大战结束都没有解决。

不能把炸弹扔到敌人头上，来自空中的攻击将毫无威胁。为了解决这个问题，人们的第一反应是——质量不够数量凑。一颗炸弹扔不中，那就多扔几颗。随之而来的就是重型轰炸机的诞生——一次扔上几十颗炸弹，总能有几颗炸到目标吧？

但对于轻型飞机来说，问题仍然没有解决——毕竟轻型飞机不可能带那么多炸弹。由于军用飞机的主力毕竟还是相对较小型的飞机，所以，如何让只携带一两枚炸弹的飞机也能准确命中目标就成了人们纠结的问题。

根据物理定律，炸弹还在飞机上的时候，相对于地面而言，具有和飞机

大浪淘沙：传奇武器的消逝

> 俯冲轰炸原理示意图

一样的飞行速度。这么一来，投弹的时候，炸弹就会有一个初始的飞行速度，但由于没有动力了，这个飞行速度是逐渐降低的；同时，在重力的作用下，向下加速运动。所以，事实上，炸弹在离开飞机以后走的是一个抛物线的轨迹。第一次世界大战的激烈战斗中，英国人找到了解决问题的灵感：既然水平飞行的时候，很难估算提前量，那么干脆投弹的时候减少水平运动的速度和位移，减少需要估计提前量的难度。具体的办法就是——俯冲轰炸。

简单地说，俯冲轰炸就是在投弹的时候，飞机以45度以上的角度向下俯冲。这样一来，炸弹离开飞机时，水平方向的速度会比较小，会减少水平方向飞行的距离；同时，炸弹离开飞机时会有向下的初始速度，这样一来，炸弹会更快地落到地面，进一步减少水平方向的偏差。综合作用下，炸弹的误差会大大减小，命中精度也就更高。从理论上说，飞机如果以90度垂直向下俯冲，精度肯定是最高的——因为基本没有水平方向的速度了嘛，一炸一个准。

不过，以上分析都还只是理论。俯冲轰炸面临的最大问题是，飞机在俯

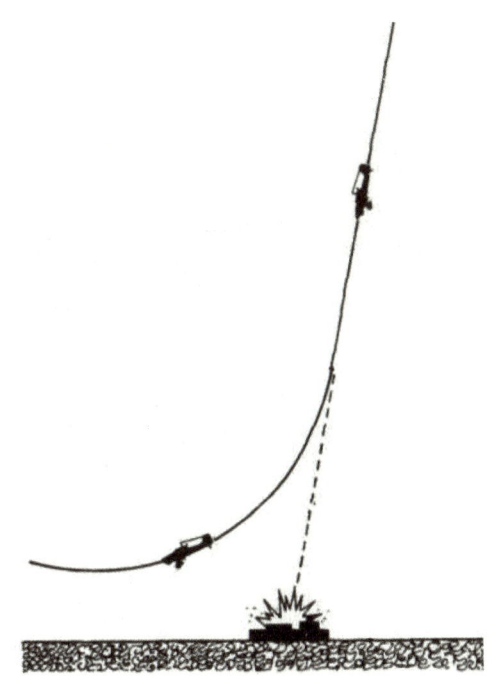

> 俯冲轰炸的原理图

冲投弹以后需要拉起来恢复平飞，不然就成了自杀式飞机了。而在俯冲拉起的过程中，强大的离心力会作用在飞机上，这个力量有多大？坐过过山车的人就会有一些体会。这就对飞机的强度提出了很高的要求。但现实情况中，尤其是第一次世界大战的现实技术条件下，飞机基本都还是木头做的，结构强度自然很有限。真要来个90度垂直俯冲，可能俯冲到一半，飞机就因为速度太快而散架了，更别说拉起改平，而这也是第一次世界大战期间俯冲轰炸没有广泛使用的重要原因。

20世纪20至30年代，具体来说就是两次世界大战之间，航空技术得到了突飞猛进的发展。短短十余年时间里，航空发动机的输出功率增加了十倍；飞机的飞行速度增加了五倍；起飞重量、载弹量、航程也都大幅增长。同时，由于金属材料在飞机上大规模应用，"钢筋铁骨"的飞机终于不再"弱不禁风"，结构强度大大增加。这也就为专门的俯冲轰炸机的诞生奠定了技术基础。

1930年代初期，美国、德国先后开始了专用俯冲轰炸机的研究。不过，两国的方向有所区别。德国方面，由于海军约等于零，又没有海外殖民地或

大浪淘沙：传奇武器的消逝

> 容克斯 K.47，利用该机型，德国人进行了早期的俯冲轰炸试验

者海外利益需要保护，倒是陆地上面临众多挑战，所以，德国一开始研制的就是用于对地攻击的俯冲轰炸机。此外，同一时期，德国陆军正在研究以机械化部队作为主角的新的战争模式。在这种模式下，传统的地面支援火力——重炮无法跟上机械化部队的前进速度，陆军急需一种机动灵活、威力大的支援武器，正在研制中的俯冲轰炸机就成为实现这一目标的首选。

美国方面呢？北美大陆上，美国基本没有来自陆地的威胁，倒是面临两洋的地理环境，让美国对于海军的发展有着极高的诉求。与此同时，美国海军在两个大洋的方向上也确实都面临着别国海军的潜在威胁或挑战，比如太平洋方向的日本，以及大西洋方向的欧洲各国。这种情况下，美国更需要对舰攻击威力大、效率高的武器。而实验表明，军舰在面临来自空中的攻击时相对脆弱，包括军舰的防御体系，也是在对空方面最薄弱。因此，俯冲轰炸机就成为美国海军对舰攻击的利器。

两种不同的发展思路，决定了在不同的战场上，俯冲轰炸机发挥的截然不同的作用。

"闪电战"的帮凶

1940年5月,德国对西欧诸国发动了突然袭击,德国人的"闪击战"让西欧各国联军猝不及防,随即一溃千里,最终以比利时、荷兰、卢森堡等国被占领,法国投降告终。在这场战役中,带着尖锐的啸叫声从空中呼啸而下,向着一切地面目标投掷重磅炸弹的Ju-87"斯图卡"式俯冲轰炸机成了荷兰、比利时、法国、英国等国陆军官兵的噩梦。甚至于有的时候,仅仅听到空中俯冲轰炸机俯冲时发出的尖锐啸叫声,地面的军队就已经一哄而散了。

正因为Ju-87给西欧各国军队留下了如此深刻的印象,所以,在很长时间里,这种俯冲轰炸机和德国坦克一起,被看作德国"闪击战"的得力帮凶。但也许很多人不知道,Ju-87俯冲轰炸机在竞争德国空军的订单时,其实并不是飞行性能最好的。

德国人在二战前对俯冲轰炸机的"初体验"始于对美国人的学习,一战王牌飞行员、后来担任德国空军战斗机总监的恩斯特·乌德特是俯冲轰炸机

> 1939年9月,波兰上空的德军Ju-87斯图卡编队

的坚定支持者。他在 1931 年亲眼见识了美国寇蒂斯公司 F8C "鹰"式战斗机的优异俯冲性能，乌德特多年后回忆："当时，这架战斗机进行了几乎垂直俯冲的表演。表演中，飞机对模拟目标投掷了沙袋，沙袋非常精确地投中地面划定的区目标域。这让我感到极大的震动，看来俯冲轰炸机这个概念完全可行。"

1933 年，乌德特在赫尔曼·戈林的支持下，从美国买了两架在 F8C 战斗机基础上发展而来的俯冲轰炸机，并亲自试飞和展示。在试飞过程中，乌德特发现，制约俯冲轰炸的一个重要因素是飞机在近乎垂直俯冲时，速度增加过快，最后很容易导致飞机无法及时拉起。为此，他创造性地提出了俯冲减速板的概念。简单地说，俯冲减速板就是飞机机翼上的一块金属板，平时收起与机翼平齐，俯冲时可以打开至 90 度，形成巨大的阻力板，让飞机在俯冲时不至于增速过快。

看了乌德特的演示后，戈林对于俯冲轰炸机也很感兴趣，而乌德特也在 1934 年加入新建的德国空军，并很快成为战斗机总监。在戈林与乌德特的推动下，1935 年，德国空军宣布了新型俯冲轰炸机项目的招标。当时参与竞争的共有阿拉多、亨克尔和容克斯三家公司，其中阿拉多公司推出的 Ar-18 型飞机由于还采用了老式的双翼机布局，根本无法承受俯冲时的巨大阻力，首先被淘汰出局。

剩下的两家公司中，亨克尔公司推出的 He-118 单纯从飞行性能上来看，无论飞行速度、机动性还是航程，都要优于容克斯公司推出的 Ju-87。然而德国空军要的是俯冲轰炸机，以上这些性能虽然也重要，但都不是最核心的需求，而在最核心的俯冲轰炸能力方面，飞行性能平庸的 Ju-87 却表现得异常出色。在测试中，Ju-87 能够以近乎垂直的角度俯冲。同时，平飞时成为阻力重要来源的不可收放式起落架，在俯冲时却意外地起到了一个巨大的稳定面作用，保证飞机能够保持良好的操纵性。而反观 He-

> Ju-87 "斯图卡"的第一架原型机

118，虽然平飞性能良好，但为了保证平飞性能而采用的可收放式起落架、平顺外形等技术，却在俯冲时成为速度增加过快、操纵性不良的原因。在乌德特亲自试飞最终失控，一头栽到地上以后，He-118也最终出局，Ju-87成为最终的胜利者。

就在德国空军测试俯冲轰炸机的时候，德国陆军对于"闪电战"的研究也进行得如火如荼。但在研究过程中，德国陆军遇到了伴随火力不足的重大难题。具体来说，由于第一次世界大战期间，阵地战成为各国的主流战术，因此，两次世界大战期间，大修各种坚固的工事也成为各国国防的重要内容。"闪电战"虽然强调避实击虚，重点突击敌人防御薄弱的后方，但面对一些战略要点时，终究难免要执行攻坚的任务。不过，1930年代初，世界上还没有什么自行火炮的概念，重型火炮基本上都只能靠汽车、拖拉机或者畜力牵引，其前进速度慢不说，对于道路的要求还特别高，自然不可能跟上快速推进的装甲部队。

而装甲部队自身呢？二战爆发前，各国坦克普遍装备的只有20毫米、37毫米或者47毫米火炮，还多半都是短身管的，有的坦克（如德国的Pz.I型坦克）甚至还只装备了机枪。这种主武器打一打敌人步兵或者车辆倒还勉强胜任，但面对兼顾的永备工事可就抓瞎了。至于各种装甲车，火力还不如坦克，更加不用考虑。

这种情况下，德国人只能把希望寄托在新成立的空军身上。而在空军装备中，能够精确命中点状目标的俯冲轰炸机显然是支援地面部队的不二之选，尤其是在需要对敌人的碉堡、掩蔽部等小型坚固目标进行攻击时，水平轰炸机精度差的缺点暴露无遗，只有俯冲轰炸机能够用一颗炸弹就解决一个目标，避免误伤、提高效率。

正因为这样的"天作之合"，德国空军和陆军在俯冲轰炸机的运用上可谓"一拍即合"。1936年开始的西班牙内战中，刚服役不久的Ju-87牛刀小试，让德国人看到了精确轰炸的实现可能和巨大威力。随后，俯冲轰炸机部队得到了迅速发展，到1939年进攻波兰之前，德国空军已经装备了9个大队的Ju-87俯冲轰炸机，再加上德国海军的1个大队，共约350架。

波兰战役中，Ju-87俯冲轰炸机首次大规模应用于战场，由于波兰空军实力不强，加上对于"闪电战"也好，俯冲轰炸机也好，全世界都还是首次面对，完全不知如何应对，因此，Ju-87发挥的效果可谓空前。这场战役中，由于德国空军轰炸机数量还比较有限，原定用于支援地面部队进攻的Ju-87往往也需要执行对敌人战略目标的攻击任务，比如轰炸波兰的城市、交通枢纽、工厂和军队集结地。当然，由于载弹量有限，在这些任务中，Ju-87往往被分配的也是攻击那些需要精确轰炸的高价值目标，包括桥梁、车站等。

而在支援地面部队进攻的"主业"方面，Ju-87的表现更加出色。根据西班牙内战的经验，德国空军向地面部队派出了四支地面联络小组，以便及时呼叫在空中盘旋待机的Ju-87攻击地面推进过程中遇到的目标。德军地面部队一旦遇到敌军的顽强抵抗或者坚固阵地，联络小组就会立即呼唤空中支援，大批Ju-87随之而到，以准确的轰炸迅速瓦解对方的防御。对于执行反击任务的波兰人来说就更要命，往往冲锋中的波兰部队还没有遇到德军的地面部队，就遭到大批"斯图卡"的轰炸。在维隆（Wielun）地区，德军30架Ju-87的轰炸甚至直接从空中击溃了波兰军队的一个骑兵旅。

波兰战役之后，德国空军对于俯冲轰炸机和俯冲轰炸战术的推崇简直达到了高潮，"俯冲轰炸万能论"开始流行起来。对于波兰战役中Ju-87的表现非常满意的乌德特决定进一步强化这种飞机的威慑力，于是他提出在Ju-87散热器进气道入口装上发声装置，这样一来，飞机在俯冲时，就将发出独特而凄厉的尖啸声，从精神上恐吓地面的敌军。

1940年5月，当德军对西欧国家展开"闪电战"时，Ju-87更是大放异彩。

> 西班牙内战期间的Ju-87

尤其是对于在古德里安指挥下，从阿登森林迂回包抄英法军队后方的德军装甲部队而言，由于阿登山区地形崎岖，重炮基本都无法跟上装甲部队的进攻速度。而穿过阿登森林以后的德军装甲部队，又要面对色当附近的法军要塞地区。这种情况下，在空中伴随前进的 Ju-87 编队就充分发挥了"飞行炮兵"的作用。5 月 13 日，德国空军俯冲轰炸机部队按事先计划，对法军色当要塞附近的防御阵地、村庄、交通要道以及炮兵阵地展开了持续 5 个小时的轰炸，其猛烈程度让德军地面先头部队也要远远躲开。法军鲁比将军事后回忆道："我们的士兵们都被'斯图卡'投下的炸弹和发出的呼啸声吓坏了，他们抱着头蜷缩在战壕里，根本顾不上阻击地面上冲过来的德军坦克和士兵，完全丧失了战斗力。"随后，德军很快突破了这一要塞地区，开始对法国腹地进行大规模迂回包抄。

> 德国 Ju-87 斯图卡俯冲轰炸机扔掉炸弹的瞬间

法国战役中，空军的地面联络小组数量进一步增加，达到了每个装甲师都配备一个小组的地步，这也大大方便了空地之间的配合。尤其是在快速推进的过程中，事先划定的敌我分界线往往很快就被突破，这种时候就要依靠联络小组来为空中的 Ju-87 机队指示新的目标和攻击方向。整个战役中，指挥绝大部分俯冲轰炸机的第 8 航空军军长里希特霍芬少将表现格外突出，他在配合古德里安突破的整个过程中，并不刻意发动大规模的空袭，而是

> 从驾驶舱中拍到的俯冲时的场景

让空军持续不断地进行小规模出击，始终对法军保持压力，从不让法军的炮兵和坦克有自由机动的机会，同时故意不破坏铁路和桥梁，为古德里安迅速推进留出一条通道。尤其在这后一点上，应该说里希特霍芬和古德里安配合相当默契。

古德里安后来回忆："到了6月，德军已经如无人之境，法军在装甲部队和'斯图卡'的夹击下，完全失去作战意识。成群结队的法军俘虏丧魂落魄地把枪支扔给德军，放在坦克下面压毁。"而法军总司令魏刚元帅后来则心情沉重地写道："最感触目惊心的，就是德军的坦克和俯冲轰炸机，已使法军士兵产生了恐惧的心理现象。这要算是德军的一个最大的成功。"

而到了一年以后的苏德战场上，德国空军的俯冲轰炸机同样在初期取得了巨大的成功。除了采用和法国战役中类似的作战方式以外，在苏德战场，Ju-87还首次使用了SD-2小型球状炸弹。这种炸弹只有2千克重，在离地面几米高的地方爆炸，杀伤半径12米，可以散布大量的破片。这种炸弹可以有效杀伤敌人的有生力量，普通车辆和轻型装甲目标。一架"斯图卡"可以携带300枚这种炸弹，如此巨大的数量可以让一架飞机轻松摧毁大批集结中的敌军部队。

在苏联广阔的大地上，数量本来就不足、机动能力也有限的德国地面炮兵更加显得不够用，这种情况下，以近300架Ju-87为代表的德国空军成为地面部队最有力的火力支援。而由于战前和战争初期的一系列决策错误，苏联空军大量飞机被击毁在地面，这也让Ju-87之流更加肆无忌惮，他们疯狂攻击苏军的任何目标，甚至用机枪扫射马车。

在战争开始短短几周内，德军歼灭了苏联火炮2.2万门、坦克1.8万辆、飞机1.4万架。全歼苏联1个方面军、19个集团军、250个师。在一个多月内，德军就在苏联西部地区推进约600千米，占领立陶宛、拉脱维亚、爱沙尼亚全部；白俄罗斯和乌克兰大部，并于9月初封锁列宁格勒，攻占乌克兰首都基辅。以Ju-87和坦克部队协同的闪击战术，给苏联巨大的打击。而在连续的胜利之后，Ju-87俯冲轰炸机更是和坦克一起，成为德国"闪电战"的帮凶。

除了陆地战场，Ju-87俯冲轰炸机在海上一样发挥出色。事实上，由于海上的船只目标比地面的车辆、工事之类的目标更大，对于俯冲轰炸机来说，可能是更容易命中的目标。按照一些飞行员的习惯，他们会从后方进入目标上空，然后以45度角俯冲而下。此时，机首机枪的弹着点，就是炸弹的最终落点。正如一名飞行员的回忆："如果机首机枪能打到船头前方的水面，那么，投弹的时候就到了。"在这种战术的攻击下，很少有商船能幸免于难。军舰虽然更为灵活，而且有高射炮火的保护，但在地中海和北海，它们依旧损伤惨重。其中一个例子是英国海军的"光辉"号航空母舰，它被"斯图卡"多次重创，只是因为装甲厚重才逃过一劫。

而在波罗的海，因为港口被封锁而无法出航的苏联海军大型舰只更是绝好的目标。1941年9月23日，苏联红军老式战列舰"马拉"号被Ju-87俯冲轰炸机扔下的1000千克炸弹击中，严重受损，坐沉在喀琅施塔得港内，算得上是这种俯冲轰炸机最大的战果了。

> 德国空军Ju-87俯冲轰炸机在克里米亚半岛北部的伊顺地峡

> 正在地面维护的Ju-87

> 在"斯图卡"轰炸下进行规避的一艘英军巡洋舰

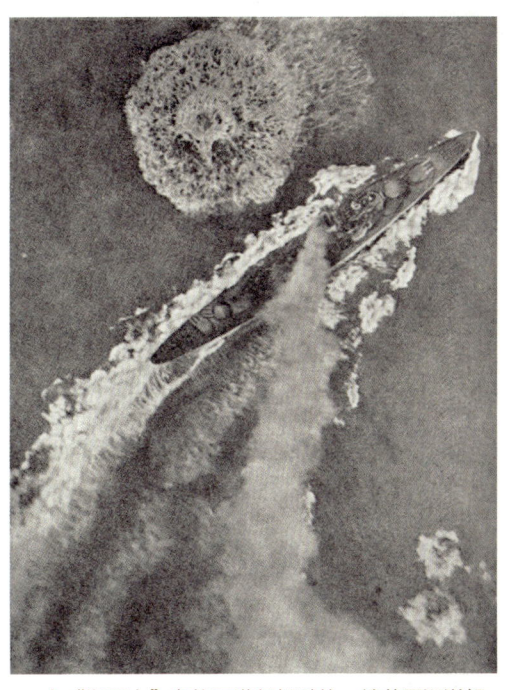

239

16 俯冲轰炸机
二战初期的"空中噩梦"(下)

太平洋海空战的主角

前面说到,德国研究俯冲轰炸机的时候曾经从美国"偷师"了不少技术。事实上,两次世界大战期间,当英、法等当时的飞机大国认为俯冲轰炸机不切实际的时候,美国才是研究俯冲轰炸机最投入、最认真的那个。原因嘛,还是和美国海军的需求有关。

作为最早尝试舰载机和飞机对舰攻击的国家,美国对于飞机在海军中的应用非常重视。1921年7月的著名试验中,美国空军的奠基者威廉·米切尔亲自带队,指挥8架"马丁"式轰炸机,采用低空水平投弹的方式,一举炸沉了参加过日德兰海战的德国战列舰"东弗里斯兰"号,开创了人类从空中击沉战舰的历史。

尽管这次试验采用的是水平轰炸的方式,但后来美国海军经过更多的试验发现,水平轰炸精度较低的问题属于先天不足。要想用这种方式击沉敌舰,限制条件实在太多:首先得是大型目标,其次航速不能高,最好是静止状态,最后还得低空投弹。只有满足这些条件,才能实现比较好的轰炸效果。但实战中,不可能有如此理想的情况。如果是陆基飞机,还可以使用增加载弹量的大型飞机来个"弹雨战术",但对于正成为海军重要装备的航空母舰来说,舰载机的尺寸和重量都受到限制,因此,美国海军要想真正把飞机用于实战,必须解决轰炸的精度问题。

俯冲轰炸战术在这个时候进入了美国海军的视野,乌德特看到的F-8C战斗机就是美国人最初的选择。这种双座双翼飞机最初其实是作为战斗轰炸机来设计和生产的,1928年开始服役,美国海军用它来执行防空、制空、观测、攻击等任务。不过在使用过程中,美国人发现,这种飞机的俯冲性能也很稳定。并且实际测试表明,正如乌德特所看到的,垂直俯冲的F-8C可以精确地把模拟炸弹的沙袋扔到目标区域内,这就解决了海军一直苦恼的轰炸精度问题。

于是,1929年,美国海军干脆向寇蒂斯公司订购了一批强化俯冲轰炸功能的F-8C,装备到航空母舰上,并将其命名为F-8C-4"地狱俯冲者"战斗轰炸机。1930年5月,F-8C-4开始装备"萨拉托加"号航母的VF-1B舰载战斗机中队,这也成为美国海军装备的第一种专用俯冲轰炸机。

不过,由于20世纪20至30年代的航空技术发展实在太快,F-8C-4刚装备不久就面临性能落后的尴尬局面。这种双座双翼机的最大飞行速度只有每小时220千米,能挂载的炸弹最大也只有227千克(500磅),最大航程更是只有700千米出头。面对不断推陈出新的新型飞机,F-8C-4只装备了很短的时间就退出一线,并于1931年移交给预备役部队,用于训练飞行员。

虽然F-8C-4服役的时间不长,但却开创了一条看起来很有前途的技术道路。此后,美国海军不断更新自己的俯冲轰炸机型号,包括柯蒂斯公司的SBC-3、沃特公司的SB2U和道格拉斯公司的SBD"无畏"式在内的多种俯冲轰炸机先后服役。其中,道格拉斯SBD俯冲轰炸机最大飞行速度达每小时410千米,最大作战航程超过1200千米,可以携带最大重量达1吨的炸弹(实战中一般携带一枚500千克的炸弹),综合性能优于其他型号,也成为太平洋战争爆发时美国海军的主力俯冲轰炸机。

而在太平洋的另一端,日本对于俯冲轰炸机的热情也相当高涨。对于一向强调攻击效率和命中率,把"一百门百发一中的大炮不如一门百发百中的大炮"奉为圭臬的日本海军来说,俯冲轰炸机这种精确度极高的飞机无疑是他们的心头好。但不幸的是,由于工业基础薄弱,日本人无力独立研发俯冲

大浪淘沙：传奇武器的消逝

> 美国海军 SBC 俯冲轰炸机

轰炸机，于是直接抄袭了德国亨克尔公司的 He-50 双座双翼轰炸机，由爱知公司改装上日本自己的发动机，于是就有了 D1A1 九四式俯冲轰炸机。

1932 年，九四式俯冲轰炸机服役。1936 年，日本又换上了新的发动机和起落架，命名为 D1A2 九六式俯冲轰炸机。这两种飞机一共生产了 500 多架，在抗日战争初期成为肆虐中国上空的主角之一。

不过，不管怎么改，双翼机的先天不足制约了这种俯冲轰炸机的改进潜力。到了 1936 年，单翼机已经成为世界作战飞机的主流，日本也希望跟上潮流。然而，技术基础薄弱的硬伤再次制约了日本设计师的想象力。无奈之下，还是只能向德国求助。爱知公司熟门熟路地找到了老朋友亨克尔公司，并拿到了该公司 He-70 邮政机的设计方案。

虽然 He-70 邮政机看起来是一架民用飞机，但在 1930 年代，民用飞机和军用飞机的区别其实并不是太明显。很多和平时期的民用飞机稍经改装，就能成为不错的作战飞机。二战中德国大量使用的 He-111 轰炸机在战前就曾经作为客机，运营汉莎航空公司的欧洲航线。作为一种有着流线形的机身和椭圆形机翼的全金属单翼机，He-70 于 1932 年试飞成功并在 1933 年创下 8 项飞行世界纪录，对于日本来说，绝对堪称是顶级的技术了。

在 He-70 的基础上，爱知公司研制出了 D3A1 九九式舰载俯冲轰炸机。这种飞机最大飞行速度达每小时 430 千米，最大作战航程 1350 千米，可携带

> 日本海军老式九四式俯冲轰炸机

370千克的炸弹。总体来看，九九式俯冲轰炸机除了载弹量略有不足以外，综合性能与SBD大体相当。和SBD的地位类似，太平洋战争爆发的时候，九九式俯冲轰炸机也是日本海军的主力俯冲轰炸机。

1941年12月7日，日本联合舰队偷袭珍珠港，九九式俯冲轰炸机成为主力"打手"之一。当天早上7时55分，50架九九式率先到达珍珠港，兵分两路轰炸飞机场，由此吹响了偷袭珍珠港的号角。美军猝不及防之下，九九式成功突袭了美军空军基地，炸毁了机场上的大部分飞机。接着，后续的九九式也参与了对港内美军战舰的攻击，其中美军唯一开动的战列舰"内华达"号基本上就是被九九式给击沉的。该舰先后挨了6枚九九式扔下的250千克炸弹，最终沉没。

日本海军在此后几个月的时间里四面出击，向西甚至进入印度洋，对当时的英国殖民地斯里兰卡展开空袭。在斯里兰卡附近的海空战中，俯冲轰炸机再次表现神勇。1942年4月9日，英国海军"竞技神"号轻型航母被日军发现，日本舰队随即出动大批俯冲轰炸机前往攻击。空袭中，九九式俯冲轰炸机一共向这艘航母投下了45颗炸弹，命中37颗，命中率高达82.2%，着实惊人。这固然是因为这艘老旧的英国航母防御薄弱，但战争初期日本海航飞行员的素质很高也再次得以展现。结果，这艘英国第一、世界第二艘专门建造的航母迅速沉没。

> 空袭中的日本九九式舰载俯冲轰炸机

　　而到了1942年6月的中途岛战役中，美国海军的SBD俯冲轰炸机则大放异彩。关于这一仗的记载已有很多，细节就不再一一赘述。毋庸置疑的是，美军各机种编队误打误撞下形成的协同，以及TBD鱼雷轰炸机富于自我牺牲精神的决死突击，为稍后赶来的SBD编队提供了绝佳的攻击机会。而这些SBD的飞行员们也没有辜负战友为自己创造的机会，充分发挥了自己精确轰炸的特长，一举击沉日本联合舰队的4艘主力航空母舰，改变了太平洋战争的走势。

　　此战中，日本方面的俯冲轰炸机同样是仅有的亮点。在"飞龙"号航母发起的反击中，该舰派出的18架九九式俯冲轰炸机和6架零式战斗机找到了美军"约克城"号航母，并成功发动空袭，九九式扔下的250千克炸弹中有3颗命中美军航母，这也是整场海战中日军首次命中美军战舰。

　　在后来的太平洋战争中，作为舰载机的两大主力攻击机型，俯冲轰炸机和鱼雷轰炸机一直承担了对海、对陆的各种攻击任务。由于要冒着敌人来自天上和海面的密集防空火力，突入到距离目标很近的地方发起攻击，这两种

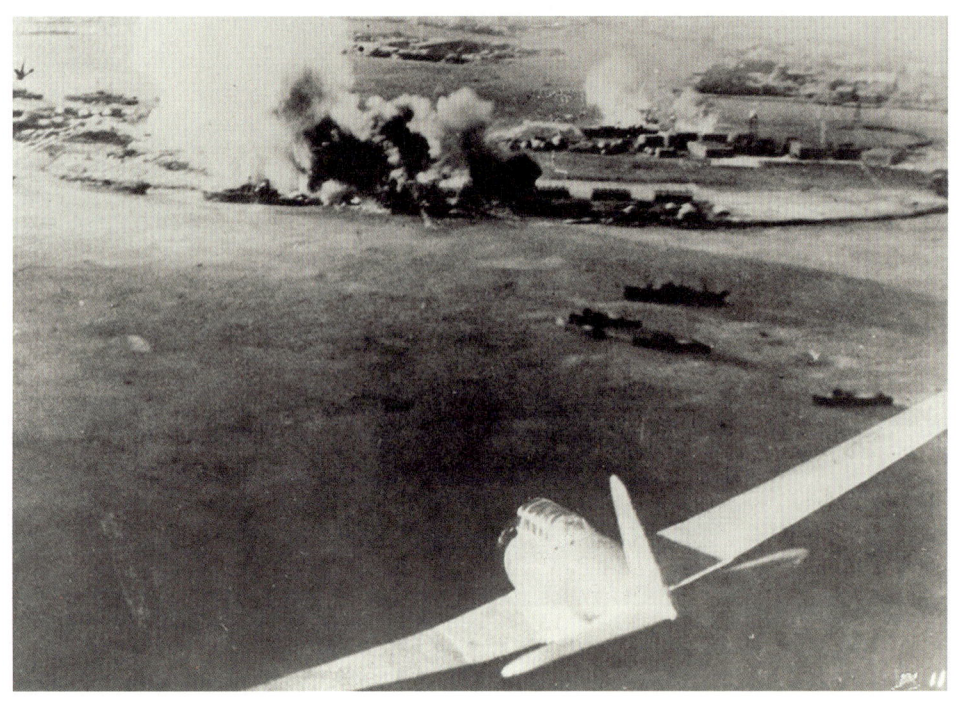

> 偷袭珍珠港的日军飞行员拍摄的航空照片

轰炸机的损失也一直是最大的。其中，对于美国海军来说，俯冲轰炸机由于航程更远，经常还要承担起侦察的任务，这也是美军航母舰载机联队中，侦察机中队同样也装备 SBD 的原因。要知道，在日本海军中，这些侦察任务一般都是由水上飞机来执行的，相比之下，美国俯冲轰炸机的任务更加繁重，使命也更加艰巨，但同时，表现也更加出色。

相较于能够"一击致命"的鱼雷轰炸机，俯冲轰炸机的攻击一般集中在战舰的上层建筑，不太容易伤及舰体，看起来好像没有鱼雷轰炸机管用，但其实不然。俯冲轰炸机的投弹往往更加精准，而且命中敌人上层建筑后，能够大量杀伤舰上人员、破坏防空火力以及各种管线，为飞得更低更慢的鱼雷轰炸机提供攻击机会。另外，俯冲轰炸机投下的炸弹即使没有直接命中，有时也能起到很好的效果。比如在军舰很近距离内爆炸的炸弹（一般称之为"近失弹"），其弹片和冲击波同样能大量杀伤舰面人员、破坏舰面设施；在水线附近爆炸的近失弹，其冲击波也能对军舰的舰体结构和舰壳造成破坏，甚

大浪淘沙：传奇武器的消逝

> 描绘中途岛海战的绘画作品

> 中途岛海战中，SBD 正在向日本航母俯冲

俯冲轰炸机 | 二战初期的"空中噩梦"（下）

> 中途岛海战，日本九九式俯冲轰炸机在俯冲

> "突击者"号航空母舰上的 SBD

大浪淘沙：传奇武器的消逝

> 日本海军"彗星"式俯冲轰炸机模型，九九式的后续型号

至震裂舰体。因此，太平洋战场上的空袭中，往往是用俯冲轰炸机打头，鱼雷轰炸机跟进，高低结合，以求效果最大化。

战争是技术进步的最好催化剂，太平洋战争中，这个规律依然很好地发挥着作用。战争初期的主力装备很快就被更先进的装备所替换，俯冲轰炸机也不例外。对美军而言，更大、更快的柯蒂斯公司的SB2C"地狱俯冲者"取代了SBD；而对于日军而言，则是更先进的"彗星"式俯冲轰炸机取代了九九式。

但SBD和九九式并没有就此退出战场，而是继续在其他的领域发挥作用。SBD后来被用作陆基攻击机，执行对地攻击任务，表现同样出色。甚至美国陆军航空队也装备了不少，并给了SBD一个新的编号——A-24。九九式就比较悲惨了，退出一线作战部队以后，这些飞机大部分在日本最后的疯狂中被改造成了自杀式飞机，用于执行对盟军的"神风"作战。

迅速暗淡和消逝

尽管俯冲轰炸机无论在欧洲还是太平洋战场，都一度风光无限，甚至成为战场的主宰和标志。但从战争中期开始，具体来说，也就是1943年左右，无论在哪个战场上，这些大名鼎鼎的俯冲轰炸机都逐渐开始褪去光环。当然，表现方式也不太一样。

在欧洲战场，德国空军的俯冲轰炸机不但"后继无人"，连Ju-87本身也越来越少执行传统的俯冲轰炸任务，而是更多地被改造为Ju-87G型攻击机，使用新装的37毫米反坦克炮执行反坦克任务。虽然这一举措为Ju-87赢得了一个"大炮鸟"的绰号，但却改变不了这种飞机生存能力底下的问题。到后期，德国人装备了Hs-129攻击机后，反坦克效率更高的这种飞机很大程度上取代了Ju-87的地位。

而在太平洋战场呢？虽然九九式和SBD都有后续型号，但这些后续型号的评价却并不算太高。其中，SB2C"地狱俯冲者"除了重量之外，各方面性

> 装37毫米炮的Ju-87G

> 1944年11月25日，美国SB2C俯冲轰炸机在吕宋岛南部击中两艘日本运输船

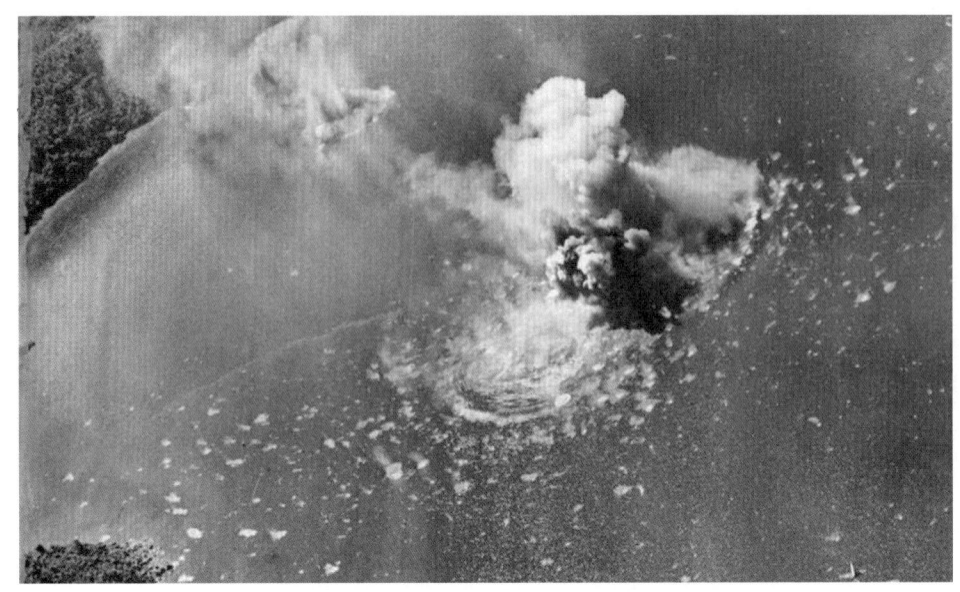

能都并不比SBD好多少，因而受到海军飞行员的大量差评，甚至很多飞行员拒绝接受SB2C。当时在海军军事生产办公室负责海军新飞机制造的赫伯特·雷利回忆说："与SBD相比SB2C飞机如此差劲，以至于连新成立的航母飞行中队也是更加喜欢SBD。"直到1944年，SB2C换上了功率更大的新发动机以后，情况才有所好转。

日本方面，九九式的后续型号是海军航空技术工厂研制的"彗星"式俯冲轰炸机。和前面几种型号一样，"彗星"也有浓厚的德国血统——它的很多技术来自当初和Ju-87竞争失败的He-118。"彗星"虽然飞行性能不错，但它最大的问题在于降落速度过快。对于老手来说这都不是个事儿，但日本海军在珊瑚海、中途岛、瓜达尔卡纳尔岛等几次大规模海空战之后，有经验的飞行员损失严重。而日本的飞行员训练体制又使得新飞行员严重缺乏老飞行员传授的经验，于是，"彗星"就成为新飞行员的噩梦。马里亚纳海战之后，新部署到航空母舰上的"彗星"接二连三的出事故，几乎每天都有新手驾驶着"彗星"摔在航母甲板上。最终，"彗星"式的整个服役期间很少有用炸弹命中敌舰的战例，主要战果基本都是靠自杀攻击取得，不能不说是一个讽刺。

除了后续机型不靠谱以外，太平洋战场上，1944年以后，美国航母舰载

机联队中编入的俯冲轰炸机数量也越来越少。要知道，开战初期，美国航母舰载机联队一般包括至少 2 个中队共 36 架 SBD，但从 1944 年开始，各联队的俯冲轰炸机陆续减少为 1 个中队（18 架～20 架）。到 1945 年，甚至有的航空母舰（如"埃塞克斯"号）连一架俯冲轰炸机也不带。

之所以会出现这种情况，与俯冲轰炸机自身的局限性不无关系。前面说到，为了保证俯冲时的稳定性和操纵性，俯冲轰炸机的飞行速度都不能太快，俯冲时更要尽量减速。为了满足这个条件，必然会在飞机的气动外形上有所体现，Ju-87 那巨大的不可收放起落架就是典型的例子。这样一来，在正常飞行时，这些飞机的性能基本上都不太好看。比如，SBD-6 型装上了 1350 马力的 R-1820-66 发动机，最大飞行速度也只有每小时 420 千米，而同样装备 1350 马力发动机的 FM-2 战斗机的最大速度则可以达到每小时 534 千米。至于机动性能，笨重的 SBD 更是没法看。这种性能上的差距在二战初期还不算明显，但到了中后期，当各国主力战斗机的最大速度已经普遍在每小时 640 千米以上的时候，俯冲轰炸机那慢悠悠的速度简直就是活靶子。"彗星"式飞得倒是相对快一点，但换来的结果就是俯冲性能比较差劲。

此外，俯冲轰炸战术本身要求飞机在俯冲时保持稳定，这也意味着这一过程中，飞机基本不能做什么机动动作。这样一来，在面对攻击时，俯冲中的飞机基本上完全没有还手之力，只能寄希望于对方打不中自己。这种"简单粗暴"

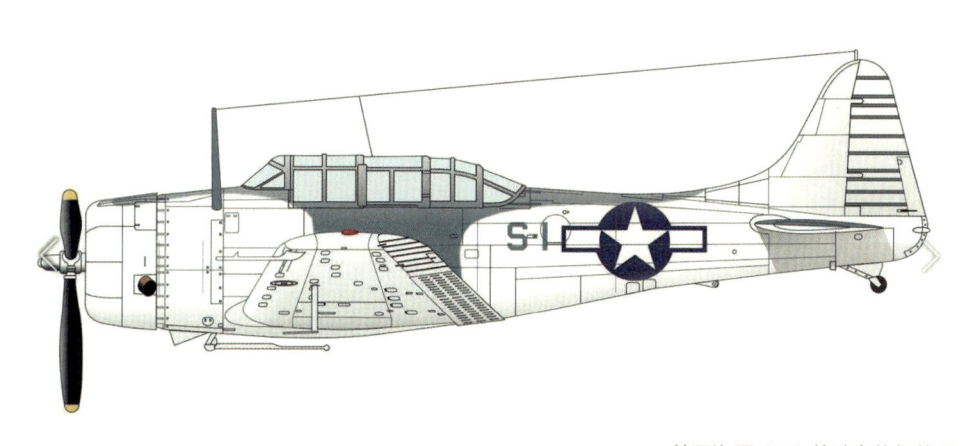

> 美国海军 SBD 俯冲轰炸机线图

的攻击方式在战争初期，大家都不适应的时候，还可以称雄一时。等军人们都已经适应了来自空中的攻击以后，笨拙的俯冲轰炸机往往就成了靶子。最典型的例子就是1940年的不列颠空战，几个月前在法国战役中还威风八面的Ju-87在英国皇家空军面前全无还手之力，不得不很快退出对英国本土的轰炸。

除了自身的局限性之外，技术的进步首先让专门的俯冲轰炸机不再必要。前面提到，俯冲轰炸机要解决的核心问题就是轰炸精确度，但随着技术的进步，水平轰炸的精度不断提高，轰炸机的载弹量也不断增大。对于地面目标来说，没有必要再让俯冲轰炸机冒着巨大的风险，俯冲到低空去投弹。而如果要在低空作战，对付敌人的装甲车辆等移动点目标，装备对地攻击火炮和小型集束炸弹的攻击机作战效能更高。因此，包括德国的Hs-129、苏联的伊尔-2、英国的"暴风"在内，一系列攻击机成为二战中后期近距离对地支援的主力。

海上的情况则略有不同，对于军舰的攻击，指望大型轰炸机水平投弹的命中难度实在太大，俯冲轰炸在很长时间内都是最有效的战法之一。但问题在于，随着飞机结构强度和操控性能的不断进步，普通的战斗轰炸机也能完成俯冲轰炸任务。比如，在美国海军中，F4U"海盗"战斗机最多可以挂载2枚454千克（1000磅）的炸弹，而且结构坚固，操纵灵活，在战争后期，经常挂上一枚454千克炸弹当俯冲轰炸机用，效果还不错。冲绳战役中，对日本超级战列舰"大和"号的空袭，F4U投下的炸弹就有6枚命中日本战列舰。而且，考虑到F4U本身还是一种优秀的战斗机，对于美国海军来说，多带点F4U，战斗机和俯冲轰炸机就都有了，作战搭配极其灵活，何乐而不为？

再加上到了二战以后，包括导弹、制导炸弹在内的制导武器迅速发展，精确攻击目标已经越来越容易实现，俯冲轰炸这种高危又低效的战术随着时代而被淘汰，俯冲轰炸机更是很快走进了历史的回忆。

余音

虽然俯冲轰炸机早已经退场，但俯冲轰炸这种战术却并没有消失。

尽管在如今的导弹时代，很少有机会需要作战飞机直接飞到目标上空去扔无制导炸弹。就算有这样的任务，在如今的电子技术水平下，轰炸瞄准仪已经足以保证水平轰炸的精度，不再需要冒险让飞机来进行俯冲轰炸。

不过，飞机不再俯冲轰炸，导弹却捡起了这个战术。20世纪50至60年代，反舰导弹问世之初，其攻击路径一般就是中高空水平飞行，到目标附近俯冲攻击，这就相当于是无人的俯冲轰炸机了。

后来，随着技术的发展，为了减少导弹被防空系统发现和拦截的概率，反舰导弹的飞行高度越来越低，一直降到掠海飞行。这种飞行轨迹除了能降低被发现的概率，还能直接命中舰体，造成更大伤害。但近防炮系统的问世，又提升了对于掠海目标的拦截效率。毕竟低空飞行的目标速度不可能太快，可供拦截的时间窗口比较大。

于是，以苏联设计人员为代表的人们又想了个新办法，那就是让这些反舰导弹在接近目标的时候爬升，然后再以俯冲的方式加速，命中目标。这样一来，将大大增加防空系统拦截的难度。不过，这也表明，俯冲攻击终究还是一种好用的战术，只不过要以合适的方式使用罢了。

17 鱼雷轰炸机
二战海空大战的主力

第二次世界大战期间，航空母舰成为海战的主宰。作为航空母舰作战的"长矛"之一，鱼雷轰炸机和俯冲轰炸机一起，成为海空大战的绝对主力。由于鱼雷本身巨大的威力，实战中，鱼雷轰炸机往往被作为"决定一击"的实施者，其地位更为重要。

缘起

飞机发明以后，人类就开始研究怎么从空中对地面或者水面的目标进行攻击。往下扔炸弹是人们很自然想到的方式，也是最早实践的方式。但扔炸弹有个很大的问题：扔不准。为了解决这个问题，人们花了一二十年的时间想出了一个解决之道：俯冲轰炸。

同样的问题放到海上，海军技术人员们毫无压力。因为除了炸弹，海军还可以选择从飞机上扔鱼雷！和炸弹不同，鱼雷自带动力。因此，鱼雷在攻击敌舰时，不需要直接扔到目标的头上，只需要投放到目标舷侧一定范围内即可，难度大大降低。因此，对于海上攻击来说，扔鱼雷的可行性要远远大于扔炸弹。

正因为如此，大约和陆军的技术人员研究从飞机上扔炸弹同时，海军设计师们也开始研究从飞机上扔鱼雷。德国的动作最快，在1910年8月就完成了第一次空投鱼雷试验，使用的是"法曼"I型单座双翼水上飞机。

1914年，意大利设计师圭多尼设计了一种鱼雷轰炸机，并且在2月从飞机上尝试扔一条375磅（约合340千克）重的模拟鱼雷。这一次试投虽然成功了，但后来实践证明，这架飞机实在是一种灾难，于是，第一种鱼雷轰炸机最终夭折。1914年7月，后来的英国空军上将阿瑟·朗莫尔驾驶一架肖特81型水上飞机，投掷了一条14英寸（356毫米）的鱼雷。为了这次实验，技术人员们专门修改了水上飞机的浮筒支架，以方便鱼雷挂载；为保证投放成功，还使用了特别设计的快速释放机构。

这次试验成功以后，英国海军大喜过望，立即开始着手研究专门的鱼雷轰炸机。就在1914年，英国的肖特飞机公司应海军要求，在此前生产的肖特166型双座双翼水上飞机的基础上，换装新发动机、添加必要的设备，研制出了肖特184型水上飞机。这种飞机设置了专门的鱼雷挂架，能够携带一条14英寸鱼雷或者240千克的炸弹，也就此成为第一种鱼雷轰炸机（虽然不是专用的）。

肖特184定型之后很快投产，并在第一次世界大战中表现活跃，创下了鱼雷轰炸机历史上的多个第一。肖特184型服役后不久就参加了加利波利战役。1915年8月12日，查尔斯·埃德蒙斯中校驾驶的一架肖特184型用鱼雷攻击了一艘土耳其军舰，尽管该舰此前已经被英国潜艇击中，但这也是人类首次从空中发射鱼雷攻击敌舰。5天后，埃德蒙斯再次驾机出发，这一次他得到了真正的战果：肖特184型发射的鱼雷击沉了一艘土耳其运输船。

有趣的是，就在这次出击中，埃德蒙斯的僚机——戴克中尉驾驶的另一架肖特184型因为发动机故障降落在海面，但戴克中尉随即发现附近有一艘土耳其拖船，于是他果断发射鱼雷击沉了这艘拖船。神奇的是，由于减少了这个810磅（约合367千克）重的负担，戴克中尉的飞机居然又飞了起来。但问题也来了，戴克中尉击沉这艘拖船的时候是停在海面上的，所以这个战果究竟算是鱼雷轰炸机的战果还是水面船只的战果？

肖特184型的成功鼓舞了所有人，各国纷纷开始研究和装备鱼雷轰炸机。

大浪淘沙：传奇武器的消逝

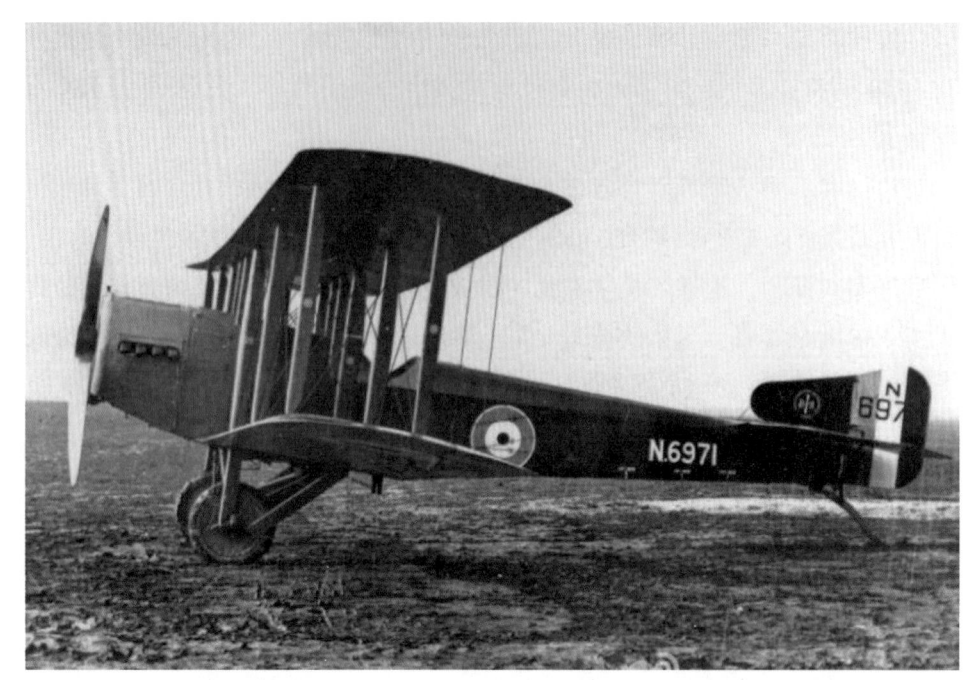

> 英国"杜鹃"舰载鱼雷轰炸机

由于英国人经验的影响，很长时间里，大家都是拿水上飞机来改装鱼雷轰炸机。1917 年，英国研制了自己的第一种陆基鱼雷轰炸机——索普威斯 T.1 "杜鹃"型单座双翼机。这种飞机能携带一枚 450 千克重的 18 英寸 MK.IX 型鱼雷，最大时速达 171 千米，航程 539 千米。

只不过这种飞机服役已经是 1918 年了，这个时候的同盟国海军基本都已经龟缩在港口内，也没什么战斗的机会了。

虽然一战期间鱼雷轰炸机取得了战果，但总的来说表现仍然不够理想。这一方面与飞机本身的性能有关，一战中的飞机普遍比较小、比较慢，载弹量有限。挂上重重的鱼雷之后，正常飞行都很艰难了，更不用说做啥动作。前面提到的戴克中尉的遭遇就是典型的例子。另一方面也和鱼雷的性能有关。这个时候的鱼雷还没有防冲击装置，本身射程和航速也有限，鱼雷轰炸机投放鱼雷时必须在很靠近目标的地方、在很低的高度上投放，否则很可能出问题。埃德蒙斯中校击沉土耳其运输船那次，就是在距离目标 100 米的距离上，离海面 5 米的高度投放鱼雷攻击成功的。

第一次世界大战之后，航空科技飞速发展，各国的鱼雷轰炸机也不断更新换代。英国人先后研制和装备了布莱克本公司的"标枪""里彭"，维克斯公司的"维尔德比斯特""文森特"；美国人也先后装备了道格拉斯公司的DT，马丁公司的T3M、T4M、BM，大湖公司的TG；日本则先后装备了三菱十三试、八九式1号、八九式2号等等一系列鱼雷轰炸机。

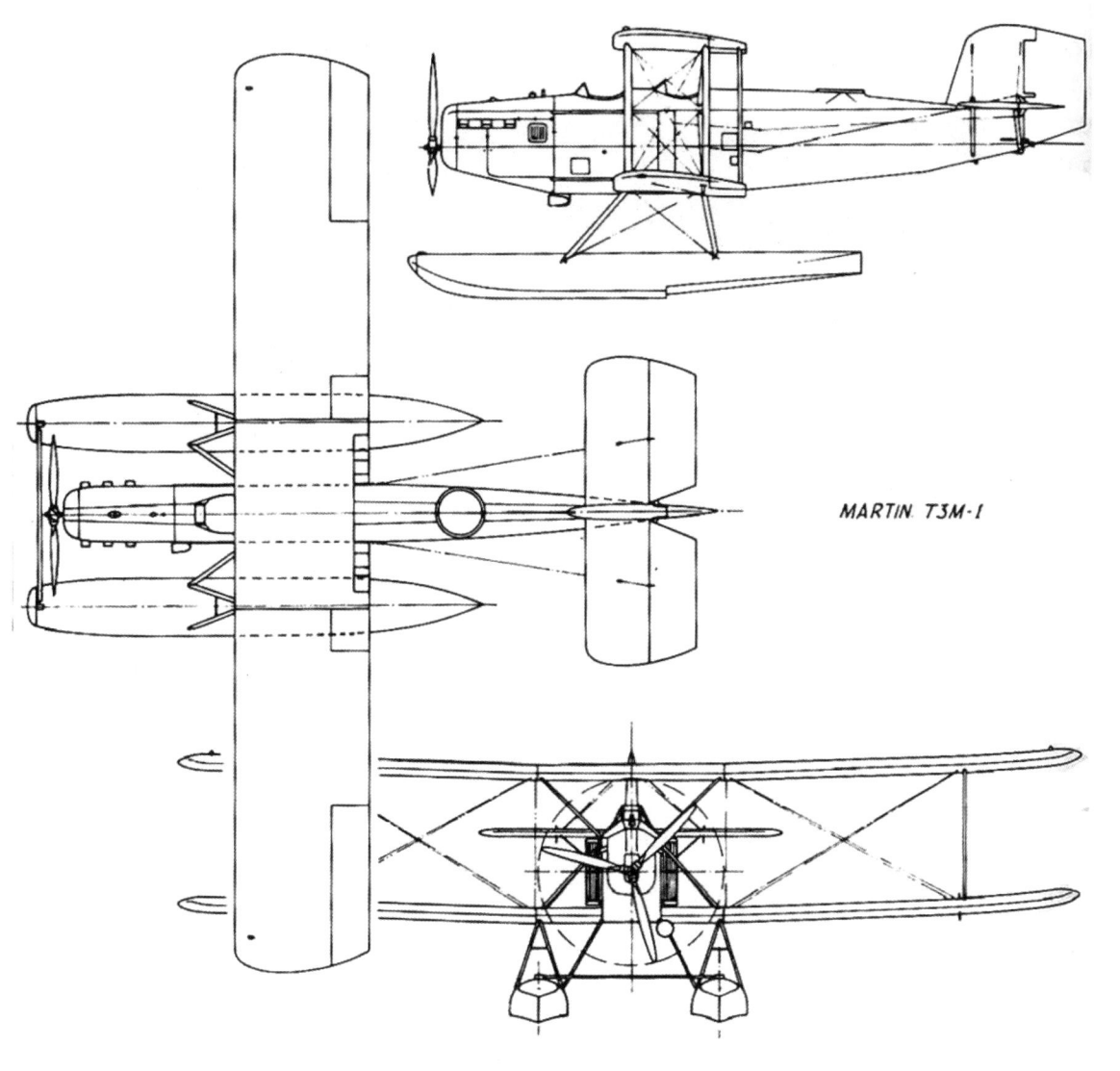

> T3M 的线图

大浪淘沙：传奇武器的消逝

> 美国 T3M 鱼雷轰炸机

> 航空母舰上的 T3M 机群

鱼雷轰炸机 | 二战海空大战的主力

> 正在从航母起飞的美国海军 DT-2 鱼雷轰炸机

> 正在投放鱼雷的美国海军 DT-2 鱼雷轰炸机

虽然这些飞机都还是双翼机，但飞机的尺寸越来越大，速度越来越快，航程也越来越远，实用性也越来越强。更重要的是，随着航空母舰的发展，以及舰载机应用的成熟，舰载鱼雷轰炸机成为航空母舰最重要的攻击武器。也正是在20世纪20至30年代航空技术的狂飙突进中，二战期间风采无限的诸多鱼雷轰炸机陆续定型、投产。

典型装备

如果要列举航空史上最著名的鱼雷轰炸机，想必所有的历史学家和军迷都会列举出那些耳熟能详的名字，比如英国的"剑鱼"，美国的TBD、TBF，日本的九七舰攻、九六陆攻、一式陆攻等等。有趣的是，这些典型鱼雷轰炸机基本都诞生于二战爆发之前。

英国的"剑鱼"鱼雷轰炸机是这些飞机中看起来最"落后"的。原因很简单，只有它还在采用双翼机构型，这在二战主力战机中并不多见。想象一下，在一群高速单翼机中间，混进去了一个慢悠悠的双翼机，是何等别扭。

"剑鱼"其实最开始不是为英国海军设计的飞机，1930年，希腊人找到英国费尔雷飞机公司，希望他们为自己设计一种海军航空兵用的飞机。费尔雷公司根据希腊人的需求，设计了一款双翼侦察机，型号叫PV。没想到英国国防部看到了这个设计，绝对挺对眼，于是要求费尔雷公司在这种飞机的基础上，再为英国海军设计一种能执行航空雷击、侦察和弹着观测任务的多用途舰载机。

费尔雷公司的改进之路并不顺利，最初的原型机甚至在1933年试飞时坠毁。经过一系列修改，新的设计终于在1934年定型，并被命名为"剑鱼"。1935年，"剑鱼"式鱼雷攻击机开始服役，这个时候，各国已经开始更新的单翼舰载机。但英国却反应迟钝，其中很重要的一个原因是英国怪异的军队结构。

1918年，英国成立独立空军，这也是世界上第一个独立空军。成立独立空军当然是好事，但英国人走得有点太远，空军要求，除了水上飞机以外，所有的飞机都应该由空军管理，舰载机也包括在内。于是，一直到二战爆发之前，英国海军的舰载机就呈现出一种尴尬的局面，飞机和飞行员的管理都归空军，但使用上又在海军的航空母舰上。因此，空军对于舰载机很不感冒，既不关心，也不感兴趣，舰载机的研发也因此而格外迟钝。

> 目前还有一些"剑鱼"能飞

> 英国"剑鱼"鱼雷轰炸机模型

> 正在从航母起飞的"剑鱼"

"剑鱼"鱼雷轰炸机长 10.87 米，高 3.76 米，翼展 13.87 米，最大起飞重量 3406 千克。该机装备 750 马力 9 缸气冷发动机，巡航速度 193 千米/小时，最大时速 222 千米/小时，升限 3260 米，最大航程 1658 千米。该机可挂载一枚 730 千克鱼雷或最大 680 千克炸弹，机组由三名乘员组成：驾驶员、观察员、通讯员兼后座机枪手。

与同时代动辄 400 千米以上时速的其他飞机相比，"剑鱼"显然很慢。但得益于其双翼设计，飞机起飞时需要的滑跑距离更短、续航距离更远，而且起降和飞行的稳定性更高。再加上其专门设计过的折叠式机翼，飞机在舰上占据的空间并不大，使得英国航母可以搭载更多的舰载机，增强单艘航母的攻击能力。但其实最重要的还是：英国人没有选择。

相比之下，美国在二战初期装备的道格拉斯公司 TBD "蹂躏者"型鱼雷轰炸机就要好得多。

TBD 的设计始于 1934 年，也就是"剑鱼"定型的那一年。从这个意义上来说，"剑鱼"应该算是货真价实的"老一辈"。美国海军航空部在招标书中提出的要求是：新飞机使用一台刚刚完成开发，才投入生产的 800 马力普拉特·惠特尼 XR-1830-60 星型空冷发动机，并能挂载一枚 MK13 型航空鱼雷或三颗 500 磅的航空炸弹。

鱼雷轰炸机 | 二战海空大战的主力

> 美国海军 TBD 鱼雷轰炸机

> 美国海军 TBF"复仇者"式舰载鱼雷轰炸机群飞过太平洋中部威克岛上空

> 描绘 TBF 鱼雷轰炸机进行攻击的绘画作品

263

道格拉斯公司的设计方案最终在 1936 年获得了美国海军的认可，并被命名为 TBD-1。他们的方案开创性地使用了全金属下单翼结构，绝对是当时最"潮"的设计，成为美国海军第一种全金属下单翼的鱼雷轰炸机。除此之外，TBD 还有许多别的特色。比如，该机的主要攻击武器——MK13 空投鱼雷被收纳在机身下的凹槽内，这一设计相较于早期的鱼雷轰炸机将鱼雷完全暴露在机身外，可有效地减少外挂武器带来的空气阻力。而在机翼和机身下还另外设置了几组炸弹挂架，可挂载 100 磅至 500 磅的各型号炸弹，满足不同的作战需要。

TBD 采用后三点式起落架，主起落架在飞行时可向后收入机翼下的开口中，只是并不完全。也就是说当主起落架完全收起时，大半个飞机轮子还露在机翼外。这种设计的好处是，在用机身迫降时，有了两个轮子当缓冲物，可以把机身所受到的损害减到最小。

1937 年 8 月，TBD 正式服役。交付给美国海军的这种鱼雷轰炸机长 10.69 米，高 4.59 米，翼展 15.24 米，空重 2804 千克。发动机为 1 具普拉特·惠特尼公司的 R-1830-64 型复列星型 14 缸空冷发动机，最大功率 900 马力。TBD 的最大时速达 331 千米，实用升限 6004 米，续航力为 1152 千米，但挂载鱼雷时的续航力只有 700 千米。

TBD 共有乘员三人，分别是驾驶员、副驾驶兼投弹手和无线电员兼后座自卫机枪枪手。所有乘员均坐在纵列布置的长长的座舱中，而座舱的尾端是一挺安装在可动机枪环上的 7.62 毫米勃朗宁 M1919 机枪，备弹 600 发；在前机身的右侧还有一挺备弹 500 发的同一型号机枪。

相比之下，最晚提出设计需求的是日本九七式舰载攻击机（简称九七舰攻）。1935 年，日本海军提出设计要求：单螺旋桨三人座攻击机，飞机必须在 100 米长的跑道上起飞，最高速度 333 千米/小时，必须在挂载 800 千克鱼雷的状况下以 250 千米时速续航 4 小时。三菱重工和中岛飞机公司收到竞标案，结果两家的方案在 1937 年被日本海军同时采纳。造成这种状况的理由一般认为是当时测试中两家公司机型在性能上没有明显差距，因此军方希望借由实战测试决定何者优劣。不过后来三菱重工专注于陆基轰炸机的研究，主动放弃了舰载攻击机，因此，中岛公司成为最终的胜利者。

> 日本海军九七舰攻

中岛九七舰攻长 10.3 米，高 4.8 米，翼展 15.518 米，空重 2200 千克，最大起飞重量 4100 千克。装一台中岛"荣"11 型发动机，最大功率 1000 马力，最高速度 377 千米 / 小时、巡航速度 263 千米 / 小时，最大航程 1993 千米，实用升限 7640 米。

九七舰攻的主要挂载武器是一条九一式鱼雷，但也可以挂载一枚 800 千克炸弹，或者小一些的其他炸弹。该机的自卫武器仅有一挺装在机背的 7.7 毫米机枪，可谓相当薄弱。

除了这些大名鼎鼎的舰载机之外，各国还有不少岸基飞机也被用来充当鱼雷轰炸机，包括英国在"布伦海姆"轻型轰炸机基础上改进的"博福特"鱼雷轰炸机，德国的 He115 水上鱼雷轰炸机，日本的九六式陆上攻击机、一式陆上攻击机等。但在实战中，最出彩的还是这些舰载机。

大西洋的决定武器

"剑鱼"虽然无论从外观上还是实际性能上看都很老旧，但在大西洋战场，面对基本没有海军航空兵、海军力量也很薄弱的德国和意大利海军，这种老旧飞机还是可以好好逞一把威风的。事实上，依靠着这种老式飞机，英国海军在大西洋 - 地中海战场打出了不少经典战例，足以流传青史。

首先要提到的自然是经典的塔兰托袭击战。塔兰托位于意大利的东南部，早在公元前8世纪，这里就被希腊人所占领，随后凭借独特的地理优势迅速成为发达的贸易港口。到了1860年，塔兰托被意大利王国所吞并，从此成为了意大利最大也最为重要的海军基地。

二战爆发后，意大利海军主力以塔兰托作为母港，常驻有战列舰5艘，重巡洋舰7艘，轻巡洋舰2艘，驱逐舰8艘，此外还有其他大量辅助舰艇，实力颇为壮观。这支力量对英国在地中海的运输线形成了巨大的威胁，并且意大利海军还主动出击，与英国海军发生了卡拉布里亚、克里特、马塔潘角等数次海战，让英国人头疼不已。

为消除威胁，英国海军地中海舰队司令安德鲁·坎宁安上将曾打算采取引蛇出洞的战法，派了几艘驱逐舰和商船出海，企图诱出意大利海军主力舰只，再一网打尽。但老谋深算的意大利海军司令坎普奥尼始终大门紧闭，高挂"免战牌"。一连几个月，坎宁安找不到任何战机。苦寻无果，他决定主动出击，空袭塔兰托。

坎宁安上将原本计划在1940年10月21日出动"光辉"号和"鹰"号两艘航母上的30架"剑鱼"，对塔兰托港进行袭击。但偏偏流年不利，飞行前的准备工作中，"光辉"号的地勤人员不慎引发大火，虽然扑灭及时、损管得力，航母本身没有大碍，但7架"剑鱼"受损。祸不单行，"光辉"号失火后不久，年久失修的"鹰"号又发生燃油管道破损，必须返回港口大修。

无奈之下，英国人只得把所有能用的"剑鱼"全部集中到了"光辉"号上，总算凑起来24架。坎宁安决定继续执行计划，11月6日，他率领舰队从埃及的亚历山大港出发。但英国人的坏运气还没完，航渡途中，时有意大利轰炸机和侦察机过来骚扰，"剑鱼"往往不得不客串战斗机前去驱赶。就在快要抵达塔兰托附近海域的11月11日，3架"剑鱼"在执行完驱赶任务后降落时因为故障坠海，坎宁安能用的"剑鱼"只剩下21架。

好在坎宁安上将有着英国海军传统的战斗精神，连续的意外没有打击他的决心，21架也干了。11日晚20时45分，12架"剑鱼"组成第一攻击波，从"光辉"号上起飞，直扑170海里外的塔兰托。第一波飞机中，6架各带一枚545千克鱼雷，4架各挂6枚112千克炸弹，还有2架各少挂2枚炸弹，携带16发照明弹，为攻击队提供照明。

23时02分，英国攻击队飞抵塔兰托，以3机为一队开始攻击。领队机威廉森少校的座机首开纪录，他投下的鱼雷准确命中"加富尔伯爵"号战列舰，但他随后被高炮击落。另一个攻击分队投下的鱼雷有2枚命中了"利托里奥"号战列舰。同时，攻击机群内携带炸弹的"剑鱼"也开始攻击港内的意军油库、机库和水上飞机库等重要军事设施，塔兰托港霎时陷入一片混乱，爆炸声不绝于耳。

23时55分，第二攻击波9架"剑鱼"飞抵塔兰托。其中5架携带鱼雷，2架携带炸弹，也有2架携带照明弹。2架"剑鱼"以15秒间隔，共投下22枚照明弹。5架鱼雷机连续攻击战舰群，1枚鱼雷命中"利托里奥"号左舷下部，1枚鱼雷在"卡约·杜伊利奥"号战列舰的1、2号弹药库间爆炸。此时，终于醒悟过来的意大利人已经开始打开探照灯，高射炮对空猛烈射击。但此时，英军攻击队已经全部离开，开始返航了。

此战过后，英国人出动21架"剑鱼"，仅仅损失2架，却获得了击沉1艘意大利战列舰（"加富尔伯爵"号），重创2艘战列舰（"利托里奥"号、"卡约·杜伊利奥"号）、2艘巡洋舰和2艘驱逐舰的辉煌战果。这是航空兵首次突袭设防严密的港口成功，也是鱼雷轰炸机首次击沉战列舰级别的军舰。

一年以后，日本偷袭珍珠港成功，其组织和经过与奇袭塔兰托颇有相似之处，以至于有人认为，正是塔兰托之战给了日本人以巨大的启示，才会有后来的珍珠港事件。

"剑鱼"号的另一次高光时刻是在追击德国海军"俾斯麦"号战列舰的过程中。1941年5月，德国海军派出"俾斯麦"号和"欧根亲王"号重巡洋舰，试图穿过冰岛与格陵

> "剑鱼"突袭塔兰托港绘画作品

兰岛之间的丹麦海峡，进入大西洋，对盟军的海上运输线实施破交战。

德国舰队在穿越丹麦海峡时与英国海军发生战斗，并击沉英国海军的骄傲——"胡德"号战列巡洋舰，"俾斯麦"号自己也在此战中受损。英国海军随后调集大量舰艇，搜寻德国人，隶属于H舰队的"皇家方舟"号航母及其携带的"剑鱼"也是其中一员。

5月26日，一架PBY"卡特琳娜"水上飞机再次发现"俾斯麦"的行踪，由萨默维尔中将指挥的H舰队离得最近，成为了拦截"俾斯麦"的最后希望。收到情报后，"皇家方舟"号迅速派出"剑鱼"们前去攻击，第一次出击无果而终，到晚上19时15分，冒着夜航的风险的"剑鱼"们再次出击。这一次，他们终于找到了自己的猎物。

老练的英军飞行员驾驶着"剑鱼"从"俾斯麦"号的各个方向投下鱼雷，而"俾斯麦"号为了规避鱼雷也竭尽全力，时快时慢、左右倾斜做出急转动作。但面对"剑鱼"们全方位的鱼雷攻击，"俾斯麦"号先是舰体中部命中一雷，造成右侧轮机停车，机动性大幅下降；到20时31分，从"俾斯麦"号左舷急速飞来的2架"剑鱼"在不足20米的距离上投下鱼雷，其中一条准确命中舰艉。当时的"俾斯麦"号正在进行左回旋动作规避转向，这一击导致尾舵卡死在左12度角，只能在海上原地打转！"俾斯麦"号的命运就这样被确定，身后急追而来的英国舰队主力最终解决掉了这艘德国最大的战舰。

这两次战斗中，老旧的"剑鱼"发挥出了令人难以置信的战斗力，每一次都堪称起到了决定性的作用，称其为大西洋上的决定性武器并不为过。

击沉"俾斯麦"号之后，"轴心国"海军水面舰队越发不敢出海，盟军海军的主要任务转变为反潜，设计之初就有多用途考虑的"剑鱼"继续发挥余热，成为反潜护航舰队的重要一员。

太平洋的主战装备

与大西洋上老旧的"剑鱼"都能称雄一时不同，太平洋上的海空战从一开始就处于更高的水平线上。1941年太平洋战争爆发的时候，美日双方都已经基本淘汰了双翼舰载机，双方的主力战机都堪称一时之选。尽管如此，偷袭珍珠港的时候，日本的九七舰攻仍然发挥了至关重要的作用。

在进行战前准备的时候，把目标放在美军战列舰上的日本人认为，单靠炸弹很可能只能破坏战列舰的上层建筑，不会影响到水下部分要想彻底击毁战列舰，最可靠的武器还是鱼雷。当时日本威力最大的九一式航空鱼雷却和其他大部分航空鱼雷一样，在投放之后会先下沉一段距离，然后再上浮寻找并搜索目标。但珍珠港内水深只有 12 米，这个深度不足以让鱼雷完成下沉再上浮的过程，很可能一扔下去就直接一头扎到海底的淤泥中去了。

为了解决这个问题，日本对鱼雷进行了紧急改造，新增加一套稳定装置，让鱼雷在入水以后能够尽快停止下沉，开始正常搜寻和攻击目标。尽管由于时间有限，到突袭珍珠港之前只完成了 40 条鱼雷的改装，但九七舰攻携带的这 40 条鱼雷却收到了巨大的效果。日军出动 350 余架次飞机，击沉美军 5 艘战列舰，摧毁 188 架飞机。其中，能够击沉这些战列舰，九七舰攻投放的鱼雷功不可没。

就在珍珠港事件当天，日军对东南亚也发动大规模进攻，兵锋直指英国统治下的马来亚地区。当时，英国东方舰队（包括"威尔士亲王"号战列舰和"反击"号战列巡洋舰）正驻扎在新加坡，支援远东英军。面对日军进攻，英国舰队随即出海迎战。

12 月 10 日，由"威尔士亲王"号和"反击"号组成的 Z 舰队在关丹附近海域遭遇大批日本轰炸机，这些飞机属于日本第 22 航空队，包括 59 架九六陆攻和 26 架一式陆攻，其中一式陆攻携带的是航空鱼雷。Z 舰队司令菲利普斯中将按照大西洋上的海空战烈度来估计太平洋，他乐观地估计，即使没有

> 九七舰攻的后续型号——天山舰攻

> 偷袭珍珠港时的九七舰攻

空中掩护，Z舰队也足以击退一般规模的空袭。但他没有想到的是，太平洋战场的海空战规模要比大西洋战场大得多。英国人在大西洋空袭"轴心国"军舰时，一般也就是一二十架飞机的规模，但在太平洋，他迎面遭遇的却是85架飞机的空袭。

面对这种超乎想象的空袭力度，菲利普斯中将和Z舰队显然都无能为力。一番对抗下来，"反击"号挨了13条鱼雷和若干炸弹，"威尔士亲王"号稍好一点，也挨了6条鱼雷和若干炸弹，两舰迅速沉没。

1942年5月进行的珊瑚海海战是人类历史上第一次航空母舰之间的对战。这一战中，仍然是鱼雷轰炸机大出风头。在对美国海军"列克星敦"号航空母舰的攻击中，日本海军九七舰攻完美地执行了夹击战术，从左右两舷同时进行攻击，有2条鱼雷击中"列克星敦"号，导致该舰燃油泄漏，最终引发大爆炸沉没。

不过，日本人也没能得意多久。1个月以后的中途岛海战成为太平洋战争的转折点。日军就此丧失了进攻的势头和能力，接下来就是被美军一步步推回本土。

中途岛海战的经过大家都已了解，这里就不再赘述。虽然此战中，美军的TBD型鱼雷轰炸机没有取得任何战果，但他们的自我牺牲精神却有效地牵制了日本战斗机，为SBD俯冲轰炸机的关键一击创造了最好的条件。平心而论，美军的TBD在没有战斗机掩护的情况下，冒着日军各种防空火力的攻击，坚定地在低空展开攻击，需要非凡的勇气和大无畏的牺牲精神，这一点，不是谁都能做到的。

另一方面,日本海军的失败也与鱼雷轰炸机有着一定的联系。由于情报不准确,南云忠一在九七舰攻究竟携带鱼雷还是炸弹的问题上多次反复,最终造成大量弹药堆在甲板上,被美军的轰炸所引爆,造成灭顶之灾。但话说回来,此战中日军最后挽回面子的一击,靠的仍然是鱼雷轰炸机——"飞龙"号航母的最后一次出击中,九七舰攻投下的鱼雷重创了美军"约克城"号航母,并导致该舰在拖带回港的过程中被日本潜艇击沉。

不过,中途岛海战中鱼雷轰炸机的无所作为毕竟只是特例,此后的多次海空战中,鱼雷轰炸机都发挥着重要的作用,很多时候甚至是一锤定音。例如,1942年10月26日发生的圣克鲁斯海战中,美军的"大黄蜂"号航母和"企业"号航母都遭到日军攻击,"企业"号虽然挨了多颗250千克炸弹,但幸运地没有被鱼雷击中,其动力和舰体都不受影响,因此得以始终保持机动能力和损管水平,最终带着重伤撤离。"大黄蜂"号就比较不幸,先是挨了两条鱼雷,导致动力全失,好不容易控制住进水,慢慢往回拖,又碰到空袭,再挨一条鱼雷,结果彻底断送了抢救的希望。

后来的战争中,日军由于损失太大,已经不复战争初期的战斗力和战斗意志,而缓过气来的美军则逐渐发力。随着新型鱼雷轰炸机 TBF 的列装,这种飞得更快、航程更远、载弹量更大的新型飞机成了战场上的主角之一。日本海军各主力舰被空袭击沉时,鱼雷轰炸机都起了关键作用。

> 中途岛海战时企业号上的 TBD

例如，日本超级战列舰"武藏"号在莱特湾海战中被击沉时，先后挨了19条鱼雷和17颗炸弹，最终沉没。而同级舰"大和"号在冲绳战役中执行自杀式攻击任务，途中遭遇美军空袭。战斗中，美军落下的炸弹虽然多，但始终无法对该舰造成决定性打击，于是转而采用摧毁一侧舰舷的对空火炮后，再使用鱼雷集中攻击该舷的方法。射向"大和"的鱼雷除一枚外，全都命中"大和"号左舷，导致一侧迅速进水，军舰丧失复原性及操控性，最终倾覆沉没。

消亡

二战中鱼雷轰炸机的辉煌在战后也曾延续了一阵子。不但美国和英国的鱼雷轰炸机继续服役，甚至连此前没什么鱼雷轰炸机的苏联也来"凑热闹"，在战后研制并装备了能发射鱼雷的图–14和伊尔–28轻型轰炸机。

但到了50年代，鱼雷轰炸机开始逐渐落幕。美国人的TBF被更多地用于承担反潜、电子干扰、导弹平台和训练等任务。苏联的两种鱼雷轰炸机也在1950年代末逐步退役。之所以会如此，一个重要原因是舰艇防空火力的不断增强。由于鱼雷轰炸机攻击的时候必须在低空、近距离投放鱼雷，而且为了保证鱼雷投放时方向的稳定，投放鱼雷前，鱼雷轰炸机必须保持一段时间的平直飞行，这无异于给防空炮火送上活靶子。而防空导弹的出现，更是增加了鱼雷轰炸机面临的威胁，让鱼雷攻击变得几乎不可能。

另一方面，导弹的诞生也让鱼雷轰炸机再也没有用武之地，毕竟导弹的射程要比鱼雷远得多，能够让载机远离敌人的防空火力圈，让攻击机群不用再和二战时一样，冒着巨大的风险、顶着惨重的伤亡对敌舰执行"死亡攻击"。

虽然导弹不能像鱼雷一样攻击水下舰体，威力要略逊一筹，但现代反舰导弹有多重攻击方式，掠海攻击时能在舰艇水线附近造成破坏，造成进水，可以部分起到鱼雷的作用。另外，导弹的飞行速度更快，也让目标潜艇难以躲避，同时还能用"饱和攻击"瘫痪掉对手的防控体系……这些优点足以弥补威力上的小小不足。

时至今日，导弹已成为反舰的最主要攻击手段，鱼雷轰炸机则彻底成了传说。

鱼雷轰炸机 | 二战海空大战的主力

> 正在实施鱼雷攻击的当代飞机

余音

现在还有没有飞机携带鱼雷进行攻击呢？还是有的，反潜巡逻机和反潜直升机都还是把鱼雷作为自己的"标配"武器，其中反潜直升机甚至还以鱼雷作为自己的主要作战武器。但它们携带的鱼雷已经不再以水面舰只作为攻击目标，而是把目标集中在潜艇。毕竟潜艇没什么防空能力，这些飞机大可以飞到跟前，确定目标以后再从容投下鱼雷进行攻击，而不用太担心遭到反击。

此外，随着技术的发展，这些飞机投放鱼雷的时候已经不用再飞到低空、近距离，完全可以在高空投放鱼雷，然后用降落伞来减速和调整姿态。由于鱼雷都已经制导化，入水的深度和方位也不再那么重要。不知如果有幸看到这一切，当年的鱼雷轰炸机飞行员们是不是该感到庆幸呢？

18 无后坐力炮
曾经的步兵随身"多面手"

现代军队中,火箭筒基本属于步兵分队的标准配置。但你也许不知道,几十年前,有一种外形和火箭筒很相似的武器一度是步兵和轻装甲部队的重点装备,并且被赋予了多种多样的任务。这就是无后坐力炮。

缘起

自从人类发明火炮以后,后坐力就成为困扰炮兵的一个大问题。根据牛顿第三运动定律:相互作用的两个质点之间的作用力和反作用力总是大小相等,方向相反,作用在同一条直线上。因此,火药燃烧后的气体推动炮弹出膛、攻击目标的时候,也会对火炮本身施加同样大小的反作用力,推着火炮向后移动。

早期的火炮没有什么办法应对后坐力,一开始采取的办法是直接把炮身固定在地上。但随着火炮越造越大,装填的发射药越来越多,后坐力也越来越大,很难固定在地上了,弄得不好甚至可能造成火炮损坏。于是,人们又发明了架退炮,也就是把炮管固定在炮架上,炮架再装上轮子或者滑块。发射炮弹时,后坐力推动火炮后退,等炮架停下来以后,炮手们再把火炮复位,然后重新发射。

无后坐力炮 | 曾经的步兵随身"多面手"

> 美军士兵给"卡尔·古斯塔夫"无后坐力炮装弹

欧洲近代的火炮大都是架退炮,比如我们经常看到的风帆战列舰上的火炮。架退炮解决了此前后坐力无法消除的问题,让火炮的连续发射与加大威力成为可能。但这种炮的缺点在于,每发射一次都要重新复位、重新瞄准,射速自然不可能太高,准确度更加无从说起。

1879年,法国的德维尔将军等人发明了火炮的反后坐复进装置,它并没有消除开炮时的后坐现象,只是使后坐后炮身能够自动回复到原来的位置。这一装置的发明直接导致管退炮的广泛应用,火炮发射时后坐的不再是整个炮架,而只是炮管。这就大大提升了火炮的射速,精确射击也成为可能。这一原理的火炮一直沿用到现在,目前的绝大多数身管火炮都还是采用这一原理。

但这一装置也还是有些小毛病。它并不能消除后坐力,所以火炮身管还是会有后坐的过程,而反后坐复进装置还会使炮架结构复杂、重量增加、机动性降低。这一缺点对于炮兵而言并不是问题,毕竟比起以前的架退炮来说,管退炮已经方便了太多,再加上炮兵一般都有专门的牵引力量,火炮稍微大一点、复杂一点不是事儿,只要能保证威力、射程和射速就好。

> 二战中美军装备的 M18 式 57 毫米无后坐力炮

> 美军阵地上的 M20 无后坐力炮

> 美军 M20 型 75 毫米无后坐力炮，估计是朝鲜战争

> 安装在亨德里·佩奇 Type O 双翼轰炸机上的"戴维斯炮"

但还是有人不甘心，他们希望火炮还能更轻便一点，最好能让步兵扛着就走，于是他们就继续在消除火炮后坐力方面动脑筋。

想来想去，终于有机灵人想到：既然火炮的后坐是因为牛顿第三运动定律，那么，要消除后坐，完全可以继续利用这一定律啊。他们推断：火炮向前发射炮弹会让炮身后退，如果向后发射个什么东西，不是就能让火炮前冲吗？这前冲后退的力量互相抵消，火炮自然就不会后坐了。

从理论上说，这个推断完全没有错，于是，很快有人开始实际检验这一推断。1914 年，美国海军少校戴维斯发明了一门独特的炮。这种炮的炮管两端开口，里面放两颗弹尾相对的弹丸。射击时，向前射出的是真弹头，另一颗向后抛的是假弹丸——铅油质的配重体，使其作用力相互抵消，从而使炮身不发生后坐。抛射出的配重体散落在炮尾后不远的地方，射手只要避开这个危险区就不会受伤害。这也就是世界上第一门无后坐力炮，也被称为"戴维斯炮"。

"戴维斯炮"虽然初步解决了后坐力的问题，却有个很大的缺点，那就是配重体。每发射一发炮弹就要用一个配重体，也就意味着火炮的弹药携带量会大大减少。同时，虽然理论上配重体抛射后会散落到地上，但毕竟这只是理论，实际使用中，这些配重体一样可能对后方和后侧方的人造成伤害。因此，人们继续寻求更好的解决方案。

既然有了"戴维斯炮"，证明之前人们关于消除火炮后坐力的推论确实是可行的，沿着这个思路，俄国人梁布欣斯基在1917年发明了改进型的无后坐力炮。这种炮取消了配重体，改成直接向后喷出火药气体来平衡。也就是说，炮管的尾部是不密封的。这样一来，抛射固体配重体的后半截炮管就可以取消，使无坐力炮的炮管缩短了一半。

但这种设计也有矛盾之处，毕竟炮弹要依靠火药气体推动才能发射出去，向后喷出的气体如果太多，给炮弹的推力就不够，喷出的太少，剩余的后坐力就仍然很大。为此，英国的库克和苏联的特罗菲莫夫、别尔卡洛夫、库尔切夫斯基等人对无坐力炮做了新的改良，在炮管的尾部安上喷管，使流过喷管的气体速度增大，从而减少喷出的气体量。

这种设计的无后坐力炮与"戴维斯炮"相比，并不能完全消除后坐力，但已经使之降低到人能够承受的范围。同时，取消配重体既减少了炮管的长度、又减少了需要携带的无用重量，更加实用。

1936年，库尔切夫斯基应用了上述这些人发明的新技术后，研制出一种76毫米无坐力炮，这是世界上正式装备部队的第一种无坐力炮。

技术特点

无后坐力炮的基本结构就是一根尾部膨大或者呈喇叭状的炮管，其击发装置和瞄准装置都位于炮身中部。火炮发射时，部分火药气体进入通过尾部喷出。由于尾部的喷管并不是一根直管，火药气体在经过时会经历一个收缩—膨胀过程，就能够以较少的火药气体，产生能与后坐力大体相当的反后坐力。

为了保证精度，大部分无后坐力炮都和野战身管火炮一样是线膛炮，炮弹通过膛线被赋予的旋转来实现稳定。为了抵消炮弹旋转产生的扭矩，有的无后坐力炮尾部的排气孔呈一定的夹角，喷出的火药气体在抵消后坐力的同时，产生的扭矩还能抵消炮弹旋转产生的扭矩，让射击更加稳定。

由于没有复杂的反后坐和复进机构，也没有笨重的炮尾闭锁机构，整个火炮结构相当简单。因此，当同时代的76毫米火炮需要蓄力甚至机动车牵引的时候，同口径的无后坐力炮一个人就能扛着走，瞄准、射击也全都可以一个人搞定。即使后来有了更大口径的无后坐力炮，其体积和重量同样比同口径的其他身管火炮要小得多，105毫米口径的无后坐力炮，同样一辆吉普车装上就能走。

虽然无后坐力炮消除了后坐力，也很轻巧，但毕竟一部分火药气体被用来喷出去产生反后坐力，发射药的利用就不够充分。再加上没有强大的炮尾闭锁机构，火炮的膛压也不可能太高。所以，无后坐力炮发射的炮弹一般初速都相对较低，射程也比较近，一般多用来进行直瞄射击，不过带来的好处是射击精度一般都还不错，很适合用来攻击敌人的防御工事。

无后坐力炮一般配用的炮弹是榴弹，聚能破甲技术成熟以后，破甲弹也成为无后坐力炮的标准配置之一。因此，无后坐力炮在相当长时间里都是步兵手中最可靠的"多面手"——能打工事、能反坦克、能打软目标，最重要的是还能提上就走。

发展

梁布欣斯基发明无后坐力炮以后不久，第二次世界大战就爆发了。在这场世界大战中，有诸多新武器崭露头角，但无后坐力炮却并不在前列。最主要的原因还是二战中破甲弹技术还不成熟，欧洲战场上，面对滚滚的装甲洪流，无后坐力炮远不如专门的反坦克炮；用榴弹来攻击非装甲目标的话，无后坐力炮又不如当时普遍装备的步兵炮和迫击炮威力大、射程远。

当然，也不是说就没人用无后坐力炮。在环境和需求合适的情况下，无后坐力炮也能发挥重要作用的，比如伞兵。二战时期的伞兵基本上等于轻步兵，装备只能靠伞降，而那个年代的降落伞技术又还很有限，稍微重一点的东西就空投不了，伞兵能携带的最重的装备大概也只有中小口径迫击炮和机枪。有了无后坐力炮以后，这东西能直瞄精确射击，比只能火力压制的迫击炮要好用得多，因此，二战期间多国伞兵都研制和装备了无后坐力炮。

1937年，德国人尝试解决在战斗中伞兵支援火力不足的问题，开始为德国伞兵设计一种轻型的无后坐力炮。其目的是和伞兵一起空投到敌后，为伞兵在进攻敌火力点提供有效的火力支援。莱茵金属公司的设计方案在1940年被德国军方采用，最初被命名为LG1，后在正式投产时决定根据年份来命名，更名为LG40。其名称中的"LG"是由"leichtgeschutz"一词缩写而成的，意思是轻型火炮。

LG40的设计为炮口径为75毫米，火炮全长750毫米，炮口初速365米/秒。火炮俯仰角为－15°～＋42°，火炮射界20°～360°，最大射程6.8千米。克虏伯公司采用大量轻合金来制造LG40，使其战斗全重仅为145千克，满足德军空降作战的战术要求。出于德国人热爱机械设计的天性，他们为这种75毫米的无后坐力炮也专门设计了炮架和防盾，并配上两个轮子。这种设计虽然大大削弱了无后坐力炮轻便、灵巧的先天属性，但也有个好处，那就是很容易换上不同的炮身，变成另一种火炮。

> 德国山地步兵师装备的LG40型75毫米无后坐力炮在战斗中

> 德国LG40型75毫米无后坐力炮

事实上，德国人后来确实在这个炮架的基础上换上 105 毫米身管的无后坐力炮，变成了一种重型支援火炮。更有甚者，再后来，德国人还把 LG40 的炮架加强，改造出来一种 150 毫米的无后坐力炮，这也是二战期间最大口径的无后坐力炮。

> 德国 LG40 型 105 毫米无后坐力炮

LG40 从 1940 年开始量产，主要装备德国伞兵和部分山地步兵。但由于前面说到的原因，德国无后坐力炮的产量并不高。75 毫米型 LG40 整个战争期间只生产了区区 653 门，在 1944 年的军工总动员时期，其产量也不过才 237 门。所有型号的无后坐力炮加在一起，产量也不到 1500 门。

另一种用到无后坐力炮的情况就是在太平洋。美国对日本的进攻基本上都是岛屿攻防战，日本守军本来就没有什么重装备，在岛屿上也没有什么大规模作战的机会，倒是美军经常面对日军构筑的很隐蔽的工事。这种情况下，能够直瞄精确射击的无后坐力炮就成了最好的攻坚武器。

美军在 1945 年初采购了 2000 门 M19 型 57 毫米无后坐力炮。这批炮分别送到欧洲和太平洋，欧洲战场上 M19 基本无所作为，但在太平洋则评价颇高，官兵们表示新的 57 毫米无坐力炮是一种极为成功的"手提火炮"。二战末期，美军还研制了更大口径的 75 毫米 M20 型无后坐力炮，但由于定型得太晚，这种火炮没能赶上战争，倒是在朝鲜战争中有所应用。

二战结束后，冷战大幕拉起，双方都在欧洲屯驻重兵，枕戈待旦。经过二战的实战考验，冷战对峙的双方都意识到，消灭对方的坦克是重中之重。尤其是对于步兵分队来说，如何在能够负担的情况下，尽可能增强其反坦克能力是摆在面前最迫切的问题之一。

由于战后初期，反坦克导弹刚刚问世，并不成熟；后来"大杀四方"的 RPG 火箭筒还处于威力小、射程近、精度差的状态。但破甲弹技术已经有了大幅提升，于是，无后坐力炮就成了为步兵分队提供中近距离反坦克火力支援的最佳选择。同时，由于无后坐力炮可以发射多种不同的炮弹，除了反坦克之外，还能打工事、打人员、打车辆，还能发射烟雾弹和燃烧弹，可谓无所不能。对于步兵来说，无后坐力炮几乎可以执行一些需要重火力的任务。

因此，各国都在战后初期就研制了多种型号的无后坐力炮。

苏联的无后坐力炮主要有 B-10 型 82 毫米无后坐力炮和 B-11 型 107 毫米无后坐力炮两种。其中 B-10 型诞生于 1954 年，长 1.91 米，全重 86 千克，自带支架和两个轮子。B-10 炮组为 4 人，平均射速为每分钟 6 发，主要使用破甲弹和杀伤榴弹，使用破甲弹时有效射程 400 米，破甲厚度为 240 毫米。

B-11 也是在 1954 年量产服役，长 3.56 米，重 304 千克，一般由吉尔-157 卡车拖拽机动。B-11 炮组为 5 人，平均射速每分钟 4 发，其主要使用破甲弹和杀伤榴弹。使用破甲弹时有效射程为 500 米，破甲厚度高达 380 毫米，足以击穿战后第二代坦克的正面装甲。

美国则在战后研制了 M67 型 90 毫米无后坐力炮和 M40 型 106 毫米无后坐力炮。其中 M67 型长 1346 毫米、筒身质量为 17 千克，比苏联同类产品要轻得多，其炮组为 3 人。该炮可发射破甲弹、训练弹和集束箭弹三种炮弹，其中破甲弹破甲能力达 350 毫米，有效射程 400 米。

M40 型长 2692 毫米，全炮重 709.5 千克，炮组只需要 2 人。可发射破甲弹、碎甲弹和榴弹。其中破甲弹有效射程 1100 米，破甲能力达 550 毫米。

大浪淘沙：传奇武器的消逝

对比美苏两国的无后坐力炮不难发现，美军的产品一般比苏军的同类产品威力更大、射程更远，这与美军和北约面临的坦克威胁与压力更大是密不可分的。为了有效对抗可能汹涌而至的"华约"钢铁洪流，北约各国也是各出奇招。美国甚至研制过一种超级反坦克车，在 M50 轻型履带式装甲车上装上 6 门 M40 型 106 毫米无后坐力炮，借助其良好的破甲能力，对敌军坦克车队实施密集攻击。至于装到吉普车上、装甲输送车上什么的，更是日常操作，各国军队的反坦克部队中，都少不了各种搭载平台的无后坐力炮。

不过这都还不算什么，无后坐力炮最疯狂的尝试，应该还是美国在 1950 年代末期研制的 M388"大卫·克洛科特"型无后坐力炮弹。这种炮弹最大的特色是——它是核武器！该弹重 23 千克，爆炸当量最大为 20 吨 TNT，最大射程仅 4 千米，目标是利用核炮弹的力量消灭或使推进中的部队集群瘫痪，并将目标地域辐射化，使其在 48 小时内无法进入，让北约有足够的时间动员部队！此炮弹的最大效用在于它的大量辐射污染，即使在 10 吨低当量的设定，M388 仍可在 150 米的距离产生几乎立即致死的辐射剂量（超过 100 西弗），并在 400 米范围产生可能致死剂量（约 6 西弗）。

> 装在炮管内的 M388 型核炮弹

使用

早在"戴维斯炮"发明之初，英国人就考虑把它装到飞机上，用来反潜。因为第一次世界大战期间的飞机动力和结构强度都有限，承担不了火炮发射的后坐力，这种没有后坐力的火炮自然让英国人上了心。但这种炮毕竟还不成熟，测试之后，英国人发现并不好用，于是也就没有投入实战。

因此，无后坐力炮的第一次实战应用要等到1939年～1940年的苏芬战争。这场战争中，苏联试验了包括坦克、火炮在内的多种新型武器，1936年研制出来的无后坐力炮也在其中。苏联人把无后坐力炮装在"嘎斯"汽车上，配属给侦察营作为支援车。但由于芬兰恶劣的道路条件，以及无后坐力炮本身也还不成熟，这些"自行无后坐力炮"的表现并不理想，大部分在战争中损失，甚至还被芬兰人缴获2门。这也许是二战期间苏联对于无后坐力炮并不热衷的原因之一吧。

> 装在"嘎斯"汽车上的无后坐力炮，苏芬战争中

> 装在"嘎斯"汽车上的无后坐力炮，1936年形制

二战期间，德国人应该是使用无后坐力炮最多的国家。1941年的时候，德国第7伞兵师下属的炮兵营装备的就全都是无后坐力炮，包括10门75毫米LG40型无后坐力炮和6门105毫米LG40型无后坐力炮。除了另外一个反坦克炮营以外，这16门无后坐力炮就是德国伞兵师的全部支援火炮。实战中，德军部队配属的火炮数量甚至还没能达到满编的16门，一般仅为10门～12门。但即使是这样，德国伞兵师也已经是同时代所有伞兵部队中火力最强大的了，因为其他国家的伞兵部队都根本还没开始装备无后坐力炮。

大浪淘沙：传奇武器的消逝

无后坐力炮 | 曾经的步兵随身"多面手"

1941年5月20日，德军开始实施克里特岛空降作战。德军企图用伞兵首先夺取岛上的3个机场，主力随后在该岛实施机降，同时派出海军实施登陆，将重型武器运上岛。此战中，虽然德国空降兵遭受了较大的损失，但是其装备的两种无后坐力炮经住了实战考验，发挥稳定，尤其在争夺马利姆机场南面107高地的战斗中发挥出色。

战斗中，德军伞兵的Mp38、Mp40冲锋枪对守岛英军的防御工事和野炮阵地威胁不大，攻击数次受挫。随后赶到的德军无后坐力炮以出色的直瞄火力压制和高精确打击，摧毁了英军新西兰营的防御，一举攻下107高地。随着高地的失守，英军逐步丧失战场主动权，最后丢失了整个克里特岛。战后总结时，无后坐力炮以稳定的发挥得到德国伞兵的认可。此后75毫米、105毫米无后坐力炮开始大量列装德军伞兵。

在北非战场上，德国非洲军团装备的88毫米"Raketenwerfer"43型也表现不错，对盟军装甲车辆造成较大杀伤。尤其是在突尼斯战役和卡塞林山口战役中，被德意军队大量使用，效果不错，是一种有效的反坦克利器。苏德战场上也使用了这种88毫米无后坐力炮，主要装备山地步兵师。为适应东线恶劣的地形和天气，这些88毫米无后坐力炮普遍在炮架上安装了滑雪板，以方便雪天的复杂地形机动。它往往和另外一种小规模量产的88毫米PAW43型无后坐力炮配合使用，来应付苏联潮水般的装甲攻势。

太平洋战场上，美军使用M18型无后坐力炮已经是很晚的时候了。1945年6月9日，M18在冲绳战役中首次投入使用，同时提供的配套炮弹为高爆弹和烟雾弹。在太平洋地形复杂的岛屿上同日军进行艰难的拉锯战时，M18因其便于携带和精准直射，是少数能够提供有效炮火支援的武器，士兵们对它唯一的怨言就是希望能够提供更多的炮弹。

二战之后，美军继续装备和使用无后坐力炮。朝鲜战争中，虽然M18和M20型无后坐力炮因为威力不足，不能用来打坦克，但是攻击工事还是比较好用的。

到了美越战争，美军序列中的无后坐力炮更新为M67型90毫米无后坐力炮和M40型106毫米无后坐力炮。但这些武器在战场上的表现并不理想，M67型无后坐力炮虽只有16.8千克，便于携带，但后喷火焰大、射程近、精度差；M40 型无后坐力炮的威力和射程倒是颇受好评，但其 709.5 千克的战斗全重（不含弹）导致步兵分队机动能力下降，难以为步兵分队在难以通行的热带雨林里提供近距离支援。

消亡

20 世纪 70 年代以后，随着各种火箭筒的迅速发展，以及反坦克导弹的逐步成熟和普及，步兵分队反坦克武器的首选已经不再是笨重又发射动静大的无后坐力炮，转而变成了火箭筒和反坦克导弹。再到后来，当火箭筒能够发射的弹种越来越多，反坦克火箭筒逐渐变成了多用途火箭筒，甚至连扫雷、排障的活儿都能干了，无后坐力炮"多面手"的特点也逐渐黯然失色。

到了 80 年代以后，除了极少数国家（如瑞典）以外，绝大多数国家都已经不再研制新的无后坐力炮，军队中装备的无后坐力炮也陆续撤装，而代之以火箭筒和反坦克导弹。至于那些车载的无后坐力炮，留存的时间倒是稍微长一点，但往往也被作为支援火炮来使用。

冷战结束后，战争的阴云似乎一日散尽，各国都不用再背负着对抗敌人坦克的沉重压力，无后坐力炮自然也加快了退役的步伐。时至今日，当年曾经无所不在的车载无后坐力炮自然是很难再见，单兵装备的轻型无后坐力炮也越来越少。

余音

不过话也不能说得太满，在全世界淘汰无后坐力炮大潮中，只有一个国家仍"顽固"地坚持自己的传统，那就是瑞典。

瑞典在 1948 年研制成功并装备了第一种"卡尔·古斯塔夫"型 84 毫米无后坐力炮，当时的型号是 M2。此后 70 年时间里，瑞典人不断对其改进，到今天已经是 M4 型。这种最新型号的无后坐力炮空重仅 6.7 千克，总长不到 1 米。该炮可发射多种炮弹，执行多种任务，如反装甲、人员杀伤等。其火箭增程弹最大射程可达 1300 米，最大破甲厚度可达 400 毫米。M4 还可以使用

大浪淘沙：传奇武器的消逝

> "卡尔·古斯塔夫"无后坐力炮及弹药

可编程弹，有效地消灭躲在建筑物内的人员。这些性能与火箭筒相比已经完全不逊色，同时成本却控制得更好。

正因为如此，2017年美国陆军宣布，将采购1111具"卡尔·古斯塔夫"M3E1轻型无后坐力炮装备特种部队，替代已装备多年的"卡尔·古斯塔夫"M3轻型无后坐力炮。这是否会是美国陆军重新装备无后坐力炮的风向标？恐怕有待观察。